福列特论管理

Follett on Management

华章经典 · 管理

M a r y　P a r k e r　F o l l e t t

〔美〕玛丽·帕克·福列特 著

吴晓波 郭京京 詹也 编译

机械工业出版社
China Machine Press

图书在版编目（CIP）数据

福列特论管理（珍藏版）/（美）福列特（Follett, M. P.）著；吴晓波，郭京京，詹也编译 . —北京：机械工业出版社，2013.6（2022.6 重印）

（华章经典·管理）

ISBN 978-7-111-42775-9

Ⅰ. 福⋯　Ⅱ. ① 福⋯　② 吴⋯　③ 郭⋯　④ 詹⋯　Ⅲ. 管理学 – 研究　Ⅳ. C93

中国版本图书馆 CIP 数据核字（2013）第 115683 号

Mary Parker Follett. Follett on Management.

本书由机械工业出版社出版发行。未经出版者预先书面许可，不得以任何方式抄袭、复制或节录本书中的任何部分。

机械工业出版社（北京市西城区百万庄大街 22 号　　邮政编码　100037）

责任编辑：王振杰　　　　版式设计：刘永青

固安县铭成印刷有限公司印刷

2022 年 6 月第 1 版第 3 次印刷

170mm×242mm • 20.75 印张

标准书号：ISBN 978-7-111-42775-9

定价：79.00 元

客服电话：（010）88361066　88379833　68326294　　　投稿热线：（010）88379007

华章网站：www.hzbook.com　　　　　　　　　　　　　　读者信箱：hzjg@hzbook.com

任何一门学问，如果割断了与自身历史的联系，就只能成为一个临时的避难所，而不再是一座宏伟的城堡。在这套管理经典系列里，我们可以追本溯源，也依然可以欣赏到对现代管理有着基础支撑作用的管理思想、智慧和理论。大师的伟大、经典的重要均无须介绍，而我们面对的经典内容如此丰富多彩，再美的语言也难以精确刻画，只有靠读者自己去学习、去感悟、去思考、去探寻其真谛和智慧。

西安交通大学副校长　　席酉民

当我们企业在强调细节管理、有效执行的时候，实际上也是在强调对工作的分析和研究。当我们在强调劳资合作的时候，也就是强调用科学的方法研究工作，将蛋糕做大，从而双方都能共同获益。最原始的思想往往也是最充满智慧、纯粹和核心的思想。

南京大学商学院院长、教授、博士生导师　　赵曙明

现代管理学的形成和发展源于相关人文社会科学学者对组织、组织中的人和组织管理实践的研究。如果我们能够转过身去，打开书架，重新看看这些著名学者的经典作品，我们就会发现摆在我们面前的多数当代管理书籍好像迷失了点什么——对管理本质和实践的理解，感叹它们的作者们好像缺少了点什么——扎实的理论功底和丰富的实践经验。

华南理工大学中国企业战略研究中心主任、教授、博士生导师　　蓝海林

把管理作为一项可以实验的科学，是一个具有开拓性的思考者和实践者留下的宝贵精神财富。伴随科技进步和生产工具手段的变化，追求管理科学性的努力从此生生不息，成为人类文明的一道亮丽的风景线。

复旦大学企业研究所所长　　张晖明

管理百年，经典有限，思想无疆，指引永远。经典，是经过历史检验的学术精华，是人类精神理性的科学凝练，是大师级学人回应重大现实问题的智慧结晶。希望青年学子能够积淀历史，直面现实读经典，希望年轻学人戒骄戒躁像大师一样做真学问，代代传承出经典。

北京师范大学人本发展与管理研究中心主任　　李宝元

西蒙作为"管理决策理论"的创始人，独步经济世界与管理王国，堪称奇才，其著作《管理行为》提出的"有限理性"观点为后人做出了"无限贡献"。

南京理工大学教授、博士生导师　　徐光华

该丛书是管理学科的经典著作，将为读者提供系统的管理基础理论和方法。

武汉理工大学管理科学与工程系主任、教授、博士生导师　　云俊

华章经典·管理
HUAZHANG CLASSIC
management

出版说明
The Publisher's Words

　　自从 1911 年弗雷德里克·泰勒的《科学管理原理》出版至今，漫长的管理历程中不断涌现出灿若星河的经典之作。它们在管理的天空中辉映着耀眼的光芒，如北极星般指引着管理者们不断前行。这些书籍之所以被称为管理经典，是因为在近百年的管理实践中，不管外界环境如何变迁，科学技术生产力如何发展，它们提出的管理问题依然存在，它们总结的管理经验依然有益，它们研究的管理逻辑依然普遍，它们创造的管理方法依然有效。

　　中国的管理学习者对于管理经典可以说是耳熟能详，但鉴于出版时间的久远、零乱和翻译的局限，很多时候只能望书名而兴叹。"华章经典·管理"丛书此次推出，不仅进行了系列的出版安排，而且全部重新翻译，并统一装帧设计，望能为管理学界提供一套便于学习的精良读本。

　　中国的管理实践者身处的内外环境是变化的，面对的技术工具是先进的，接触的理论方法是多样的，面临的企业增长是快速的，管理者几乎没有试错的时间。那么要如何提升自己的管理水平，才能使自己在竞争中立于不败之地？最好的方法就是找到基本的管理理论。管理经典就如一盏明灯，既是最基本的管理，也是更高的管理。因此阅读这套丛书对管理实践者来说，正可谓受益良多。

　　"华章经典·管理"系列丛书追求与时俱进。一方面，从古典管理理论起，至当代管理思想止，我们选取对中国的管理实践者和学习者仍然有益的著作，进行原汁原味的翻译，并请专业译者加强对管理术语的关注，确保译文的流畅性和专业性。另一方面，结合中国的管理现状，我们邀请来自企业界、教育界、传媒界的专家对这些著作进行最新的解读。

这些工作也远非凭华章一己之力可以完成，本套丛书得到了各界专家的支持与帮助，在此一并感谢：

包 政　　陈春花　　陈佳贵　　冯 仑　　黄群慧　　李新春

李 政　　罗 珉　　马风才　　彭志强　　邵明路　　石晓军

王以华　　王永贵　　吴伯凡　　吴晓波　　席酉民　　肖知兴

邢以群　　颜杰华　　杨 斌　　张瑞敏　　赵曙明

"华章经管"自创设以来，一直致力于为中国读者提供世界管理图书的阅读价值，以知识促进中国企业的成长。"华章经典•管理"系列丛书秉承这一理念，精心编辑，诚意打造。仅盼这套丛书能借大师经典之名，为更多管理实践者和学习者创造出更为有效的价值。若您确有收获，那么作为经管出版人，心下慰矣。

丛书赞誉

出版说明

总　　序　席酉民

推 荐 序　陈春花

序　　言　吴晓波

第一部分

论组织

第二部分

论领导

第三部分

论心理

第四部分

论个体

总 序
Foreword

学习管理　感悟管理　演练管理　享受管理

如今，市场上经管类图书可以说琳琅满目、鱼龙混杂，时髦的名词和概念一浪接一浪滚滚而来，不断从一个新理念转到另一个新理念，传播给大众的管理概念和口号不断翻新，读者的阅读成本和选择成本不断上升。在这个浮躁的社会时期，出版商有时提供给读者的不再是精神食粮，而是噪声和思维杂质，常常使希望阅读、学习和提升的管理者无所适从，找不到精神归依。任何一门学问，如果割断了与自身历史的联系，就只能成为一个临时的避难所，而不再是一座宏伟的城堡。

针对这种情况，机械工业出版社号召大家回归经典，阅读经典，并以身作则，出版了这套华章经典系列，分设3个子系——管理、金融投资和经济。

"华章经典·管理"系列第一批将推出泰勒、法约尔和福列特的作品，后续将会穿越现代管理丛林，收录巴纳德、马斯洛、列维特、明茨伯格、西蒙和马奇等各种流派的管理大师的作品。同时，也将收录少量对管理实践有过重要推动作用的实用管理方法。

作为管理研究战线的一员，我为此而感到高兴，也为受邀给该系列作序而感到荣幸！随着经济全球化和知识经济的到来，知识的更新速度迅速提升，特别是管理知识更是日新月异，丰富多彩。我们知道，大部分自然科学的原理不会随时间变化而失效。但因管理的许多知识与环境和管理情境有关，可能会随着时间和管理情境的变迁而失去价值。于是，人们不禁要问：管理经典系列的出版是否还有现实意义？坦率地讲，许多贴有流行标签的管理理论或方法，可能会因时间和环境的变化而失去现实价值，但类似于自然科学和经济学，管理的知识也有其基本原理和经典理论，这些东西并不会随时间的流逝而失效。另外，正是由于管理有许多与情境和人有关的理论、感悟、智慧的结晶、哲学的思考，因此反倒会随着历史的积淀和经历的丰富而不断发展和深化，绽放出更富历史感、更富真知的光彩。换句话说，不少创造经典的大师可能已经走了，但其思想和智慧还活着！不少浮华的流行概念和观点死了，但其背后的经典还闪闪发光！在这套管理经典系列里，我们可以追本溯源，也依然可以欣赏到对现代管理有着基础支撑作用的管理思想、智慧和理论。

观察丰富多彩的管理实践，不难发现：有的企业家、管理者忙得焦头烂额，被事务困扰得痛苦不堪，结果事业做得还不好；有的企业家、管理者却显得轻松自如、潇洒飘逸、举重若轻，而且事业也红红火火、蒸蒸日上。是什么使他们的行为大相径庭，结果天壤有别？一般的回答是能力差异。我不否认人和人之间的能力有差别，但更想强调能力背后的心态、思维方式、理念问题，即怎样看待管理？怎样面对问题？怎样定位人生？管理因与人有关，始终处于一种动态的竞争和博弈的环境下，因而管理永远都是复杂的、富于挑战的活动。要做好管理，成为优秀的企业家和管理者，除了我们经常挂在嘴边的许多素质和技能外，我认为最重要的是管理的热情，即首先要热爱管理，将管理视为自己生存和生活不可分割的一部分，去体验管理和享受管理。其次，管理永远与问题和挑战相伴。我经常讲，没有一个企业或单位没有问题，管理问题就像海边的礁石，企业运行状况良好时，问题被掩盖了；企业运行状况恶化时，所有的问题就都暴露出来了。实际上涨潮时最容易解决问题，但此时也最容易忽视问题，等退潮时问题都出来了，解决问题的最好时机也过去了。面对管理问题，高手似乎总能抓住少数几个关键问题，显得举重若轻，大量小问题也会随着大问题的解决而消失。而低手却经常认认真真地面对所有问题，深陷于问题网中，结果耽误了大事。人生的价值在于不断战胜自我，征服一次管理难题，实际上不仅是人生的一种体验，更是对自己能力的一次检验。若能这样看问题，迎接管理挑战就不再是一种痛苦，而成为一种愉悦的人生享受。因此，从管理现实中我们也能体会到，管理的有效性和真正驾驭需要管理知识、艺术、经验和智慧的综合运用。

高水平的管理有点像表演杂技，杂技演员高难度的技艺在常人看来很神奇，但这些令人眼花缭乱的表演实际上是建立在科学规律和演员根据自身特点及能力对其创造性地运用上。管理的神奇也主要体现在管理者根据自身特点、能力以及其组织和环境的情况，对基本管理原理的创造性应用上。

因为"管理是管理者的生活"，我经常劝告管理者要"享受管理"，而要想真正做到，除了正确的态度和高尚的境界外，还需要领悟管理的真谛；而要真正领悟管理的真谛，就需要学习掌握管理的基本知识和基本技能。当然管理知识的来源有直接和间接之分，直接知识是通过自己亲身体验领悟而来，这样做过程太长；间接知识是通过学习或培训取得，这样过程较短，成效较快，两者相辅相成。

管理知识浩如烟海，管理技术和技能多如牛毛，而且随着时代和环境以及文化的变化，同一种知识和技能的应用还有很强的环境依赖性，这就使管理知识的学习变得很难把握，许多人不知道看什么样的书，有的人看完书或听完课后的体会是当时明白了，也听懂了，但仍不知道怎样管理！实际上管理的学习同经济学、自然科学等一样，首先在于掌握基本的思想和方法论。管理面对的是实际的企业、组织和人，一般规律对他们有用，但他们往往也有独特性，这也使管理具有科学、艺术、实务、思想等多种属性，所以不能僵化地看待管理知识，在理解和运用管理知识时一定要注意其使用对象的特殊性。其次，管理者手中能够应用的武器有两方面：科学的、带有普遍性的技术、方法，以及与人有关的随情况变化的涉及心理和行为的具有艺术特色的知识和经验。前者容易通过书本学习，后者则要通过实践或案例教学学习和体会。再次，管理重在明确目标以及其后围绕目标选择最佳或最满意的路径，而完成这一任务除了高瞻远瞩、运筹帷幄的能力以及丰富的知识和经验外，最基本的是要学会和善用成本效益分析工具。最后，所谓"三人行必有我师"，无论成功与失败，任何管理实践中都蕴涵着知识和经验，所以，对于管理来说，处处留心皆学问。要增加自己的管理知识和丰富自己的管理经验，就要善于观察组织及人的行为和实践活动，勤于思考和提炼，日积月累也是重要途径。

有人形象地比喻，管理类似下棋，基本的管理知识类似于对弈的基本规则，各种管理技能和成功的管理实践类似于总结出的各种棋谱，而实际的管理则由这些基本规则、各种棋谱演变出更加丰富多彩、变幻莫测的局势。水平接近者的比赛，赛前谁也难以确定局势的变化和输赢的结果。因此，管理的学习在于基本知识和基本技能，而要演化出神奇的管理实践需在此基础上去感悟、去享受！

实际上管理活动本身犹如一匹烈马、一架难以控制的飞机，要想驰向发展的愿景，飞向成功的辉煌未来，不仅要享受奔驰中飘逸的快感和飞翔时鸟瞰世界的心旷神怡，而且要享受成功后的收获，因此必须设法"驾驭"好管理。

我陪人练习驾车时曾深有体会地告诉驾驶者，开车的最高境界是用心，而不是动用身体，要把车当做你身体功能的一种延伸，使车与你融为一体，然后在你心神的指挥下，心到车到。"管理"这匹烈马或复杂难控的飞机何尝不是如此，它也是人类、领导者、管理者的功能的一种延伸、一种放大器，而要真正享受它和使它发挥功效，必须娴熟且到位地驾驭它。面对种种复杂的管理，更需要用心驾驭。

这里，作为序我没有对经典系列本身给了人多介绍，只重点谈了如何学习管理，提升管理水平，最后达到享受管理。这是因为，大师的伟大、经典的重要均无须介绍，而我们面对的经典内容如此丰富多彩，再美的语言也难以精确刻画，只有靠读者自己去学习、去感悟、去思考、去探寻其真谛和智慧，我只是提供了我自认为研究和实践管理的途径和境界，希望这些文字有助于读者对管理的阅读、理解和思考！

席酉民博士

西安交通大学

推荐序
Foreword

福列特的四个管理基本原理

关注到福列特是在研究企业组织管理特性的时候，因为一直对于冲突的理解无法清楚把握，在检索文献的时候，很偶然地发现福列特曾提出"建设性冲突"的观点，研读下去才发现，包括彼得·德鲁克先生在内的很多著名学者都极为推崇她，我开始试着理解福列特的思想和观点，也尝试着理解在早期管理理论中，人们所关注的问题的实质到底是什么。这些努力给了我极大的帮助，同时也让我更清晰地理解了福列特思想的脉络。她从关注雇员之间的问题解决理论、参与管理、质量范围和其他基于团队的涉及员工在诊断、分析和寻求解决方案等方面的方法入手，研究领导者和权力的作用，提出企业组织是一个社会组织，而非经济组织等一系列在今天看来非常重要的思想。

福列特很早就已经分析了在什么时候竞争能够变为一种合作，例如：贸易联盟的形成（在这种形式中，竞争者结成联盟并形成一个产业，为最终消费者提供最高质量的产品和服务）；合作信用系统；涉及学徒学校的贸易；同产业间的管理者；合作与专业联合组织。正如她所写的，职业经理人协会的形成、联盟的形成，并不是在高度全球化竞争中所产生的一种新理念；所有今天大家以为是全新理念的东西，特别是动态及联盟的想法，只不过是福列特观点的一种新的阐述形式而已。

在今天这样一个新的环境中，要想更好地理解福列特的思想并使她的理论可以指导我们的实践，就需要我们再次认真地把握她思想的实质。我把福列特的思想概括为四个基本的管理原理。

第一个基本原理：建设性冲突

福列特说："冲突与差异是客观存在的，既然这一点不能避免，那么，我想我们应该对其加以利用，让它为我们工作，而非对它进行批判。"她认为："我希望大家暂时将冲突看作是不好不坏的；不带任何道德上的预断去考虑冲突；不要将它看作斗争，而是将它看作观点或利益差异化的表现。因为冲突正意味着差异。我们不应仅仅考虑雇主和雇员之间的差异，还要考虑管理者之间、董事会的董事之间的差异，或者任何可能存在的差异。"她对于冲突的这一看法具有非凡的洞察力，这是我第一次认识福列特魅力的地方。对于在中国文化背景下成长起来的管理者来说，最大的挑战就是如何面对冲突，因为长期以来我们不愿意直接面对冲突，结果导致大部分的组织没有活力。我们不知道冲突本身是一个保持差异的现象，正是因为存在冲突，才使得差异得以保存，进而保存了组织的活力。

更有价值的是，福列特还提出该怎样"运用冲突"。首先是运用冲突去理解。德鲁克先生对于这一点也给予了高度的赞誉。福列特告诫我们不要去追寻在冲突中谁对谁错，甚至不要去问什么是对的，我们先假设双方都是对的，对于不同的问题双方都可能给出正确的答案，对于冲突的正确运用就是在认同双方利益的基础上，使冲突为双方共同所用，使双方站在对方的立场上去相互理解对方的问题，同时寻求双方都能认为是正确的满意答案，冲突管理的最终结果并不是"胜利"也不是"协商"，而是利益的整合。福列特的"建设性冲突"的思想有着非常巨大的现实意义，在今天充满变化并需要不断发展的环境中，整合和协同是根本的解决之道，这也是为什么在今天的管理理论中如此多的管理学者强调战略联盟、协同营销和水平营销的原因，借助于福列特的理论，我们可以明确地知道"冲突"的管理方式和方法，福列特说："处理冲突的方式主要有三种：控制、妥协以及整合。显然，控制是一方战胜了另一方，这是处理冲突最容易的方式，但其效果是短暂的，长期来看并不成功……处理冲突的第二种方式是妥协，我们对其了解得比较多，因为它是我们解决大部分分歧的方式；每一方为了和平都退让一点，或者准确地讲，为了让被冲突妨碍的活动能够继续进行……然而，没有人真正想去妥协，因为这意味着要放弃一些东西。有没有其他方法可以结束冲突？目前，另一种方式开始得到承认，有时也会被采用，即将双方的要求整合起来。这意味着我们找到了一种解决方法，它满足了双方的要求，没有任何一方需要牺牲……整合可能是处理冲突和差异最富成效的方式。"福列特所提供的解决冲突的这些方法，对于很多管理者来说会是非常及时和有效的。

第二个基本原理：企业是一个社会组织

福列特把企业看成是一种社会组织，而非仅仅是一个经济或生产组织的观点，是很多同期管理学观点所不能及的。如果企业不仅仅是一个经济组织而是一个社会组织，这就要求企业承担更多的经济以外的职责，企业管理者需要更加明确经济责任之外的社会责任，正如彼得·德鲁克在《哈佛商业评论》上的论文"新组织"中所说的。今天，合作和社会责任问题可以用福列特广义生活的概念来解释。在这个概念中，一个人的工作被看成是一种社会服务。福列特认为"管理者是各方利益的整合者"，"最重要的是在企业管理中，'群体创造性对世界意味着什么？'""如果企业不能找到一种更加丰富的视角，去理解统一企业组织的可行方法，就不可能对社会发挥最大功用，也不能巧妙地规范自己，去提供已有的服务。"

她提出了职业问题，如：专业人员和管理者之间相对忠诚度的区别；专业人员关注对寻求自身工作意义的需求，而并非是职位升迁的需求。职业认同性和职业突出性问题对管理者来说将被取代，他们必须通过培训保持自身的专业性。同样，她提出了基于合作道德的哲学基础：道德社会。它并不是基于一个人的自身关系，而是基于团队中的成员关系。的确，她有预见性地提出了这种观点——专家是组织中的领导，他们拥有可以使企业成员之间更容易沟通问题的"团队密码"，这些也是德鲁克非常认同福列特的地方。但是在那个时期，企业仅仅是一个商业机构。对福列特而言，企业不仅是一个经济单元，也是组成社会重要部分的社会机构。她把企业和管理的功能放在整个社会框架之下，并且强调它们对于构建更公正社会的本质重要性，后者是她一直的追求。在今天经济主导的社会中，企业成为社会的主体结构，从这个意义上讲，福列特强调企业的社会责任有着更为突出的意义，作为企业的管理者需要更加明确这一点。

第三个基本原理：管理是一种职能并以科学为基础

福列特在自己的研究中进一步分析企业管理将会朝着什么样的方向发展，她认为："产业的基本要素是管理，既非银行家也非股东。良好的管理才能吸引贷款、工人和顾客。此外，不论什么改变出现，不管该产业是由个体资本家、政府还是工人所持有，它们都需要得到管理。管理是企业中一项持久的职能。"更为可贵的是她预见性地提出："许多情况推动我们走向全面的科学管理，总结如下：①有效的管理不得不取代自然资源的开发，后者终究有枯竭的一天；②日趋激烈的竞争；③劳动力的缺乏；④对人际道德更宽泛的关注；⑤商业是一项公共服务，它需要承担自身的有效运转，这　观点日益得到接受。"这是她早在20世纪三四十年代所做的判断，这5点情况今天一一成为现实，换个角度说，今天的管理必须是全面的科学的管理。而全面的科学的管理就需要管理者成为专业或者职业人士，依据专业的知识和职业的标准来做事情。福列特说："科学标准必须应用于企业管理的整个过程之中……企业管理包括：①就其技术性的一面而言，有所谓的生产和分销的知识；②就其人事方面而言，有如何公正而有效地与同事相处的知识。"用更为简单的话来说就是：管理者需要两个方面的专业知识，一是对事，一是对人，只有掌握了这两个方面专业知识的职业人士，在福列特看来才可以胜任管理者或者领导者的角色。

第四个基本原理：重塑领导者的权责

对于权力和领导者的探讨一直是福列特所关注的问题，她认为："我们现在更认同个体的价值，管理成为更准确的功能定义，逐渐地领导者被视为这样一个人，他有能力给群体带来活力，懂得如何激励创新，使每个人知道自己的任务。"为了能够更好地表达她对于领导者的定义，福列特重新定义了权力，她说："权力已经逐渐被视为一个群体的组合能力。我们通过有效联系获取力量。这意味着一些被视为领导的人，他的能力不在于能够施加个人意愿并让其他人追随他，而在于如何把不同的意愿联合起来成为群体的内在动力。他必须知道如何创造群体力量而不是施加个人力量。他必须创建团队。"这些对于领导者和权力的明确的定义，使得管理者知道自己的权责是什么，也使得组织管理的对象从个人转到了团队。在这个方面福列特做了非常详尽的论述，也正是这方面的论述让我对她肃然起敬。我引用她的一段话来证明这一点：

"总经理的主要工作是协调，但是除非有了定义明确的目标，否则无法成功地整合企业内部。总经理应该有能力在任何时候定义工厂的目标，或者整个目标群。他应该看出短期目标与长期目标的联系；他应该看出任何建议、任何单独计划与公司总目标的联系；他应该在考虑任何手头的问题时，审议提出的解决方案，观察它是否能够促进公司的主要目标；还有，他应该总是能够总结公司的目标，并指出离目标还有多远的距离。总经理报告应该总结目前取得的成果，涵盖尚未达成的目标，指出未来需要努力的目标。它应该鼓励进一步的努力，并清晰阐述应该努力的方向。它不仅仅是激励也是明确任务的手段。最重要的是，他需要让同事理解，奋斗的目标不是他个人的目标，而是大家的共同目标，它产生于群体的期望和活动。

"最优秀的领导者并不要求别人为他服务，而是为共同目标服务。最优秀的领导人没有追随者，而是与大家一起奋斗。我们发现如果领导者不常发号施令，而专家不限于建议的工作，下属（包括经理们和工人们）会对领导力产生不同反应。我们希望鼓励合作的态度，而不是服从的态度，只有当我们在为一个如此理解并定义的共同目标奋斗时，才能达到这种效果。"

　　也许我引用的太多了，但是我真的是为她细致的观察、敏锐的分析和清晰的表达所折服。可以说福列特的思想仍非常切合当今巨变的环境，她所研究的问题在今天显得更为突出，也许整本书看起来有些生硬，但是如果你愿意沉下心来慢慢地理解，仔细地研读，你会得到极大的震动和启发。

陈春花

华南理工大学教授　博士生导师

序 言
Preface

　　与其他声名卓著的学者相比，福列特并没有在 20 世纪管理科学大发展的历史舞台上流光溢彩，为人们所津津乐道。然而，随着时间的流逝，去芜存精，福列特的管理思想所具有的价值日益为人们所认识——这是一位充满真知灼见、预见未来的大师！真应了中国的一句谚语：是金子，总会发光！

　　作为那个时代的一名杰出女性学者，福列特热衷于社会工作，一生勤于对各类社会组织的观察和研究，并笔耕不辍，语出惊人，在管理思想上所取得的成就足以让所有人钦佩。一方面，她具有广泛的兴趣，研究涉猎政治学、社会学、心理学、管理学、哲学等多个领域。她不仅对每个领域进行了专攻，还试图寻找各个领域之间潜在的关联，发现它们背后统一的真理。另一方面，她具备敏锐的洞察力和超常的前瞻性。通过对现实工作、生活的细致观察，福列特似乎总是能够一针见血，指出问题的症结所在。有赖于其超常的洞察力，福列特的观点展现出令人惊叹的前瞻性，当众生还在迷茫时，她却已经揭示了多年后人们才能真正明白的道理。

　　福列特的思想主要体现在她对冲突、权力、领导者等方面的研究上。她认为冲突作为生活的本质是不可避免的，我们应该利用冲突创造新价值，而非对其进行简单的批判。她指出，整合是解决冲突的有效方法，通过整合，人们可以寻求有效之道满足双方的需求，而不仅仅局限于"非此即彼"。此外，福列特力倡权力平等，主张进行整合和顺应情境规律，让企业成为有效的职能管理整合体，从而减少凌驾于众人之上的个人权力。她坚持认为利益、责任、权力三者缺一不可，每个人都应有自己的明确职能，具备相应的职权并承担责任。就领导者而言，她认为人们不应只看到领导者对群体的影响，也要看到群体对领导者的影响。领导者的能力不在于施加个人意愿并让其他人追随他，而在于如何把不同的意愿联合起来，成为群体的内在动力，从而塑造群体力量。凡此种种精辟的见解令人深思。

本书的翻译缘于出版社的主动约请，但由于杂务缠身，恐难有足够的时间，本欲推却。但在编辑的强烈推荐下粗阅了原书，却不能不为大我几近一百岁的福列特女士的真知灼见所打动。虽然因岁月较远，语言较生涩，背景较难认清，翻译难度较大，但还是承担了下来，因为这对我也是一个难得的学习、研读的机会。借此翻译之机，正好组织博士生们进行研读，众人的学习和领悟亦促进了本书的翻译，尤其是几位女博士生，如郭京京、詹也等，大约因为与福列特同为女性，悟性卓越，为本书的顺利翻译做出了很大的贡献。在此，也深表谢意！

翻译之余，诸多感慨。在历史的长河中，总有像福列特此类的杰出学者出现，皓首穷经，前仆后继，孜孜不倦于研究之中，创造出各具特色的思想和观点。与其他学科相比，管理学的兴起只是近两个世纪的事情，通过几代人的努力，发展至今，已经蔚为壮观。而随着社会的变迁、经济的进步，全球化、信息化风起云涌，在中国的和平崛起进程中，传统与现代的冲突、中西文化的交融，对管理学的突破与发展提出了更多、更高的要求。作为当代的管理学者，目睹中国、世界如此之快速的变化，常常感叹物过境迁、斗转星移。但是，如何从纷繁芜杂的实践中总结出真知，经得住时间的考验；如何在现实的诸多变幻中，找到真谛；在这躁动不安的时代里，我们都应能在福列特身上找到些什么吧。

出于对现代管理思想与逻辑的认识，为便于读者的阅读和理解，在翻译中亦对原书的内容进行了适度的调整和编排，在顺序和组织上进行了重组。当然，由于水平有限，定有不当之处，望读者们直率地批评指正。

古今之成大事业、大学问者，罔不经过三种之境界："昨夜西风凋碧树。独上高楼，望尽天涯路。"此第一境界也。"衣带渐宽终不悔，为伊消得人憔悴。"

此第二境界也。"众里寻他千百度，蓦然回首，那人却在，灯火阑珊处。"此第三境界也。在此借用王国维先生的话与各位同人、读者共勉。世上事，唯微唯精，唯精唯妙，希望我们在自身独立思考的世界中愈行愈远，共同致力于管理学的发展和进步。

吴晓波

Follett on Management

第一部分

论 组 织

第 1 章

企业是一个整合的统一体[⊖]

⊖ 本文和接下来的三篇论文再版于《企业管理的科学基础》（*Scientific Foundations of Business Administration*），亨利 C. 梅特卡夫（Henry C. Metcalf）编，巴尔的摩：Williams and Wilkins 出版公司，1926 年。这四篇论文的主题是"心理学基础"。本文于 1925 年 1 月的人事管理局会议中首次发表。

某工厂的一位部门主管曾对我说："我不是靠工资生活的人，我每天会工作很多小时；如果我半夜醒来，想到一个对工厂有益的点子，它也是属于工厂的。"他的意思是靠工资生活的人感受不到这一点。如果企业的组织让靠工资生活的人感受不到这一点，企业能达到最高的效率和服务水平吗？

我们正在探讨的主题，即整合的统一体，远远超越了工人在行业中的地位这一问题。在我看来，企业管理或者行业组织的第一项测试，应该看企业是否符合以下情况：它的所有部分相互协调，步调一致，紧密结合，各自的活动得到调整，从而互相锁定、互相关联，形成一个运转的整体——不是各个部分的简单堆积，而是一个功能整体或者整合的统一体。这些话是我从肯普夫那里听到的，他是一名精神生物学家。在我看来，这代表了一条深奥的哲学和心理学原则，从本质上帮助我们找到企业组织的实践方法，因为这条原则适用于人们之间、服务之间、部门之间的关系，以及我在企业中发现的不足。我们如何得到一个整合的统一体？我们如何知道何时会实现它？何种测试可以展示出我们正在向它靠近？

一家工厂引进了分红制，我问过一位在那里工作的女孩，该举措让她的态度发生了何种改变，她回答道："工厂里有一个花园，我过去从来没有去那儿摘过花，因为它们不属于我，但自从觉得自己拥有它的一部分，我会走进去，摘一些紫罗兰。"这使我想起在托儿所听到的"吹笛子的彼得"的绕口令⊖，我说："如果所有人都去摘紫罗兰，那人们摘的紫罗兰应放在哪儿呢？"

如果整合的统一体并不意味着可以任意摘紫罗兰，或者作为股东就可以免费搭乘火车，那么它指的是什么？职工代表制是我们所搜寻的统一体的一种吗？它甚至很少成为职工代表制的目标。对许多人而言，劳资协议会以及工厂委员会的引进仅仅意味着群体谈判范围的改变。W. L. 斯托达德在其关于工厂委员会一书中提到："群体谈判是商店委员会赖以依存的基

⊖　绕口令内容为：Peter piper picked a peck of pickled peppers.A peck of pickled peppers Peter piper picked;If Peter Piper picked a peck of pickled peppers ,Where is the peck of pickled peppers Peter Piper picked?——译者注

本理论。"他对此表示赞赏。我们可以看到同样的事情被反复提及。我认为在很大程度上，我们并没有用这个概念提升企业和产业的组织。在我看来，职工代表制的目标不应仅仅是将双方的对抗转移到不同领域，而是去发现在多大程度上，分歧可以被废除。群体谈判只是权宜之计，因为它没有进行创造，就没有真正的活力。它弥补了工资、工作时间以及工作状况的局限；它可能被构想成是对政策局限的弥补，但它没有进行创造。企业政策的形成和实施是基于一条完全不同的原则。我希望群体谈判继续下去，直到我们发现更好的方式，我也相信更好的方式将被发现，或者正被发现。⊖

协商对斗争

资方和劳方要么斗争，要么团结。斗争不存在任何文雅的称呼，足以改变资方和劳方之间关系的本质，在工厂中资方和劳方被严格地界定。然而我们必须记得，当管理层和工人之间的界限模糊时，工会是多么奋力地反对。促进雇主和雇员之间团结的措施被工会指责为阶级通敌。W. Z. 福斯特和极端的激进派攻击巴尔的摩和俄亥俄铁路计划是阶级通敌。我常常听说人们付诸实施诚挚的努力，致力于让管理层和工人形成亲密的工作关系。英国工党的积极分子曾公开对此进行发言。有些人更喜欢看到产业关系以斗争形式存在，他们不愿让工厂形成一个整体。工会读到这些，可能会认为我对劳方不友好。但我认为自己正在展示劳方能够永久繁荣的唯一方式。

我们想废除这种斗争的态度，从而摆脱门派之见。就团结而言，探讨哪一方对它的巩固是必需的以及对它的存在是基本的，这些很有意义。在管理者和工人之间举行的任何会议中，工人代表都应代表他们的观点，但是，正如一名很有想法的制造商所指出的，工人的观点对整体意义上的工厂来说应该是最好的。两者有一个很大的区别。这是一条很好的原则，不

⊖ "讨价还价"一词得到了日益广泛的使用，用于管理层与劳方之间达成的所有一致。然而与讨价还价相比，有些一致的达成经历了一个更富成效的过程。当透过"群体谈判"眺望时，我想到的不是这些一致，而是讨价还价，它完全建立在权力平衡的基础上，并且以妥协结束。

仅对管理层和工人之间的会议成立，而且适用于企业中的任何委员会或会议。在部门主管的会议上，每个人不仅要考虑对本部门怎样做是好的，还要从部门角度看到其对企业的益处。请注意最后一句话，我不是说他应该考虑对整个企业而言什么是有益的，而是指从部门出发，对于整体怎样做是好的。在此意义上我们需要门派。

参与劳资协议会存在一个支付的问题，之前提到从部分出发采取整体的观点，这两者之间存在一种有趣的联系。有些工厂对花在劳资协议会的时间进行支付，有些工厂则不然。后者的假设显然是参与会议的工人追寻的是自身的利益；如果他们是在为整个工厂工作，那么这些会议似乎应在工作时间举行。

无论何时，一旦门派出现，我们就需要对它进行审视。它们的立场是斗争还是整合？它们是期望反抗、针对剥削进行自我保护，还是成为功能性整体的一部分？如果我们打算提倡后者，废弃处于斗争中的前者，让我们看看如何做到这一点。

分歧和争论不仅出现在管理者和工人之间，也出现在董事会里的管理者之间，或者其他地方，今天，人们在分歧或争论中迈出的第一步是审视情境，不带门派之见，从而得到事实的真相，我们可以欣慰而普遍地看到这一点。当我们考虑整合时，会谈到这些。我参观过一家工厂，发现工人对时间研究、生活成本图表等很感兴趣，在这家工厂里，工人们自行研究生产成本，我听到人们公然诋毁妥协，显然这暗示着斗争的态度正在减弱，在我看来这些很重要。一名工人对我说："当我在一家鞋店工作的时候，人们一直在谈论妥协，但在这里，我们看到自己真正赚到了多少。"劳资协议会对妥协进行争取，另一些人表示了他们的反对。我听到这样的话："让他们争取自认为是正确的东西吧，这样管理者会认为他们是讲道理的。"我觉得这很有趣，特别是当我们知道有如此多的大学教授仍在鼓吹妥协，有如此多的外交官仍在尽全力争取妥协时。

此外，看到现实情境时，我们很可能去遵循整合的必要过程，将一个完整的情境分解成各个部分，分别对待。与它相比，其他途径都不能让人们更快地摆脱门派之见，我的亲身经历说明了这一点。当最低工资委员会对一项生活成本预算投票时，雇主和雇员站在不同的阵营，但我看到雇主和雇员总是投赞成票。这是因为每个人都看到了事实，例如，依据1924年食物的价格，没有人会质疑所在派别对女工们的支付。

有一家工厂在努力不考虑门派，直抵事实的真相，它的一名员工再次对我提到会议委员会："排队时并不总是管理者在一边，工人在另一边；每一个问题被实事求是地考虑，管理者和工人一样，时常改变主意。"雇主可以选择自己的立场，为他们想支付的工资进行奋争，工会也可以争取想得到的工资水平，但女孩子们一周在膳食上支出6美元或8美元，这是确定的事实，各方都无须对此进行争论。

在情境的研究中，人们不仅不应考虑门派，而且应联合实施。如果可能，这是一个好主意。正如我参加过的一次会议，只要双方各行其是，拿事实的一个方面攻击另一方，大家就不能对事实达成共识。如果成立一个子委员会，让雇主和雇员共同收集信息，就会朝最终共识的达成迈出一大步。⊖

在刚才提到的工厂里，它开会时并不总是管理者在一边，工人在另一边，我听到一些对管理层的抱怨。但另一方面，对于返回自己的群体和表扬管理者，我发现工人代表心存警惕，因为同事可能会认为他们是在拍马屁；正如我听到一个女孩这样说："他就是想当领班。"这种对于赞扬管理层的恐惧，乍看起来也许很不幸，但却得到了很好的解决，因为没有什么值得表扬，也没有什么缺陷被发现，大家倾向于拿出与己无关的姿态，向同事描述发生的事情。情境被共性化，并被描述成由事实决定。在我看来这很好。

谈论至此，我们已经走了很远，日益接近于把会议看作协商，而非斗争。它获得了渐长的正面评价，对于未来的企业管理而言，这一点确实让人欢欣鼓舞。一名大工厂的工人对我说："走进会议委员会的时候，你不会在外套下放一把枪，这表明人们不再怀疑彼此，因为当在自己的外套下放

⊖ 参看《创造性经验》（*Creative Experience*）第1章，"经验和专家"。

一把枪的时候，你会认为别人的外套下有两把。"一个女孩说："当第一次去会议委员会的时候，我以为去那儿是为了向管理层提出批评，但我后来意识到合作也意味着接受管理层的批评，现在我很乐意接受批评。"一名工人说："在会议委员会中，我觉得自己是两方的中间人。"我想对于那家公司来说，这是一项很大的成就，正如生产的进步一样重大。我相信这也有助于生产的成功，因为双重责任提升了人们的自尊，以及工作的尊严，从而促进了生产效率的提高。

我并不打算将这些仅应用于管理者和工人之间，这一点希望大家能够理解。在每一次会议上、在每一个委员会里，我们要付出同样的努力，将斗争替换为协商；同时要意识到有两种差异，一种差异做出破坏，另一种差异如果被恰当运用，可以促进稳定的团结；还要意识到如果团结是会议的目的，不是因为和平意义下的团结是我们的主要目标（如果你的锤子足够大，你可以在任何时候得到和平），而是因为我们致力于形成一个整合的统一体，它是企业发展的基础。

群体责任的意义：调和集权与分权

我们要对争议方和整合力的差异做出正确评价，这一点对于讨论生产的群体责任很重要，后者现在正在被大力提倡。群体责任取决于人们是否接受整合的统一体这一观点，它有两个截然相反的概念。1911 年的煤矿法案赋予了英国矿工一定的权力，他们可以自己任命一名检查员，每月对机器进行一次全面的检查。这就是连带责任，但它并不是共同责任，后者是整合统一体的测试标准之一。有人赞许该法案，说它意味着工人被赋予了明确、法定的权力，从而确保他们在事故的预防中扮演积极而独立的角色。我并不认为工人的角色是独立的。该法案没有得到广泛的运用，因为人们恐惧不利的报告会让他们失去工作；但即使它得到了广泛的运用，资方检查员的报告也可能不同于劳方检查员的报告；我们需要的是合作调查和合作责任。然而，在木工行业中，另一种方法得到了实施；由于使用机器会引发一定的危险，所以人们对它进行了合作研究。在我看来，这建立在更加合理的基础之上。

工人们要求承担一定的技术和安全责任，英国有很多这样的例子。约克郡的矿工任命了一名控制者，让他监督地下煤矿的分布，付给他一半薪水。在诺丁汉⊖的蕾丝工厂，毁损工作需要扣除一定工资，产品质量由织工委员会来判断。作为劳方的措施和认识，它们可能有一定意义，但我认为它们不能作为共同责任的例子。在此之上，我们将处于分门别派的边缘，直到它们成为真正的共同行动。资方和劳方的共同责任是相互渗透的，它完全不同于将责任划分成不同的部分，资方承担一些，劳方承担一些。托尼先生极力提倡使用手腕来保留职业标准。这是一条很好的建议，但我们应知道，在工人中保留职业标准，资方与其有一些关系。确实，工会的责任在今天可能带有几分时代谬误，因为工艺在现代工业中的地位完全不同于它在工团主义早期的地位。

在美国，我们有一个很好的例子，即职位分析应由专家、管理者和工人一起共同完成，它对技术中的共同责任做出了非常真实的正确评价。

我已经谈及英国工人要求独立承担责任。在我看来，独立一词的谬误贯穿了英国工党的绝大多数论述。工党的很多人对共同控制表示怀疑，因为它与独立控制也许不能共存。一位作者认为，判断共同控制"一定要看在该情况下，工人是否具备个体的积极性"。当然这种表述是错误的。工人在各个层面都应积极，而非"个体的"积极。该作者说，问题在于"工人在政策的形成中是否扮演积极的角色"。是的，但却不是独立的角色。该作者谈到"测试职能的独立性"，还谈到"测试工人是否独立地发挥力量"。独立的权力？我们不总是想得到独立的权力吗？或者有时通过共同权力，我们可以得到更多的独立权力？对此有很多可讨论的话题。

雇主方也总是发生相应的错误。雇主有时谈到划分责任，这时他们只是想逃避责任。很多人避免决策，从而避免为后果承担责任。我认识一对夫妇，丈夫很专横，并且喜欢制定决策，但当他认为某一决策难于做出，

⊖ 英国中北部的郡名，该郡首府。——译者注

他就留给妻子决定。因此，当听说工人将被赋予更多的责任时，我没有立即感到欣喜；我要看清楚事实，弄明白它的真相。当事情出错时，责任由许多人承担，这可能会保留你的颜面，但却不能纠正错误。责任永远不能取代技术；我们不要对此犯错。

因此，显然，我提倡的不是对责任进行简单的分派。在我们把责任分派给委员会、部门主管、领班（我们都知道领班环节出现问题是多么危险）后，我们能在多大程度上让不同的责任相互贯通，企业的成功很大部分取决于此。

在群体责任的问题上，我常常被人们误解。人们有时认为我一旦强调群体责任，就不再崇尚分权。没有人比我更加崇尚分权，但我认为群体责任和分权应该联合施行；此外，我认为它们是同一件事情的组成部分。企业管理的著作常常把集权与分权放在针锋相对的位置来讨论，但我认为这是不可行的。最近，我在一篇关于企业管理的文章中看到这样的观点：我们必须在集权与分权之间找到一条中庸之道。我不这样认为，因为我相信两者我们都需要。当国家电力承包商和电工联合理事会成立时，大家发现地方和区域联合理事会很必要，通过它们，国家理事会可以有效运转，制定国家级的政策方针。集权与分权并不相互对立，这是企业管理要掌握的中心思想。如果产业和国家政府良好运转，我们应该致力于理解该原则，并提出实施的方法。我没有最小化会遇到的困难。这也是最严重的问题之一：如何培养地方的主动权，同时又获得集权的优势。尽管问题很严重，但我们必须面对它；在这个问题上我们不想妥协。

我们现在讨论的是为职能性整体负责，过去讨论更多的是为我们在整体中的职能负责，在此要注意两者存在显著的不同。我们很高兴地看到职能理论的存在，即进行分工，让每个人做他最适合的工作。该理论讲的是当我们很好地完成在整体中的角色时，我们易于忘记自己的责任并没有随之结束，总是要为整体负责。⊖企业的组织应该让每个人感受到这种责任。

⊖　参看《新国家》（New State）第 30 章对职业代表制的批评。职能性部分与整体存在一定关系这一基础理论，在《新国家》中关于国家的论述，与此处对于企业组织的应用十分类似。

我们以家庭为例来理解它。妻子有自己的职责,丈夫也有自己的职责,但除此之外,或者说通过它们,每个人都要扮演好自己的角色,让家庭在社区生活中承担一定的重要性,最大限度地为社区服务。我们试图让孩子也感受到这一点;我们希望能将该意识延伸到家庭的其他成员。与社区服务中的共同责任相比,还有什么能给劳方带来更大的尊严?

企业管理存在以下问题:如何组织一家企业,让工人、管理者、所有者感受到群体责任?很久以来,个体责任被当作企业管理的基本原理,很多人倾向职工代表制,因为他们认为它有益于前者的发展。很多人引用古老的格言:责任让人冷静。或者正如一名年轻的管理者这样对我提及工人:"他们现在没有那么多傻主意了。"然而,人们还没有完全接受群体责任的理念,也没有找到实施它的方法。

我认为群体责任应该从团体责任开始,部门组织形式是统一企业的最有效方法,它也包括工人在内。[⊖]在一家企业里,如果管理者强烈感受到应该根据工人的能力赋予他们一定的责任,只要可能,他们都会鼓励团体责任。例如,司机要求缩短工作时间。连加班在内,他们一周要工作 54 小时,作为代表,司机团体的主席和秘书假定了每人在一周工作中所承担的责任。我们来看群体责任的下一步:部门间的关系,例如,在一家商店,电梯员会举行会议,讨论他们如何帮助商店主管、收费办公室、广告办公室、新闻局、邮购部等。在我看来,对于企业管理的症结、部门间的关系、功能性环节的关系,这些步骤当然只是解决它们的开端,然而你还是要实施下去。当把企业当作一个整合的统一体时,对它的任何研究都应让这个问题成为重点。

我们讨论的是整合统一体的原则,对它的理解不仅可以避免错误的利己主义,还可以避免错误的利他主义。例如,过去,许多雇用和解雇的方式大多出于领班的反复无常,如果不喜欢这类方式,那么我们会说原因在于它们对工人不公平,但真相是改变它们不仅会让工人受益,而且会让整

⊖ 参看《新国家》,"……国家应该是起作用的地方团体的整合,从而找到直接与个体成员打交道的方式"。

个企业获益。或者我们可以让雇用必要地正规化，使得周期性或所谓"循环"波动减少。这项需要不应仅被看作出于员工的不公平，因为高层和员工一样也会受到影响。公断者应该再次为制度做出公断。这是不言而喻的，但是工会的一名女孩问："你是在同情劳工吗？"你可以站在劳方的一边，无须反对资方；你也可以只是站在制度的立场。

当你们让员工感到在某种意义上他是企业的一部分时，他们会提高工作的质量，节约时间和原材料的浪费，这不是因为黄金法则，而是因为他们现在拥有和你们一致的利益。过去我们反复听到员工被告诫道："如果这是你的原材料，你就不会浪费了。"然而它从未生效过。但是，当工厂的工人就企业是统一体达成共识，我们随后发现他们会更谨慎地使用原材料，他们会节约花费在无效运动和闲聊上的时间，他们会帮助新手、耐心为他们解释；他们会帮助同事、留意滚轧机上的物品是否到达末端，等等。这些行为表明黄金法则被付诸行动。顺便说一下，这也是更理想的黄金法则，因为与以往对黄金法则的观念相比，职能性整体是一个更加高级的概念。

在离开共同责任这一主题之前，我还想考虑一个问题，即它应在多大程度上被实施。几年前，在威斯康星州通过工人赔偿法之后，产业委员会面临一个产生争议的案例，需要对此做出决策。一名卡车驾驶员在工作时间喝醉了，掉下卡车摔死了。他的妻子对雇主所支付的赔款金额进行起诉，赢得了官司。最高法院维持了该判决，随后立法机关也通过明确法律，坚持了他们的观点。康芒斯教授认为，本案的公开审判背后存在一种团体责任。他说："以往关于个体责任的法律理论不能证明这些决策的合理性。只有借助利益的分享和团结理论，才能解释其合理性。雇主和员工在一家企业共事。他们一起承担风险，承担企业的压力，分享利益。此外，他们还承担彼此的过失。"从这个角度，尽管我不能看清整个问题，但该原则正式地出现在一个州的法律中，这需要我们进行思考。

关于共同责任、共同控制，我想指出我们所讨论的东西与通常提倡的互惠是完全不同的。我不同意康芒斯教授所说的："忠诚是期望得到互惠。"正如前讲提到过的服从，义务、责任、忠诚应该针对一个职能性整体，而我们是其中的一部分。罗伯特·瓦伦丁说："雇主应该停止讨论员工的忠诚，除非他们准备讨论自身对于员工的忠诚。"这种说法很有价值，但如果在今天，我想他会这样说："我们目前把忠诚看作企业统一过程中的一部分，与此相比，之前看待问题的方式相当幼稚。"

当我们把共同忠诚以及共同责任作为义务的相互交织与互惠来考虑时，它们是相当不同的概念。如果在阅读和对企业管理的观察中发现该谬误，我希望你们能够记下来。例如，雷瑟森先生问道："公司是以自己对公平的理解来实施它，还是以员工对公平的理解来实施它？"但是，为什么雷瑟森先生要认为后者应该比前者更好呢？在我看来，企业行动的标准需要被共同制定，控制、责任、忠诚也是如此。工厂组织应使这些成为可能。

职能的重新分配

我认为，对企业组织和管理中任一部分的第一项评判应该是：它在多大程度上促进了整合统一体的形成？以领班是否属于工会为例，这是一个经常讨论的问题，有时会引发实践中的争议。对此的争论不是基于整合的统一体，而是基于产生分歧的双方。的确，与领班的地位相比，可能没有一个主题会为该主题带来更多的启示，如果还有时间，我想拿出一个章节讨论它。然而，如果我们没有时间对此以及许多其他有趣的话题进行讨论，我想指出一点，即管理是相互渗透的，管理者与被管理者之间的区别正在慢慢减弱。在我看来，与现有对服务的分析相比，我们正在走向一条不同的道路。我认为这是丹尼森先生在泰勒学会上提出的最有价值的一条建议。托尼先生也向我们说明资方和劳方之间没有严格的分界线，他们的分界线会在不同行业之间随着工作性质而变动。"工作的计划和实施之间绝对分离，对有些职位来说，由于技术原因它是不可行的。有一群矿工，他们开采和供应煤，工作得很辛苦。但如果他们不具备一些与'管理'相关的科学知识、预防意识和主动性，那么只能开采出少量的煤矿。这一观点在不同程度上也适用于建筑工人或者运输工人。他们必须在工作中运用一定的判断力，因为如果不这样做，工作会无法完成，任何监督都不能替代判断力。"这句话应该记住——任何监督都不能替代判断力。

并不是所有的管理工作都由资方来完成，工人有时也进行管理，这是我们平时可看到的事实。我清楚地在自己的家务中看到这一点：如果厨师安排了我的一日三餐，并去烹饪，她就是在对我的家务做一些管理。据称，巴尔的摩和俄亥俄计划、车间内管理者和工人之间的周双会议计划产生了以下效果：劳工流动率降低；搬运原材料的路线缩短，并且变简单了；生产运转更充分、更规范；每周落后于日程的平均工时数缩短；每位员工每月使用的原材料减少；修理工作更加便利，质量也得到提高——人们获得了原材料的足量稳定供应，不再在工具室浪费时间。这些都是管理服务。但即使工人的管理能力没有到达这个水平，他们也能实现以上提到的一些效果。无论何时，只要劳方在计划中进行判断，他们就是在管理。如果工人接到一项任务，并且得到允许，自行决定如何完成，他们就是在管理。如果工人不做一些管理工作，企业将很难运转下去。

然而，看待工人的管理能力有两种方式。一名主管说："我们想具备任何资方所需的管理能力，无论它们是用于柜台、储藏室、卡车递送还是其他地方。这不仅是为自己，也是为了帮助人们前进。"这当然是合理的商业意识，然而在我看来，人们还须持有另外一种态度。每个人或多或少都具备一些管理能力，他们都应获得机会，在工作中实践自己所有的能力，我们应该意识到这一点。如果管理层具备（当然，正如他们所拥有的）主动性、创造性的想象力、组织和执行能力，那么许多工人也并不缺少这些素质。我们想对这些素质加以利用。

如果对每位工人的职位进行分析，让他们知道自己有什么样的机会，这也许会对生产带来直接和间接的影响。间接是因为这可能会极大增加工人的自尊和对待工作的自豪，从而有助于最佳产出。一名工人参与过许多次会议委员会，他自豪而骄傲地对我说："在委员会的时候，我和每个人都是平等的；当然，回去工作时，我只是一名工人，但当我在委员会时，我和总经理一样是平等的。"我把这些告诉了总经理，他说："我们应该让他一直感受到这一点。"是的，但问题在于如何去做。我希望你们都能考虑这一点。方式之一就是对每个人的工作进行分析，让他意识到自己和总经理一样，需要做一些管理工作。⊖

自然，现在很多工厂都奖励工人的建议，这表明他们已经意识到工人也有管理能力。然而，这种意识还不是十分普遍。英国的邮局工人反复宣称，他们对下降的服务提出了改进的建议。在德贝郡的一个矿工团体，一名工人站起来说道："在这个房间里，每个人都曾反复提出过建议，但却被告知我们拿工资是为了工作，而非思考。"

与其他活动相比，工会的管理表现出更多的主动性。当被合并者制定出一份员工保险计划，当纽约的肖像雕刻师协会草拟了一份新的价格清单，向员工提出并获得接受，他们远远超越了工会作为防御性组织所起的作用。

在英国，我们看到一些例子，即工人的计划让生产持续下去，正如当管理者由于高生产成本考虑关闭铸造厂时，英国西屋公司的员工所表现出来的一样。许多情况下，对于雇主和员工的争议，工人会将其看作一个问题，而非权力之争，这是一个希望性的标志，表明工人要求控制权并不仅仅是为了"权力"，而是感受到了自身的管理能力。

如果我们需要对工人的职位进行分析，看清楚哪一部分属于管理，那么管理者的职位也应得到分析，看一看工人是否能对其做出贡献。对以下这些活动，比如销售和生产的关联部门、原材料和设备的购买、对原材料在整个工厂流动的控制，即便排除管理者承担的职能，以避免重复，工人仍然能够发挥一定作用。

工人对资方具有直接的依赖性，这一点显而易见。计件工人的工资取决于采购人所提供的原材料的质量以及机器的效率和原材料的流动。失业源于需求小于供给。如果销售过热，利润也许会耗费在加班费用上。在英国，煤矿里的矿工获得的支付取决于运达地面的煤的数量，这在很大程度

⊖ 参看《创造性经验》，"在所谓的民主产业组织中，我们的目标不应是让工人对不了解的事情投票，而是对工厂进行组织，使得工人的经验能够添加到专家的经验之中；我们必须知道他们的经验在哪里可以起到正面作用，并且我们必须做出计划，使得对产业作为一个整体而言，工人了解得越来越多。认为一个人只了解机器就可以对企业的运营投票，这种想法是我们在政治中所犯的错误"。

上又取决于桶的供应和托运的安排。在煤炭委员会面临的申诉中，常常可以听到以下抱怨：煤炭切割机太少；机器托运太少；培训、桶、铁轨、马、矿柱的计时器短缺；车辆的糟糕调配。在整个产业存在缺陷的安排中，管理者负有很大责任，工人无须为此负责，这才是公平的。我认为共同行动对产业技术的发展显然很必要。

作为本部分的概括，我想说规划和实施之间不存在严格的界限——没有一群人负责所有的规划，也没有一群人负责所有的实施；高级主管有能力进行规划，并获得更多的报酬——正如我们一直所知道的，所以我们现在明白了资方和劳方之间没有绝对严格的界限，管理者与被管理者之间的划分是无形的。

在此有一点需要更进一步的考虑。附带制订的计划是管理吗？责任并不总是管理的一部分吧？严格地讲，如果一个人没有进行规划，也没有为规划承担一定的责任，人们应该说他是在管理吗？当工人得到允许，对命令的实施方式进行判断，并承担相应的责任，我想说他们就是在进行管理。

然而，我们都应在一点上达成共识：员工在管理上起的作用不应含混不清、模棱两可；它们的范畴应直接而严格地界定。例如，劳资协议会有时起司法作用，有时起立法作用，有时起咨询作用，但它从未起到执行的作用。这一点应得到公认。我想，职能的重新分配要取得成功，公正而鲜明的划界是必要的。

职能的重新分配不仅直接影响到生产的增长、工人工作环境的改善，还会间接影响到政策。我们现在不能预见到内部组织的改变会在多大程度上改变企业政策，但在一些情况下，正如供销合作改变了农场主的农业政策，企业重组也许会改变企业的政策。也许自由竞争时代下，资本主义企业的所有机制都会在一定程度上被改变。

职能统一下各种各样的因素和关系

对于企业中的职能统一，时间只允许我对它进行一些简要的提示。即使只能提到标题，我也要对以下几点进行强调。首先，所有相关活动的依赖是显而易见的。严格说来，没有一件事情只是一个部门的问题；此外，几乎没有一个问题纯粹出自生产或者分销。现代企业的各个部分混杂交织在一起，以至于工人若要明晰认识自己的问题，不仅需要了解工艺、设备，考虑引进新机器和培训的效果，还要理解生产和商业之间的联系，了解销售组织的效力——误导的销售或购买政策可能摧毁一家企业。现在有许多人认为工人应该研究单位成本，而对于决定单位成本的担保信用，如果他们一点都不了解，那么他们也不能理解单位成本，他们能吗？此外，我认为企业和贸易政策的一些常识（供需的调整，预期的契约，甚至新市场的开拓）都会让工人在生产过程中产生更多有价值的观点。

尽管部门之间团队合作的必要性得到共识，但实现它的方法还没有得到很好的解决，不同部门在任一时刻总是忙于不同的事情，使得问题有时会变得模糊不清。由于雪茄需要保持新鲜，所以它的制造几乎是不间断的，但烟草的购买却不得不集中在春夏很短的时期内。厂家运输合同的签订发生在不同的时段。然而，这并没有改变问题所在，反而让它更加复杂。

除了以上所有关系之外，还有一种更新的关系，它存在于生产经理和人事主管之间，这个问题很重要也很棘手。正如一名工厂经理所说："我现在58岁，对于人性，一个32岁的年轻人怎么会知道的比我还多呢？"我们有时被告知两者的"融洽相处"是多么必要，但众所周知的是，相比于和工厂经理或者制造委员会"融洽相处"，如果人事主管不更加努力，他将不会对公司发挥最大功用。事实上，直到找到一种优于目前的方式，实现技术和所谓心理问题的统一，我们才算是接近于有效的企业管理，这是企业管理当今存在的问题之一，也是我感受最强烈的一件事情。

我们还没讨论另一个必要的统一，即母公司与子公司之间的关系，后者有分行、分店或者属于同一资方的很多工厂。我们在此会遇到很多问题，但在试图解决它们的时候，我们可以使用一样的原理。

我没有对整合的统一体进行过多的阐述，在此对其总结，由于实施了有缺陷的协调机制，我想说许多工厂的效率因此降低。有些情况下，存在何种协调主要取决于某些主管共同相处的能力；他们是否愿意互相请教，这常常具有随机性或者取决于当时的状况——某些人是否会搭乘同一趟火车！就我所知，企业管理还没有探索出一种合适的协调机制。

然而，有效地致力于协调是不可能的，直到你在部分对整体的哲学关系中确定了自己的立场。我们提到了部门彼此之间的关系——销售和生产，广告和财务，但哲学告诉我们更深奥的事实，让我们不仅关注部分之间的关系，还关注部分与整体之间的关系，这个整体不是固定的，而是发展的。这对企业意味着什么？例如，它意味着销售部应该确定自己的原则，去评判销售政策与总体政策的关系。管理书籍有时告诉我们，生产经理要让部门政策从属于企业政策。我不同意这种观点。1924 年 2 月，《泰勒学会报告》中提到："部门主管应将组织政策看得比部门政策更加至关重要。"我想知道为什么要更加"至关重要"？或者部门主管应该把总体政策看得比部门政策更加"重要"，这种说法我也见到过。它应该比不上美国对于纽约的重要性，我也并不是一名国家权利者。制造和销售需要协调吗？当然，我们还要理清制造以及销售与总体政策之间的关系，此外，我们要记住总体政策不是或者不应是空气压缩装置，制造和销售政策一直贡献于总体政策。生产经理不应让部门政策从属于企业政策；他应该贡献于它，并且看到它是可以贡献的。这是对生产经理的一个主要评判，不论他的政策是否可以做出贡献。

我想补充的是，为了在一篇文章中对该主题进行讨论，我们省去了很多问题。可能对职能性统一而言，外部资金的独立性也很必要，但这样的问题会让我偏离得太远。

管理者是各方利益的整合者

到目前为止，我们探讨的只是工厂内各种关系的统一。我们还没有对整个产业的统一进行考虑，尽管它显然很重要。单看许多短途铁路的运营，会发现它们是入不敷出的。在许多产业中，整体的利润对整个产业来说是合理的回报。如果把产业作为一个整体来考虑，所谓的边缘工厂也许会得以保留。需要再次强调的是，工资不能由一家工厂来决定；在很多地区的交易中，工资应该走向均衡。这对工作时间也同样适用。此外，整个产业也应考虑自身的产品需求；即使一家工厂发挥自己的最大优势，它也不能就整体需求组织生产。这属于失业问题。如果生产要得到规范，销售机构应该与其进行一些联系。

我无须提及竞争公司有多少共同之处，对此的认识也日渐上升，正如两家敌对的俄亥俄公司为了促销，从一家工厂转到另一家工厂。（我想激进派会说这种行动是为了消费者，但我现在不想对其进行深入探讨。）1919 或1920 年，纽约的电力承包商和电工联合理事会为熟练工人的流动做出安排，并设立了一家雇用机构。当时的想法是汇集对生活成本等的统计，将工资水平和工作状况标准化，在一定程度上控制劳动力的流动。英国的全国工业委员会发起过一次运动，明确提出要增加不同产业间劳动力标准的一致性。

除了所有这些，除了统一工厂，甚至除了统一产业内的所有工厂，还存在另一种方式去看待企业统一，它应是企业管理者所关心的主要事宜。在他眼里有三个阶级：①工人，包括产业和管理类工人；②消费者；③投资者。企业的主要工作是找到一种方法，整合这三者之间的利益。我没有讨论过消费者，因为没有时间，但当我们发现雇主和员工联合起来针对消费者，以获取更高的价格和税收规则或者其他的优惠，当我们得知英国的棉纺产业为了避免政府的干扰，总会对"兰开夏⊖反抗伦敦"做出响应，大家就可以看到消费者是多么重要。

正如职位之间的关系是职位分析的一部分，部门之间的关系是科学管理的一部分，以上所提到的这些关系应是企业管理研究的一部分。我希望人际关系这一提法不要只应用于雇主和员工之间，因为管理者还需要从银行家那里得到贷款，给股东发放股利，与竞争者打交道。更准确地说，管理者与以下各方都产生关系：银行家、股东、同级的管理者和主管、工薪阶层、竞争者、供应商以及顾客。

⊖　英格兰西北部郡名，以产棉而出名。——译者注

现在，商人有机会对社会做出一项最大的贡献，即群体创造性。许多作家认为我们生活在一个单调的年代，并痛心疾首地将此作为退化的标志。这些作家回顾以往充满创造力的时代，找到了达·芬奇⊖和但丁⊖；而当看向今天的时候，他们既没有看到达·芬奇，也没有看到但丁，从而就对现代文明的贫瘠表示悲痛。这些人犯了这样一个错误，他们总是不可避免地把创造性与个人联系起来。我们正处于一个充满创造力的时代的开端，过去的个体创造带给我们艺术家和诗人，新时代不再是个体创造的时代，他们没有看到这一点。如果我们预想到群体创造的潜力、范畴、终极意义，最重要的是耐心地想出解决办法，我们也许会进入一个群体创造的时代。

在政治学领域，我们很少看到可以鼓舞人心的东西，但在国家联盟中，在合作组织中，最重要的是在企业管理中，"群体创造性对世界意味着什么"这一问题日益得到了正面的评价，其不是用言语，而是用行动来表明。我们在进行理论创作时，对于由来已久的成语和观点，大多不加分析就采用，人们根据经验对民主进行原始的尝试，而我们把此当作基本原理。长久以来，人们就在争取民主，但还没有掌握它最本质和根本的理念。我相信，企业和产业组织正在为整合统一体的发展做出很大的贡献，它们远比表面意义上的民主重要。如果企业不能找到一种更加丰富的视角，去理解统一企业组织的可行方法，它将不能对社会发挥最大功用，也不能巧妙地规范自己，去提供已有的服务。

⊖　1452—1519，意大利文艺复兴时期伟大的画家、雕刻家、建筑学家。——译者注
⊜　1265—1321，意大利诗人。——译者注

Follett on Management

第 2 章

建设性冲突

本章的主题是企业管理的心理学基础[⊖]，但显然我们不可能在四篇论文中提及当代心理学对企业管理做出的所有贡献（关于招聘、晋升、解雇的方法，对激励的探讨，产出和动机之间关系，关于团体组织，等等），因此，我选择了一些主题，在我看来，它们能够直抵各个行业人事关系的核心。我打算在本文讨论处理冲突最富成效的方式。最开始我希望大家暂时将冲突看作是不好不坏的；不带任何道德上先入为主的判断去考虑冲突；不要将它看作斗争，而是将它看作观点或利益差异化的表现。因为冲突正意味着差异。我们不应仅仅考虑雇主和雇员之间的差异，还要考虑管理者之间、董事会的董事之间的差异，或者任何可能存在的差异。

冲突与差异是客观存在的，既然这一点不能避免，那么，我想我们应该对其加以利用，让它为我们工作，而非对它进行批判。为什么不呢？机械工程师是如何处理摩擦的呢？当然，他的主要工作是消除摩擦，但事实上他也利用摩擦；传动带对力的传输取决于传动带和滑轮之间的摩擦；为了让火车停下来，火车头的主动轮与车轨之间的摩擦很必要；所有的磨光也都是利用摩擦来进行的；我们所听到的小提琴的音乐也是利用摩擦；发现摩擦生火后，我们就脱离了未开化阶段；我们将思想与思想的摩擦看作一件好事情。由此，在商业上，我们也应知道什么时候要消除摩擦、什么时候尝试去利用它、什么时候去判断它能为我们做什么工作。这是我在此想要考虑的，即我们能否有效地利用摩擦达到一些目的。[⊜]

处理冲突的方法

处理冲突的方式主要有三种：控制、妥协以及整合。显然，控制是一方战胜了另一方，这是处理冲突最容易的方式，但其效果是短暂的，长期来

⊖ 本文首次发表于 1925 年 1 月。

⊜ 参看《创造性经验》，"人们所谓的摆脱冲突通常是摆脱多样性，最重要的是两者不应被看作一回事。我们也许希望废止冲突，但我们不能摆脱多样性。我们必须面对生活的本来面目，并且明白多样性是它最基本的特色……恐惧差异就是恐惧生活本身。冲突是对不相容的无用爆发，我们不一定非将它想成这样，而要将它看作一个正常的过程，其中，社会上有价值的差异竞放光彩，从而丰富了关联方"。

看并不成功，正如我们从战后发生的事情中所看到的。

处理冲突的第二种方式是妥协，我们对此了解得比较多，因为它是我们解决大部分分歧的方式。每一方为了和平都退让一点，或者准确地讲，为了让被冲突妨碍的活动能够继续进行。妥协是工会策略的基础。[⊖]

在集体讨价还价中，工会的要求高于它的期望值，从而允许其在谈判中能够做出让步。因此，我们通常不知道它对自己应得的真正想法，这一点是有效处理冲突的极大障碍。在马萨诸塞州的一次工资纷争中，工厂里工资最低的女孩们每周大概得到8美元或9美元。这些女孩中的两个代表提出的要求是22.4美元（注意：这指的是工资的最低水平），如果让提出要求的人同时达到这个水平，显然工资的涨幅过大。此时，老板无法确定她们对自己应得工资的真正想法。

当然，我不是说妥协是工会的一种主要方法。这种方式可以结束分歧，也得到了公认和赞同。然而，没有人真正想去妥协，因为这意味着要放弃一些东西。有没有其他方法可以解决冲突？目前，另一种方式开始得到承认，有时也会被采用：即将双方的要求整合起来。这意味着我们找到了一种解决方法，它满足了双方的要求，不需要任何一方做出牺牲。让我们举个非常简单的例子。有一天，在哈佛图书馆的一间小屋子里，有人想开窗户，我想让窗户关着。最后，我们打开了隔壁房间的窗户，那里没有人在。这不是妥协，因为没有谁的要求被缩减，我们都得到了我们想要的：我并不想要一个密闭的房间，我只是不想让北风吹到我；同样，另一个当事人也不是想打开那扇特定的窗户，他只是希望房间里有更多流通的空气。

在出版的书里，我已经提到了这个例子。在此重复是因为这个例子没有任何复杂性，能够很好地反映我的观点。让我们来看另一个例子。去年，一个挤奶工合作联盟差点解散。因为大家都要把货卸下来，放在奶油厂的空地上，问题就出在卸货的优先权上。山下的工人（奶油厂在下坡）认为

⊖　参看《新国家》第14章对劳资双方关系的讨论："为了对成员'不偏不倚'，仲裁和调解委员会的不足在于，在斗争的双方中，即使没有进行公开的协商，它们也倾向于单纯的妥协。"

他们应该得到优先权；山上的工人认为他们应该先卸货。在该分歧中，双方的观点都局限于这两种可能性，从而妨碍了他们一举两得地解决争议。解决方法显然是改变空地的位置，使得山上和山下的工人能够同时卸货。直到向一名整合专家征求意见，他们才意识到这个方法。尽管如此，该方法提出后，他们仍然很乐意地接受了。整合也需要创造性，我们要意识到这一点，让思维跨越互斥的边界，这才是明智之举。

再看另一个例子。劳资协议会的会议在工厂里还是在工厂外举行，这有时会是个问题：赞同前者的人认为其明显具备接近工作地点的优势，反对前者的人则是出于对公司影响的担忧。有一家工厂是我所了解的，在我看来，它进行了以下整合：在工厂空地上建造了专门的员工俱乐部大楼，在此召开劳资协议会的会议。与工厂里的其他地方相比，员工在这里会自在得多。

一个朋友告诉了我这个例子。在一场谋杀案的审判中，他被叫去当陪审员。检察官问他对死刑是否有异议。他回答道："当然，就应该这样。"冲突继续下去，因为法官认为该观点表明他不能在此次审判中胜任陪审员一职。我的朋友这样对我总结道："在法官对我反复询问后，我被带到了陪审席。但法官和我都不是胜利者；这次经历改变了我们。我们去寻找解决方法，而非对我们之前的判断进行辩护；解决方法就是根据证据进行裁决，这样，无论你对死刑的观点是什么，你都没有规避自己的公民责任。"

到目前为止，我看到了四个有趣的整合案例，它们是由吉尔伯特·默里寄给《伦敦时报》的，而他是在道斯委员会的报告中找到它们的。⊖

一项决策是纯粹的整合还是某种程度上的妥协，对此的判断通常比较困难。在吉尔伯特·默里引用的四个例子中，我认为有一个存在缺陷。但即便它们只反映了部分整合的讯息；即便它们只反映了人们想进行整合，而

⊖ 1924 年 6 月 6 日，吉尔伯特·默里教授给《时代》的编辑写了一封信，试图让人们注意到国家联盟以往的决策和方法对道斯委员会成员的影响。他引用了四个问题，法国和英国在这些问题上产生了广泛的分歧，但之前可比较的问题中采用过联盟的解决方法，双方应用了这些方法，最终达成了一致。这些例子阐述了"整合"这一方法，这正是本文中所详细阐述的。（产生论争的问题是：德国赔款的币种，德国负债总额的设定；外部控制的必要性，或者是否完全相信德国的诚意；德国的支付能力与设定负债总额的关系。）

非控制或者妥协,这些都是让人欢欣鼓舞的。

我写过一些关于整合的观点,一些人跟我说他们喜欢这些观点,但也提到我所探讨的是"应该是什么",而非"是什么"。但事实上,我并没有这样;我讨论的既非"是什么",很大程度上也不是"应该是什么",而是"可能是什么"。我们只能通过实验来发现这一点。我所关注的是进行实验,从而找到解决差异的方法;这些差异体现在董事会与管理层或者部门主管之间、董事会与员工之间,或者是在其他的关系中。如果我们做到了,我们也许会对冲突采取一种截然不同的态度。

当前,心理学的关键词是欲望。如果想用当代心理学的语言讨论冲突,我们可以将其称为不同欲望相互作用的一瞬。这样,我们可以过滤出其中任何或好或坏的内涵。因此,我们将不会恐惧冲突,但在处理冲突时,我们也应意识到既可采取破坏性的方式,也可采取建设性的方式。冲突反映了差异,并对其聚焦,这也许是健康的标志,预示着进步。如果挤奶工联盟没有在优先权的问题上产生矛盾,人们也许不会想到卸货的改良方法。该例的冲突是建设性的,因为他们用整合代替了妥协。妥协没有进行创造,它涉及的是已经存在的;整合创造了一些新东西,在本例中体现为一种不同的卸货方式。这样做不仅解决了分歧,而且设计出一种更好的方法,为农民和奶油厂节省了时间,基于此,我将其总结为:有效地利用摩擦,从而达成某些目的。

因此,尽管作为持续的未整合的差异,冲突是病态的,但差异本身并不病态,我们都看到了这一点。对民主党而言,民主大会上的争斗预示着希望。在企业组织中,我认为我们应该努力发现一种好的机制,使得多样性正常表现和联合起来,避免差异的停滞,从而摆脱病态的阶段。

与妥协相比,整合拥有自身的优势,这一点我还没有提到。如果我们只是妥协,在妥协中放弃自己的部分欲望,那么冲突将会反复以其他方式出现,因为我们并不满足于停滞不前,总有一天我们会设法实现所有的欲望。在产业分歧、国际分歧中,我们可以看到以上情况非常频繁地出现。只有整合是稳定的。但我所指的稳定并不意味着固定,没有东西会一成不变。我指的是某一冲突得到了解决，而接下来会出现一个层次更高的冲突。

心理学中存在"递进式整合"这一术语，我们也需要递进式差异。通常，通过观察冲突的性质，我们可以衡量自身的进步。从这个角度来讲，社会的进步就像个人的进步；当冲突升至更高的层次，我们的思想也越来越进步。如果一个人平时主要的冲突是我应不应该偷窃？你可以想象他的思想处于何种阶段。正如有人所说："通过了解一个人处于何种困境，我们可以了解此人。"同样，由于冲突是生活的本质，当评估企业组织时，你要关注的不是有多少冲突，而是冲突是什么以及如何处理它们。我们不希望罢工频繁地发生，但同样也希望能够保有冲突，后者可以促使发明和创造新价值。

整合可能是处理冲突和差异最富成效的方式，之前我们已经对此进行了讨论，现在应该考虑实现整合的方法。但在此之前，我想明确指出一点，即我并不认为整合在所有情况下都是可行的。当两个男人想跟同一个女人结婚时，整合将不可能实现；当两个儿子都想要家里的老宅子时，整合也不可能。这样的例子有很多，有些不太典型，有些很典型。我并不是说生活中不存在困难，而是说如果我们意识到它的长处，就应整合而非妥协。一个朋友常常让我很苦恼：当她下一个结论时，我想说："我不同意是因为……"但在我有机会给出自己的理由之前，她总是说："就这样吧，我们不要为此争吵。"但事实上，我根本不打算争吵。

整合的基础

即使双方的主张都是正确的，我们也认为差异并不一定意味着对抗，如果我们认为整合比征服或妥协更加有利可图，那么迈向成功的第一步是将差异公开化。除非我们知道差异在哪里，我们才有可能对它们进行整合。我想阐述一下与整合截然相反的方法——逃避或压制问题。

第二次世界大战后，一家工厂的员工要求工资上涨5%，但5%的上调是针对目前的工资还是针对战前的工资，这一点双方都不明确。此外，双方看起来都不想去搞清楚这个问题。员工自然倾向于前者，而管理者则倾向于后者。一段时间之后，双方才去面对这个问题；通过模糊化问题，各方都想取得胜利。

在一个小型的工资会议中，我经历了一场很长的讨论，它与往返工作地点的车费问题有关：首先，该项的所有费用是否应该和伙食费、住宿费一起作为生活成本预算，也就是说，往返工厂的交通费用是否应作为生产成本之一。最终大家决定保留该项，并为它每周支付 60 美分，而不是支付金额的 1.2 美元——由于波士顿的车费就至少得要 10 美分，如果工厂承担该项的所有费用，一周将需要支付 1.2 美元。在我看来，这是一个逃避或压制的典型案例，即对于工资是否应包括交通费用这一问题，员工当时不愿去面对。作为公众代表，我出席了那场会议，在讨论中，我多次建议大家去弄清楚一点：大部分女工的住处是否离工厂很近，或者很远而不适合步行。如果她们住在工厂附近，我还建议查明该邻近地区的伙食费和住宿费是否很高，以至于它们的增幅远可抵消掉车费。但是，这些情况下的员工不打算面对这个问题，因此大家做出了 60 美分的决定，而其显然带有逃避性质。

另一个有趣的压制性案例发生在一个委员会里，我是成员之一。有两名速记员为我们工作，大家对他们工资的意见存在不一致。显然，除去午饭的一个小时，速记员一天的工作时间为 7 个小时，但有些人要求给他们支付更多的工资，他们坚持说速记员一天工作 8 个小时，因为他们的工作时间是从早上 9 点到下午 5 点。

不论何时，当你身在对抗的位置，你都会有意无意地处于模棱两可的边缘。只要工团主义运动是防御性的，只要员工联盟运动是防御性的，我们都将处于模棱两可之中。只要国际主义表现为它本来的面目，逃避就会继续下去。当然，不表现出逃避是好的外交的要求之一，因为你不想让另一方认为你试图在所有事情上蒙混过关。但是，只要我们的真实意图不是达成一致，而是控制，我们就会继续逃避或压制下去。煤炭委员会的肖勋爵认为，双方都应真心希望达成一致，并将其作为仲裁的因素之一。这里，心理学给我们上了非常直接的一课。

除非他真心希望自己的结症早日结束，否则医生无法帮助他，精神病医生通常这样告诉病人。数年来，每一本关于心理学的书都会对我们强调"暴露"这一概念，现在，"暴露"是解决个人内在冲突最重要的过程，对于个体之间或者群体、阶级、种族、国家之间的关系，它也同样重要。在企业中，员工和同事或者上司打交道时，不得不揭下所有的伪装，不得不从提出的要求中找到真正的要求，从公开的动机中辨别出真正的动机，从真正的原因中找到可对外宣称的原因，还要记住有时潜在的动机会被刻意隐瞒，但有时它也会无意识地出现。

因此，整合的第一条规则是摊牌，即直面真正的问题，揭开冲突，将整件事情公开化。

把各方的愿望放到一起，使得人们能够清楚地审视和评价它们，这样做最重要的原因之一是评估常常导致再评估。通过再评估愿望，我们取得进步，但是我们通常不会去审视一个愿望，除非另一愿望与其产生冲突。你可以审视一下自己的愿望，从童年到青年，等等。小孩子有许多幼稚的愿望，这些愿望和他想要获得赞许的心愿并不一致，因此他会重新看待自己的愿望。我们可以从自己的一生中看到这一点。我们想做某事，但直到它和另一愿望产生矛盾，我们才会去思考对我们而言它究竟意味着什么。再评估就像是对比后开出的花朵。

我们在思考冲突的处理时，有必要将愿望的再评估作为重点，因为没有任何一方真正做出了让步，尽管这一点让人难以接受。但通常，再评估也会促使双方重新审视各自的利益，随即促成统一。去年，欧洲举办了伦敦会议，我认为这一点在该会议上有所体现，或者说它在会议之前就有所萌芽，从而促使了会议的召开。与别人对我的言论的印象相比，整合多表现为要求的自发汇集；对于双方利益的再评估也许会导致利益的相互调适，从而让大家在最终的解决方案中都能找到各自的位置。

我希望所有这些对企业管理的意义是显而易见的。一家企业应该这样来组织（这是我们应用于组织的测试之一）：在任何冲突和任何不同要求的汇集中，都可以观察到所有的要求。正如我们能够看到这些，我们的员工也应能看到它们。要求是一个重要的心理学和社会学概念；通过让各方的要求进入同一视角，使得它们能够同时接受观察和比较，我相信许多冲突会摆脱悲惨的结局。在一定程度上，我们都相信弗洛伊德的"升华"，但我更相信不同冲突日益以彼此为导向，并且在定位的过程中逐渐接纳不同的价值观。

当然，所有这些既适用于我们自己，也适用于另一方，人们可以理解这一点；我们不得不抛弃附带的利己主义，此后，与另一些事实和期望相比，当我们看到它们时，我们也许会对它们产生不同的评价。我们总是认为重点在于消除自己的动机，但真正的重点却在于顺从它们。例如，我们常常将个人动机看得过于不光彩，而非自己的需求。政治家对朋友"袖手旁观"，这未必就是丢脸的行为。与其他相比，动机的分量有多重，这是唯一关乎道德性的问题。而劝说自己动机根本没有分量才是不道德的。

我几乎没有时间来提及非常重要的一点：团体再结盟和利益再评价之间的联系。在对政党再结盟的观察中，我发现这点很重要。在团体的任何冲突中，我们必须观察每一次再结盟，弄清楚它在多大程度上改变了所面临的要求，因为这也意味着它在多大程度上能够改变冲突。

在前面，我说过整合的第一步是使差异公开化。如果第一步是将需要整合的东西清楚地放在我们面前，那么有一些重要的事情需要我们去注意，即一种情况下最引人注目的焦点并不总是对真正问题的指示。许多情况相当复杂，涉及大量、多样以及重复的活动。人们在很大程度上倾向于处理戏剧性时刻（可能被流行的报章杂志所引导），而忘记了这些往往不是最有意义的。在此我们不应遵循文学上的类比手法。正如吉卜林所讲，你也许有一幅漂亮的窗帘，情侣们很喜欢它，但买单的却是父母。然而，在生活中，这毕竟不是人们可以控制的。在行业分歧中、在对董事会或管理者之间政策的不一致上，发现有意义的而非戏剧性的特性，对于整合企业政策而言是很基本的。

在我看来，这样的探索是迈向整合的第二步。如果第一步是揭示真正

的冲突，下一步就是将双方的需求拿来，按照它们的组成要素进行分解。⊖
当代心理学表明，试图去处理问题的集合会让人心力交瘁。我认识一个男
孩，他很希望接受大学教育。但是由于父亲过世，他不得不立刻开始工作，
赡养母亲。那么，他放弃了自己的愿望吗？没有，因为经过分析，他发现
自己想要的不是大学教育，而只是一种受教育的经历，后者有很多方式可
以实现。记得有一个南方女孩这样说过："唉，如果没有来到北方，我会一
直以为该死的北方佬只是一个词语而已。"

分解整体是处理商业问题的途径是达成商业决策的方法。以开辟一个
试运货系统为例，肖在其《解决商业问题的方法》（*Approach to Business
Problems*）一书中提出以下所涉及的子问题：

1. 什么将对运货的统筹和成本造成影响？
2. 信贷政策是什么？
3. 运输中或者已送达顾客的货物会降低每年的周转次数吗？
4. 毁坏退回货物的风险会大到妨碍正常利润吗？
5. 销售的增长能够充分抵消管理部门成本的增加吗？
6. 顾客的好奇心和谨慎也可作为心理因素。

我已对此进行了详细的阐述，因为在我看来，这个方法应该应用于解
决分歧。我真心地希望每一个分歧都被视为一个问题。

将一个问题分解为不同部分，它涉及对符号的审视，你们会注意到这
一点，即仔细研究所使用的语言，搞清楚它的真正含义。我的一个朋友想
去欧洲，但她又不想支付必须的花费。这可以整合吗？是的，她找到了整
合的方法。为了更好地理解，让我们使用我所提倡的方法；我们问道，"去
欧洲"对她意味着什么？为了发现答案，我们需要对"去欧洲"进行分解。
"去欧洲"对不同的人意味着什么？一次航海旅行，看到很多漂亮的地方，
遇见新面孔，脱离日常职责的休息和改变以及很多其他的事情。当时，大

⊖　参见《创造性经验》，"再次，只要劳方坚持认为资本家利益是存在的，资本家认为劳方利
　　益也是存在的，劳方和资方之间的矛盾就永远不能调和。其他的可能都不存在。这些是可
　　以想象到的全部，在劳方和资方合作之前，它们必须加以突破"。

学毕业后，这位女士教了许多年的书，然后离开岗位，多年来过着隐居的生活。"去欧洲"对她而言是一种符号，并不意味着雪山、教堂或者图画，而是认识新的人，这才是她想要的。当被安排到一所由年轻男士和女士就读的暑期学校任教时，她立刻接受了，因为在那儿她会遇到一群有趣的老师和学生。这就是她的整合。这样做实现了她真正的心愿，而非对其进行替代。

在《创造性经验》第 9 章，我对符号做了其他的阐释。勒布－利奥波德（Loeb-Leopold）是一个有趣的例子。在该例中，我认为无期徒刑的意义应该已经得到考虑。由于释放这些男孩子是不可能的，所以，我们要在死刑和无期徒刑之间做出抉择。因此，在我看来，当他们被判处后者时，对这些男孩而言，这是胜利的符号，特别是当大家都认为他们只能活几年时。另一方面，在许多情况下，无期徒刑则是失败的符号。我认为在审视该判决对国家的影响时，它没有得到足够的考虑。

当然，使用符号是不可避免的；所有语言都是有符号的；但我们应该警惕什么符号被使用。例如，营销合作者说道，他们希望成员能够信守诺言。该陈述象征着他们真实的想法，即他们想得到足够的商品从而控制市场。每天我们都在使用未被理解的符号、完整的字、未经分析的词，它们远多于我们所需。其中，许多包含"顾客"的词是不准确的，因为"顾客"是一个笼统的指代，然而高端顾客的要求和动机显然不同于低端顾客。

我们一直在考虑对整个需求进行分解。另一方面，人们又常常不得不去做相反的事情，即找到完整、真正的需求，它们被混杂琐碎的要求或无效的表述所掩盖。具备领导天赋的人能够拼凑出整个需求，除非他采取策略故意对其进行隐瞒。我不打算去列举这方面的例子，因为我希望有时间去讨论另一点，在我看来，它对商业很重要，既体现在与员工和竞争企业打交道上，也体现在对于需求、差异以及冲突的预期上。

霍华德伯爵是哈特、夏弗纳和马克斯的劳工经理，他曾对我说："仅仅去研究员工的实际反应是不够的，你必须预料到它们。"捷足先登是每个公司试图对其竞争者所做的事情，但我想，许多管理者并非像对待竞争者一样仔细地去研究和预测员工的反应，而这样做将是有用的。

你们也许可以给我许多关于反应预期的例子。我们能在日常生活里发现无数的例子。一个男人喜欢驾车，他的妻子喜欢散步；当他的妻子在周日上午因为打网球而筋疲力尽时，对于下午去驾车兜风这样的建议，他完全能够预期到妻子的反应。

中间人会审慎地预期农场主的反应。在是否进行营销合作的考虑中，他们对未来的思考基于以下假设：农场主将倾向于不被持久地掌控，一旦取得成功和实现承诺，他们就会结束自己的合作角色；此外，使用法律力量执行契约，最终将导致该项活动结束，因为，对于这种强加，农民肯定会进行抵制。

要注意的是，预期冲突并不一定意味着避免冲突，而是换一种方式进行这场游戏。也就是说，对不同的利益进行整合，而不必对所有现状做出变动。一个朋友说我的整合理论就像一场国际象棋的比赛。我认为是有点像。初学者不得不通过变动发现解决之道，他会使用调整棋子位置这种原始的方法。而一名象棋高手则无须这样做，他不用动手就可以看出所有的可能性。商人在应付竞争对手时就像一个象棋高手。正如两名象棋高手对弈时，他们之间的真正冲突是他们意识到的可能性之间的冲突，在商业中你不必对所有现状做出变动去整合，而只需应对已发生和可预见的情况等。你并非逃避去做某些事情，其实你已经完成了它们，尽管没有去做。

但是假如在企业里我们只观察反应和预期反应，这是远远不够的。询问我们的员工、工作伙伴或者竞争对手会对什么做出反应甚或可能会对什么做出反应，这也是不够的。我们不得不为反应做好准备，尽量让反应方建立起一种正面的态度。当然，每一个好的销售人员都会这样做，但在其他部门，它的重要性还没有被充分意识到，在后面的文章中，我们将会更进一步地探讨这个问题。

然而，为反应做好准备也仅是该问题的一小部分；我们需要进行更加深入的挖掘。反应既包括循环反应，也包括线性反应，我认为对它们的揭示是当代心理学对社会科学所做的最有趣的贡献。[○]网球游戏是循环反应的一

⊖　参看《创造性经验》第 3 章，"近期心理学的经验：循环反应"。

个好例子。A 发球，B 接球的方式部分取决于球发给他的方式。A 接下来的打法将取决于他自己的原始发球加上 B 的接球，如此反复。我们可以看到它还在争议之中。在一个人和其他人相互作用的大部分活动中，我们也可以看到它的存在。淘气或懒惰的男孩子会说："让我们开始做一些事情吧。"我们必须记住无论自己何时行动，总会"引发一些事情"，一个人的行为会引发其他人的行为。每一位雇主都要记住这一点。一名工厂的管理者这样对我描述："在行动之前，我可以掌控局面；一旦行动开始，我就无法控制局面了。"这并不意味着我们不应该行动！但是，我们应该对某些事情进行充分的考虑，这很重要。

循环反应看起来是一个简单的问题，显然也是我们所应接受的。然而，我们每天都试图去逃避它，我们每天都会行动，并且希望避免那些不可逃避的反应。正如某人在另一关系中所说："我们给守门狗喂食生肉，但却希望它在保护我们的同时，也能变成素食主义者。"

循环行为的概念给冲突带来许多启发，因为我现在意识到永远不能和你吵架，我总是和你再加上我自己吵架。我这样来描述它：该反应是对一种关系而言的。我反应的对象不仅包括你，而且包括你我之间的关系。员工不仅对老板做出反应，而且是对自己与老板之间的关系做出反应。工会不仅对资本主义做出反应，而且是对自身与资本主义之间的关系做出反应。道威斯计划[⊖]、伦敦会议显然是循环行为的典型。循环行为作为整合的基础，赋予了我们探索建设性冲突的钥匙。

整合的障碍

最后，让我们探讨一下整合的主要障碍。它要求具备一定的才智、敏锐的感知和辨别力，最重要的是显著的创造性；对于工会而言，与拿出一条更好地运营工厂的建议相比，反抗更容易。大家都还记得在墨索里尼当选之前社会党在意大利占大多数，但它们并没有承担责任；它们更喜欢去

　　⊖　第一次世界大战结束后，协约国于 1924 年制定的德国赔款支付计划。——译者注

反抗和攻击别人所做的事情，而非自己去采取行动。我认为，与英国的工党相比，它们的表现并不出色。

我们的生活方式使大多数人习惯于控制，这是整合的另一个障碍。在许多人看来，整合是驯服者的工作；它缺少征服的"快感"。我知道有一场发生在工会里的争论，主席采取了有力的措施，使得一项真正的整合得以被发现和接受，但会议却结束得乏味无力，人们并没有对这个完美结局表现出应有的满意。没有高潮，也没有任何一方为之振奋，没有人征服，也没有人胜出。甚至对一些人而言，失败和征服都比整合要更加有趣。也就是说，习惯于反抗的人在反抗的过程中会更加适应和快乐。此外，伴随着下一次可能有的征服，它助长了未来的反抗。

整合的又一障碍是争论的问题常常被理论化，而非拿出可行的处理建议。我认为这一点在企业管理中很重要。思想上的一致并不能带来充分的整合。有一家工厂通过其众多子委员会的活动，专门对此进行保障，其中有许多活动看起来相当微不足道，除非你能看到它们对职能整体所做的贡献，我们将在之后的文章中对后者进行讨论。

当争执被理论化以及余下的问题是需要采取一些明确的行动时，我感兴趣的是它多久会消失。在一次工会会议上，有人就浪费提问：工人如何能够对消除浪费做出贡献？但结果表明，大多数工会成员认为消除浪费不是工人的工作，它属于资方的工作。此外，他们认为消除浪费不能为自身带来利益，工会通过群体议价已经定下了工资金额；节约出的部分只会增加利润，不会进入他们的腰包。然而，另一方意见也存在于会议上，所以双方继续讨论，却没有达成任何一致的结果。但是，最终通过主席的调节，大家公认有一些浪费是工会需要负责的。机械师、水管工人、木匠和工会一起致力于解决以下问题：对于这些浪费，他们愿意承担多少责任。我希望当大家把它看作实践性问题来考虑时，以下观点会随之出现：资方负责一些形式的浪费，员工负责另一些形式，工会再负责一些形式。

整合还有一个严重障碍，即人们所使用的语言，每一位商人对此都应予以重视。由于大多数人都倾向于和解，所以无论别人还是自己都要对此做准备，我们已经注意到了此种必要性。一名工会成员曾经对我说："我们的代表没有正确地使用语言。如果他们只是要求对工资进行调整，而非明确提出上涨 15%，那么资方将更愿意听取我们的意见；他们的思维框架跟我们是不同的。"在大多数棘手的情况下，我们会下意识地选择不会引发争端的语言，而在商业中，我们却没有谨慎地使用语言，对此我不太理解。早餐时，你会这样对妻子说："我们重新考虑一下昨晚的决定吧"，而不会说："我想对你昨晚的决定进行批评。"

我忍不住要讲一下自己的亲身经历。有一次我走进爱迪生光电公司，对柜台后的一名年轻女士说："我应该去哪里询问我的账单？""投诉去 D 室。"她回答道。我说："但我不想投诉，我认为你们的账单出现一个错误。我想是这样的，但我不想投诉它，这个错误很正常。"这个女孩看起来很困惑，当她明显无语的时候，一个男人从桌子后面走出来说道："你更想进行一下调整，不是吗？"随后我们对此进行了交流。

大多数工厂设立了"申诉委员会"，我认为这是一项错误。我不喜欢福特工厂的"矛盾专家"。我希望人们不要总是强调商店或部门委员会的成立是为了"解决争端"。如果你拿到一张所谓"争端"的列表，你会发现它们并没有如此多的对抗因素，而非字面意思所反映的。但很多描述资方和劳方关系的语言是充满对抗性的："传统敌人""工会的武器"等。

我没有涉及整合的一个主要障碍（领导者不恰当的影响）：肆无忌惮的全权掌控以及代表一个群体对另一群体提出建议。此外，即使人们不有意给出建议，它也存在于日常交往中；在处理和解时，人际交往的所有情感要素都应被充分考虑。我故意省略对此的考虑，不是因为我没有和别人一样迫切地感受到它的重要性，而是因为在这些为数不多的文章中，我们不能面面俱到。

最后，对于整合，我们缺乏相应的训练，这也许是它的最大障碍。在大学辩论赛上，我们总是试图打败另一方。在布莱恩梅尔暑期学校的函件中，它公布了给工人们安排的课程，我看到了"英语作文和公共演讲、培养口头与书面表达的艺术"。但除此之外，我认为还应该开设讨论班，致力于培养合作性思考的"艺术"，我很失望地发现这个课表中没有这样的课程。管理者同样也需要它。就我所处的工资委员会而言，许多老板（我应该客观地说不是绝大多数）过来参加员工与老板之间的联合会议，我发现他们很少带有协商的意图，而是基于对员工先入为主的成见，促使和迫使已有计划的实现。看起来，人们还没有领会会议的要旨所在方法。即使不存在以下阻碍：无知的利己主义、偏见、僵化、教条主义、例行公事，我们仍然需要训练和实践，从而掌握整合的技巧。一个朋友对我说："开放性思维就是整合的全部，不是吗？"是的，它不是；像对待别人的观点一样，我们需要尊重自己的观点，牢牢地坚持它们直到取得信服。这一点，脆弱的人不如固执的人擅长。

作为对这场讨论的间接总结，我想强调我们对于整合的责任。在对循环反应的考虑中，自己的行为促使了所反应的情况的产生，我们可以看到这一点。这表示（对此我们日常也应进行考虑）人们的行为促使了他所反应的情况的演变。生活标准获得提升，不仅因为它得到了关注，部分也由于它正在被关注。对于企业管理而言，情况的演变这一概念最重要，它使得对于未来的规划不可能实现。然而，我们对所有关于远见的格言都持有一种偏好；每一家企业都应调和这两者。在工作中，我们面临的情况一直都在演变，我们要留心观察自己的行动在其中处于什么位置。

以下观点不仅对商业关系，而且对所有人际关系最为重要：不要让我们自己去适应一种情境（与它相比，我们对于世界更为重要，也不要将一种情境塑造成我们想要的样子），就其而言，我们所有人，或者每一个人，对于世界的重要性都太小，而是考虑进行互惠的调整，情境与我们自身之间进行相互作用，这意味着双方的同时改变。企业管理的测试之一应是：组织是否对员工和雇主、或者合作管理者、合作主管进行激励，让他们采取互惠的行动，与单纯的调整、一次性均衡相比，该行动会带来更多的益处。当想法局限于只能二选一时，我们的视野变得狭窄，行动受到限制，取得商业成功的机会也大大减少。我们不应让自己被"非此即彼"威吓到。总会存在一个方案，它要优于任一给定的选项。如果一个人对建设性工作感兴趣，那么他会寻找自己行动的正面价值。后面有关于把企业作为整合的统一体的文章，我们将探讨如何在企业管理中实现这些正面价值，它们不仅意味着个人的进步，也意味着商业或服务的进步，后者是我们为了自己和社会所从事的工作。

Follett on Management

第 3 章

命令的下达[⊖]

　　我希望我们都能对自己的经验采取一种负责任的态度——一种自觉而负责的态度，这是我在本文中想诉说的主要问题。⊖让我们以商人所从事的众多行动之一为例，看一看就这件事而言，对我们的经验采取负责任的态度意味着什么。我会提几个关于下达命令的问题：下达命令有许多方式，它们的原则是什么？你打算遵循它们中的哪一个？尽管我们每天都要下达命令，但大多数人还没有决定，甚至还没有思考过这些不同的原则是什么。这当然是一个遗憾。弄清楚行动背后的原则，就是对我们的经验采取一种自觉的态度。

　　在我们已经辨别出不同的原则之后，第二步是采取一种负责任的态度，决定去遵循哪些原则。在下达命令的问题上，如果我们还没有对下达方式做出决断，我希望每个人现在都这样去做。我们不会得出一样的结论，也许会出现很多不同的观点。我所强调的不是让你们采取我的原则，而是希望你们思考自己的行动是基于什么原则，或者在这件事上你们打算采取什么原则，然后，只要公司的制度允许，你们再尝试根据这些原则下达命令。

　　接下来，我希望大家去注意结果，因为我们的第一个决策应该是试验性的。我们应该进行实验，看它们是成功还是失败以及为什么成功或失败，这是最重要的。以上是对经验采取一种实验的态度。

　　这样，我们就有了以下三步：①自觉的态度——意识到这个问题可能会采取哪些原则；②负责的态度——决定我们会采取哪个原则；③实验的态度——进行实验，观察结果。我们还可以加上第四步：将结果集中起来。

　　在做这些的过程中，我们所应仔细观察的是：当我们暂时以自认为最好的方式下达命令时，所在公司的制度会提供哪些机会。如果我们的原则被采用，这些制度要在多大程度上以及要以何种方式进行改变，我们还应就此得出结论。这将增加我们对于该问题的知觉。

⊖　参看《创造性经验》，"但是我们想做的远不止观察自身的经验，我们想让它展现出自己的财富"。

行为模式和对命令的服从

在有些人看来，下达命令是一件非常简单的事情：命令传达后，他们希望人们去服从它们，而无任何置疑。然而，另一方面，凭借生意人所具备的精明，他也知道命令的传达会遇到许多困难；对不赞同甚至可能不理解的命令，如果接受方依旧服从，而不提出任何置疑，那么这也是糟糕的商业政策。此外，心理学以及自身的观察都告诉我们：不仅命令或劝告不能让人们心甘情愿地去做事情，甚至说理、有技巧的规劝都是不够的。即使"被管理者同意"，他们也不一定去做所有应做的工作，这一点是那些提倡职工代表制的人所应考虑的。我们过去所有的生活、早期培训、后来的经验、所有的感情经历、信仰、偏见以及每一个愿望，都形成了思维的习惯，心理学家称之为习惯组型、动作模式、动作定式。

因此，仅仅达成思想上的一致益处并不大，除非你改变了大家的习惯组型，否则你并没有真正改变你的手下。企业管理、产业组织应该建立一定的习惯组型，也就是一定的思维惯式。例如，农民普遍习惯于"单干"，现在这被合作所改变，要注意这是被农民自身的行动所改变。正如工人常常与雇主进行对抗，它不能被争辩或劝告所改变，只能通过会产生不同倾向的某些行动来改变。一位工会朋友告诉我，他记得当他还是一个小男孩的时候，他的父亲在鞋店工作，终日抱怨老板。所以，在长大成人的过程中，他一直认为工人与生俱来应该反对老板。我认识许多工人，对于大学生进入工厂工作，他们都存在偏见。大家都能举出这样的例子：你们想改变员工的哪些态度。例如，我们想培养一种尊重专家观点的态度。

如果进一步分析这个问题，我们会发现不得不做三件事情，我将使用心理学语言描述：①建立一定的态度；②为态度的释放做准备；③当释放发生时，对其进行强化。用商业的语言来讲，这意味着什么呢？一名心理学家给我们举了售货员的例子。售货员首先培养了你想购买衬衫的态度；然后，在"心理性"时刻，他拿出销售表，让你签名，从而释放了你的态度；最后，当你准备签的时候，如果某人走了进来，说他很庆幸自己购买了这件衬衫，那么释放就得到了强化。

如果将此应用于命令和服从的主题，那么，只有当以往的习惯组型受到命令的吸引，或者新的组型产生，人们才会服从一条命令，我们可以看到这一点。当老板考虑一条命令时，他也应思考形成习惯的方式，正是习惯确保了命令的实施。我们应该先让售货员卖鞋或银行职员数支票，判断一种不同方法的希求性。商店或银行的制度随后应被改变，使得售货员或出纳员能够采用新方法。再次，让榜样者事先得到信服，人们会更易于接受新方法。在排名或文件出来之前，人们通常会信服一个或两个或三个人。大家从经验中可知最后一步是种好策略，心理学家将其称为强化要释放的态度。但我们发现态度不能通过一次释放定型为习惯，需要经过多次才能实现这一点。

对我们来说，这是一条重要的考虑，因为从某一角度来讲，企业的成功很大程度上取决于——名义上，组织和管理是否有利于形成一定的习惯和思维态度。许多守旧的员工很难理解命令为何不能取代训练。在此我想对这一点进行强调。一位老板经常生气，原因正如他所叙述的：一名工人"不会"做某些事情，而事实上，由于这名员工不能违背根深蒂固的"习惯"，所以他不能按照命令的要求来行动。本主题也许会在教育的前提下来讨论，因为我们能举出许多例子，它们试图任意替代训练。历史上，所有革命的结果都向我们展示了缺乏训练的后果。

在提前准备行为模式的问题上，即在准备命令的接受上，心理学做了以下贡献：一样的话出现在不同地点和不同场合，它们常常会引发截然不同的反应。同样的建议分别被一个男孩的老师和同学提出来，他的反应可能是不同的。此外，同样的建议分别被老师在教室和当他们一起走路时提出来，他的反应也可能是不同的。同样，下达命令的地点和场合可能会导致人们接收后反应的差异性，我们可以看到这一点。⊖经历了从总经理到工

⊖　参看《创造性经验》，"……我们应该记住以下几点——首先，客观情境是行为过程的组成部分；其次，内部条件和外部条件同样重要……例如，我们通常看到当一家工厂的总经理试图解决某一情境下的问题时，他只关注人，而非考虑人和情境以及两者之间的相互影响"。

厂厂长之间漫长的传递后，它们的影响会减弱。有人也许会说命令受欢迎的程度与其所传递的距离是成反比的。只要面对面的建议被长距离的命令所替换，生产率将总是处于被影响的边缘。然而，它还存在另外一个原因，我将在稍后提到。

之前，我们在整合和循环行为中提到了一些观点，在下达命令的过程中，它们将直接应用于对反应的预期上。我们将提及心理学家所说的线性和循环行为。引用卡伯特博士对本人《创造性经验》一书所做的评论，线性行为是人们顺从地接受一项命令，就像存放柴薪的木棚容纳木块一样。而在循环行为中，你会得到一个反馈。但是，平时下达命令时，我们知道自己每天都能接收到反馈，或者文雅地说，我们接收到循环行为。由前文的思想进行推演，可以说，命令的下达和接收是循环行为中的一项整合问题，我们应该找到促使它们整合的方法。○此次讲座的剩余时间会充分用于讨论这一点，对其进一步的解释和阐述，我会就许多方面提出建议，但你们需要自己进行深入的扩展。

对命令的公布或方向的指明，心理学有另一重要的贡献：在命令下达者和命令接收者进行整合之前，通常在一方或双方的内部需要进行一次整合。对于各方而言，通常有两条分离的途径；如果你足够聪明，有时可以预防弗洛伊德冲突，使整合在尖锐化之前完成。

为了解释我的观点，让我们简要回顾一名社会工作者的案例。一个女孩叫格雷西，父母离婚后，她被安置在一个快活、随意、懒散而不整洁的家庭，这个家庭由父亲、母亲和 11 个孩子（儿子和女儿）组成。格雷西在那儿过得很快乐，有一名社会工作者负责此事，当发现该居住环境存在许多混乱时，她认为这个女孩应该被安置在其他地方。于是她带着格雷西前去拜访一位阿姨，她的家庭言谈举止文雅，并且正如她的家人所说，他们都有很高的品位。这位阿姨想让格雷西和她一起生活，并且格雷西也确实

○　参看《创造性经验》，"我们不能研究工人的'心理'、雇主的'心理'以及情境的'事实'，尽管后者通常被视为调查的过程。我们必须调查与事实相联的工人和雇主——随即事实本身就变得与'情境总况'的其他部分一样活跃。如果不考虑发展中的情境，我们将不能理解情境总况。但情境改变时，我们就拥有一个新的事实，而非旧事实下的新变化"。

愿意这样做。这名社会工作者试探着说道：“但我认为你在原来的地方真的很快乐。”她回答道：“但我不能既快乐又具备品位吗？”你可以看到这里有两个愿望。通过让这个女孩搬到阿姨那里，这名社会工作者预防了潜在的弗洛伊德冲突，分离的途径得到了统一。我不知道这个故事的结果，但它暗示了和主管打交道的方法——让他们也“既快乐又具备品位”。

企业管理常常需要考虑处理个体或群体内部分离的途径，在成功实现这一点上，一些部门比另一些走得更远。这也是与员工打交道的一部分，当我们还没有意识到这一点的时候，聪明的售货员已经知道这是自己工作的主要部分。购买者想要或者不想要一件衬衫。能干的售货员不强迫顾客进行购买，因为顾客也许在购买之后后悔，这并不是好的销售方式。如果他不能统一并整合顾客购买和不购买的原因，他未来的销售将会受到影响，他也不会是最好的售货员。

本文开始时提到了一名心理学家，这已经超越了他的观点，他说：“售货员必须让你产生想要这件衬衫的态度。”是的，但他需要通过整合而非强迫让顾客产生这种态度。

让我们将以上应用到命令中去。一项命令常常使接受方处于两条分离的途径之中，它应该试图统一、整合这些分离的途径。法院的判决常常专断地让人们去采取两种方式之一，而非进行可能的整合，也就是说，内部的冲突仍然存在于个体中。个体或群体的内部冲突是法院和企业管理所应努力避免的。

人们要为下达命令做准备，在对此的讨论中，我还没有提及要坚持某些本能，在一些作者看来，它们很重要。例如，一些作者强调坚持主见的本能，过于严格的命令或者过于任意实施的权力都会侵犯这一点。另一些有声望的作者说到他们有向权力屈服的本能。我不能对此进行讨论，因为我们需要先对本能进行定义，而现在这对于我们太过繁重。此外，近年来人们夸大了对本能的兴趣，这种夸大在许多情况下已经受到不好的评价，目前对其的兴趣正在衰减。或者说，人们开始对习惯产生兴趣，后者逐渐替代了前者。

现在，我开始讨论习惯的形成以及命令的下达，我们从心理学中学到的远多于此。之前我们已经提到过下达命令的方式，在此，我想对其进行更加清晰的探讨。与其他原因相比，更多的行业纷争可能是由下达命令的方式引起的。《罢工和停工报告》是一份英国政府刊物，其中提及罢工的许多原因："领班令人烦恼的行为""副领班的残暴行为""办公人员的傲慢举动"。然而，高级员工的苛刻是罢工的直接原因，这是不寻常的，怨恨也会潜伏在其他问题上，并且爆发。员工需要受到更好的对待，这一点很明确。我们发现一家飞机制造厂在金属和木工行规中宣布：对待工人时，如果有人不考虑他们的自尊，他将被撤职。我们还发现有些与员工的合约中提到："人们必须尊重工人，不能使用带有威胁和辱骂意味的语言。"

当一个人收到命令，该命令以一种不愉快的方式下达，下达方是他在商店、银行或工厂的领班、部门主管、顶头上司，他会做何反应？他会觉得自尊受到攻击，内心受到入侵。他会发火、闷闷不乐，或者充满防御心理；他开始思考自己的"权利"——对我们中的任何人来说，这都是一个重要的问题。用我们的话来讲，错误的行为模式产生了，就像错误的汽车装置；也就是说，对所在企业，他现在倾向于做出不利的行为。

这里有一个很微妙的心理界限，一个人受到的指挥越多，他的思维也会更多地倾向于指挥模式，而且在该模式中，他总会处于被指挥方。

一个人对工人使用辱骂性的语言，进行粗暴的对待，对此的批评已经是老生常谈，但有一个相反的极端却很少被考虑到。顶头上司常常与员工过于亲密，以至于没有恰当地履行职责。作为上级，他并不够雷厉风行，并且常常逃避工作的主要问题：当地位高于他人时，自己应如何采取行动。在百货公司中，女士大衣部门的主管会大声喊道："塞迪，你是 36 号，不是吗？在后湾区有一位女士很生气，她说你昨天答应过她一些事情。"塞迪说："是的，我想是这样的，那些后湾区的女士可能会去砸天堂的门。"这也许就是事情的全部。当然，后湾区女士的情绪需要缓和，但没有人去研究这将对商店的利益产生什么影响。此类事件缺乏与改进商店服务的联系，我并不是说该现象是普遍的，但它显然过多地存在，有些人走到部门主管权威之上，这是它们的主要问题之一。自然，一位女主管不想招致同事不好的评价，因为他们是终日与她说话和工作的人。以电话局的接线员为例，我们看到他是这个群体的一员，而管理者却不是。

让命令客观化：遵循情境的规律

现在我们的问题是什么？我们如何避免两种极端：在下达命令时进行过多的支配或者根本没有下达命令？我想知道你们如何避免它们。我的方法是让命令客观化，统一一种情境中涉及的所有人，发现该情境下的规律，并且遵守它。⊖如果没有做到这一点，我想我们不会拥有最成功的企业管理。拥有同等权力的两个人之间出现问题，这是已经发生并且不得不发生的。销售部的主管不对生产部的主管下达命令，反之亦然。双方都研究市场，并按照市场的需求制定最终决策。这种理想情况也应出现在领班和下属之间以及主管和下属之间。一个人不应对另一人发号施令，但是双方都应从情境中找到可共同遵循的命令。如果命令产生于情境，一些人下达命令和一些人接受命令的情况将不会出现。双方都接受由情境所决定的命令。老板接受它，员工也接受它。通过在整个工厂的实施，这会给企业管理带来一些轻微的差异。

我想该观点是对科学管理最大的贡献之一：它倾向于让命令客观化。从一个角度来说，人们也许会将情境的本质作为科学管理的要素。在科学管理下，管理者和工人都要接受同样的命令，因为双方都要遵循情境的规律。我们的工作不是如何让人们去遵守命令，而是如何找到可行的方法，使得我们能够最好地发现适合一项情境的命令。当其被发现时，员工可以把它传达给老板，或者老板传达给员工。这经常自然发生。厨师或速记员给我指明某一项情境的规律，如果我意识到它是正确的，我会接受它，尽管它可能推翻我之前下达过的命令。

⊖ 参看《创造性经验》，"在社交情境中，两种过程总是同时进行：人与人之间的磨合以及人与情境之间的磨合。这一点有时被忘记，但我们应该注意它"。

如果管理层让命令客观化，那么，一方面不会存在专横的权力，另一方面也不会存在放任，后者出于对实施权力的恐惧。我们当然应该实施权力，但要是一定情境下的权力。我不是说我们已经发现了一种状态，它让我们远离摩擦，而是指我们搞清楚了施加摩擦的位置。我们打算让它为我们工作，正如工程师把传动带放在滑轮之上。人们对我提倡的方法可能存在很多不赞同，因为每个人对情境的看法和解释都存在差异，但我们都应知道如何处理它，也应找到处理它的方法。

我将其称为客观化，但我们没有时间对它进行更深的讨论。我认为它的确是一个重新定性的问题。人们彼此之间存在着各种各样的关系，但我们应该深入情境发现它们。只要脱离了赋予它们意义和价值的情境，我们彼此之间就不存在任何合理的关系。人和情境的分离是不好的状况。我刚刚已经说过科学管理让其客观化；一件事包容的人际关系是它的一部分，该思想为我们展示了这一点。

很多时候，心理学或者现代心理学倾向于将人和情境分离。我所要提到的是目前对于"人格研究"的热情。当一些困难出现的时候，我们常常听到人格研究专业的心理学家说："研究这个人的心理。"这是一个很好的建议，但我们同时也要研究整个情境。然而，脱离整个情境是心理学家在研究中经常犯的错误，这导致他们的工作包含严重的不足。我猜想，在与以人格为专业的心理学家打交道时，人事主管要比和其他人打交道做得更多，我希望大家能够观察和看清楚你们多久能够把这些局限从他们结论中有价值的地方分离出来。

我们应该将远距离的命令替换为面对面的建议，之前我已经说过这一点。我们现在能找到一条更让人信服的理由。我们想要的不是面对面的建议，而是对于问题的共同研究，它最好在员工和顶头上司或者员工和专家之间进行。

在本章的开头，我强调了为执行命令要提前准备，正如在之前的文章中，我们提到为整合的态度做准备，但在对共同研究情境的考虑中以及在对遵守情境规律的强调中，我们得到的可能已经超过了它们，或者说我们现在需要考虑何时采取心理学家关于提前准备的教条。由于大家现在都在研究心理学，仅此一点不会让我们走得很远，员工会积极地为我们做准备，正如我们为他们做准备一样。确实，在一家工厂工作的女孩跟我说："去年冬天，我们上过心理学的课程。如果想让管理者认真对待你的要求，你需要仔细考虑如何向管理者提出它，现在我明白了这一点。"如果这种提前准备的观点正是心理学家所思考的全部，它会被私下发行，当作秘密教条。但事实是，在命令或其他方面，对情境进行共同研究，这是为整合所做的最好准备。尽管这是普遍的用语，但我们不应试图形成自己需要的态度，而应形成合作性研究和决策所需的态度。对售货员而言，这也是一种好的理念。前面我们提过，当售货员要让一名有意购买者产生想要一件衬衫的态度，他也要通过整合而非强迫实现这一点。我们现在会阐示他将如何实现整合。

我已经讲到改变某些商业人际关系用语的重要性。我们在想，"委屈""抱怨"或福特的"矛盾专家"这些词语，也许并没有引发错误的行为模式，但我认为"命令"一词一定会引发错误的行为模式。如果该词不再意指对外的权力、专断的权威，而是情境下的规律，那么我们需要一个新词来代替它。人们对命令的憎恶正如他们对命令事项的憎恶。人们不喜欢命令，即便度假的命令也是如此，我经常看到这样的例子。无疑，支配生活是每个人最基本的愿望之一。将其称为"自我主张的本能""主动的本能"也并不为过。在某位著名的美国人的一生中，据说当他还是一个小男孩的时候，他的妈妈对他说："去给我提一桶水。"他总会这样回答："我不去。"但之后他又会拿桶去提水。这一点很重要：他憎恶别人对他下命令，但他会去提水，我想这不是因为他不得不去，而是因为他意识到了这种情境下的需求。一种情况是，他知道自己不得不服从；另一种情况是，他愿意服从。这种服从与自我支配的愿望并不抵触，它们彼此互相包含，两者都是一个人内心深处最根本的愿望。我们在此所讲的远比"自私的冲动"或"自我主张的本能"要深刻。我们讨论的是人类的本质。

对于命令的讨论已经将我们引向了权力和协议问题的核心。当我们将权力和同意构想为兼容性情境的一部分时，这不正为该问题带来了一些启示吗？该观点摆脱了一些困境，它们正是人们在处理同意问题时所困惑的。处在某人之下、作为下属、卑屈、被别人的意志所支配……诸如此类的情绪在商店的干事调整中以及煤炭委员会的宣言中反复出现。有人曾在煤炭委员会成立之前说过："和别人共同工作完全没有问题；但明显感到自己在某人之下工作，这让人不能接受。""共同"是一个很好的提法，这样说并不是因为它意味着民主，而是因为它意味着结构上的团结，⊖该概念要比通常意义下的民主深刻得多。对于情境的研究包括了"共同"这一提法。这样一来，售货员就不会对大衣部的主管听之任之，她也不一定要服从主管。大衣部的主管会说："让我们看看这样的情况如何能够更好地解决，以后我们就遵守它。"这样，售货员就不在他的支配之下，此时双方都处在情境支配之下。

在招聘服务生的时候，前来应聘的人问到自己是否会被当作仆人，我遇到过两次这样的情况。当第一位女士这样问我的时候，我没明白她的意思，我想她也许不想做很粗糙的工作，但后来我得出结论，即被当作仆人意味着被迫去服从和遵守命令，而没有自己的判断。如果我们认为尊重别人的自尊会提高效率，在此应该警惕这一点。

与此紧密联系的是一个人对工作的自豪感。工匠或职员知道如何最好地去完成工作，如果一项命令违背了他们的想法，他需要调整对其的抵触情绪。难道这种困难不能通过对于情境的共同研究来解决吗？据说英国工人会这样想："我了解我的工作，不需要别人来告诉我怎么做。"这是他们的特征。这种特征也许可以通过对于情境的共同研究来满足，在研究中，他可能比其他人贡献得更多。

顺便说一下，我在谈到共同研究时所讲的内容，完全不同于英国现在所提倡的以及我自身和工厂所实施的理念，比如"工人的独立调查""独立工人的控制"。我认为他们恰恰处在该问题的错误方向上，对此我会在后文中进行叙述。

⊖ 尽管人们将其理解为一项相互交织的活动，而非单纯的附加。

拥有一定权力的人都会遇到另一个困境：如何让愿意服从命令的人同时承担相应的责任？确实，根据我的经验，盲目服从命令而不加思考的人，往往喜欢摆脱责任。但责任的承担既要根据他的能力，也取决于他在整体中的作用（对此我们将在下文"企业作为一个整合的统一体"中谈到），承担责任通常是每个人一生中最必不可少的一部分，正如分配责任是企业管理中最重要的一部分一样。

一名年轻的工会成员对我说："仅仅作为一名员工，我能拥有多少尊严呢？"如果他全心全意地为企业奉献，并且承担相应的责任，他可以拥有充分的尊严。

如何对接受命令和承担责任进行调解，我认为这是我们所面临的最严重问题，并且调解可以在情境的规律下进行。

服从和自由

我已经提到了好几种困境：如何既实施命令又不被人支配，如何既实施命令又保留自己对工作的自豪，如何既实施命令又承担责任。还有一种困境让很多人烦恼，即能否同时实现服从和自由，我们当前的观点可以解决它。○一些政治学家和基尔特社会主义者○否认国家的权力，他们说我们不能同时实现服从和自由。我认为他们是彻底错误的，但我们应该问自己把服从归结于什么。当然它应归结于我们隶属其中的功能性的整体以及我们所贡献的对象。基尔特社会主义者认为国家现在还没有达到此种程度，我赞同这种观点。那些正在关注产业重组的人，应该从国家的失败中吸取教训。

詹姆斯·迈尔斯（James Myers）是《产业中的代表性政府》（*Representative Government in Industry*）○一书的作者，他谈到行业中的人们长期以来只是单纯地服从命令，以致我们面临着一场社会危机。他的讨论已接近政治科

○ 参看《新国家》第 28 ~ 32 章关于政治多元性的论述。

○ 基尔特社会主义，又叫工会主义、产业组合社会主义，是改良主义的一种。他们否定阶级斗争，鼓吹在工会基础上成立专门的生产联合会来改善资本主义。——译者注

○ Doubleday-Doran 出版公司，纽约，1924 年。

学家的困境。他说："我们必须重新唤醒自我主张的本能。"尽管迈尔斯意识到了问题所在，但我并不认为该本能需要重新唤醒。

我们已经讨论过符号。很明显，有时一项命令就是一个符号。比赛时，裁判员站在那儿，手里拿着表，说道："跑！"这是命令，但它也是一个符号。我可以对一名员工说："做这些事情。"但这仅仅是因为我们已经开诚布公地达成一致：我的要求是最需要做的。这样，命令就成了一个符号。我们将服从仅仅归结于所服务的功能性的整体，如果这一点在哲学和心理学上是成立的，那么它是针对一个整体、一个过程，我们要知道这是对它更准确的描述。

现在我们走到了命令环节中最重要的问题。它很重要，但我们只能对其进行简要的阐述；这就是演变中的情境，我在前文中曾提到过它。在此我试图说明，命令必须与情境融为一体，我们需要认识到这一点。但情境总在演变之中。如果情境不固定，可以说命令也不会固定；我们的问题是如何阻止它变成这样。当命令被执行的时候，情境也会随着命令的执行发生改变。命令如何与情境保持同步？与情境割裂的命令做不到这一点，只有那些来自情境的新命令可以做到。

此外，如果对经验的负责态度包括对情境演变的意识，那么对经验的自觉态度意味着我们要注意到发展中的情境对我们的改变；如果情境没有改变我们，它也不会改变。

从这两篇关于命令下达的论文中，我们学到了：整合是生活的基本规律；命令应该是下达方和接收方共同的意见；此外，命令应该是关联方和情境的整合；更多的是，它们应该随情境的演变而整合。如果你们接受以下三个基本结论：①命令应该是情境的规律；②情境总在演变之中；③命令应该包含循环而非线性行为——我们会看到自己对于命令的看法将在一定程度上改变，企业实践中也将会有明显的改变。

有一个问题与下达命令联系得如此紧密，以至于我想现在提出来，以便进行下一步的讨论。就命令做出决策之后，我们需要考虑何种监督是必要的和可取得的，以确保命令的顺利实施。我们都知道许多工人反对监视。

这意味着什么，在多大程度上，它的存在是合理的？如何能够避免引起反对，同时又进行必要的监督？我想这个问题还没有被充分研究过。我问过一个很聪明的女孩，如果她所在的工厂实施分红制和职工代表制，她认为将会有什么结果，她开心地答道："我们再也不需要领班了。"除了让工人认真工作，领班还有其他的职责，尽管她对此的忽略很有趣，但我们需要透过这个有趣的表面，去找到反对监视的真正含义。

苏格兰有一起案例，它是由最低工资法案所引起的，领班被叫过来询问某一名工人是否做好了分内的工作。

官员："根据煤矿法，每天巡视两遍工作区，这是你的职责吗？"

领班："是的。"

官员："你没有这样做吗？"

领班："有。"

官员："为什么你甚至没有看到他在工作。"

领班："当看到领班过来的时候，他们总是停止工作，坐下来等，直到领班离开，如果煤矿没有游离气体，他们甚至会掏出烟斗，因为他们不想让任何人监视他们。"

作为斗争阶段的产物，另一个极端标准在克莱德机械工厂实施。一天早上，商场管理人员的总负责人被告知某位锻工感到不平。来到锻造工作区，他看到一名锻工很生气，因为常务董事早晨在对工厂的例行巡视中，停下来五分钟，监视该名锻工的工作。在商场会议之后，该负责人组成一个代表团，向董事争取此类事情不会再次发生的承诺。在接下来的工厂会议上，该负责人向全体工人汇报了此次事件，整个工厂再次提出类似的要求，并得以通过，以至于这名董事在清晨巡视中根本不敢停下来。

我看过类似的例子被引用。许多工人觉得监视是不可忍受的。我们对此能做什么？在摒弃令人憎恶的监视后，我们如何进行适当的监督？监督是必要的，它又是令人憎恶的——在此我们如何进行整合？有些人说："让工人自己选举监督者。"我不赞同这一点。

另外三点与本文的主题紧密相关，在此我想指出来。首先，何时以及以何种方式指出错误和不正当的行为？指引我们的原则如下：不要单纯为了责备而责备，让这些话取得一些效果；在当时的情况下，让下属真正接受教育，表述要达到该目的。其次，下达命令的人通常并不受欢迎，管理层意识到这一点，并试图通过以下措施弥补：让负责此事的人给工人带来好消息，赋予他们新的声誉，后者是工人们强烈需要的。一名管理者说他一直在努力实现这一点。我想这很好地应用了行动主义心理学，但我并不肯定自己是否欣赏它。然而，在人们下达了错误命令时，结果就很不一样；犯错的人当然要去矫正它，这不是一项战略，而是因为这样对他更好。我们不仅要承认错误，还要采取行动，这对所有人都会更好。如果管理层让一名领班解雇了某人，接下来又决定恢复他的职位，显然要让这名领班负责通报恢复工作，这不仅是种好策略，也是必然的处理方式。

当然，与我们所提及的相比，下达命令这一主题还有很多值得探讨的地方。我觉得自己仅仅给了一些提示，远远没有充分挖掘主题。据说在战争中，炮兵比其他人在精神上承受的压力更大，因为他们需要接受远程指挥，他们开火所需的数字组合是通过电话传递的，结果也是发生在远处的，他们的行动与现实情况的两端都没有紧密的联系。

在我看来，下达命令对企业管理非常重要，我希望你们能给予一些启示。以电梯员和电话员为例，当员工的分布多而广的时候，命令应如何下达？一天，有人对我说："你认为对电梯员应如何下达命令？"我不明白她指的是什么，就去问她，她回答道："电梯员都很礼貌，我很想知道上层如何对如此分散的员工下达命令。"

我们的时间已经超了，但为了简要说明本主题的范围，请让我再说明几个问题，它们或者是还没有提及的，或者是讨论得还不够充分：命令与训练的关系；情感（希望、恐惧等）对服从命令的影响；如何保持控制，并让下属既接受控制又承担责任。此外，在对命令的规划中，员工应在命令下达之前参与进来，而非在此之后，对此我可能没有清楚地说明。命令下达后，下属必须服从它。我相信权力的运用也是如此。为了预测命令接收的情况，我们需要进行仔细而辛勤的研究，对此我没有进行充分的强调。一个人对一项命令充满牢骚，这会引起麻烦，他的上司会想："那个人为什么抵触？"他会研究该情境，但可能到时已经太迟了，麻烦已经出现了。预测抵触情绪，学习成功预测的方法，这是命令下达者工作中的重要部分。

在本讲的开始，我说过自己仅仅把命令的下达当作一种方法，它要求我们对待经验采取一种自觉和负责任的态度。我强烈感到负责态度的重要性。社会学和产业研究的学生常常过得很糊涂。有时我们甚至不知道自己知道什么和不知道什么。为了避免这种糊涂，我们需要意识到我们信奉什么、不信奉什么，并认识到两者之间具备争议的地方，并进行实验。对于已经拿定主意的问题，我们不用进行实验，它是不必要的。例如，有些人仍在争取职工代表制，而这已是普遍接受了的。没有必要去讨论和研究它们；有许多我们不知道的事情，让我们把精力放在它们身上。

另一点是：我们应该知道自己讨论的是原则还是方法。混淆会带来严重的后果，正如我们常在讨论中看到的。我听说过一场讨论，内容是商场委员会的会议是否应在上班时间举行，在我看来它没有切合主题，因为它没有对原则与方法进行区分。一些人谈论前者，一些人谈论后者。此外，我们不要混淆一种方法与另一种方法；我们要坚持一种方法，直到我们得出相关的结论。正如一名教练过去常常对哈佛船员所说的："找到一种方法，并一直坚持下去，这样会更好，即使它可能不是最好的方法。"

我谈过对待经验要采取一种自觉和负责任的态度，以上都与其相关。对其也需要采取一种科学的态度。它的优势日益得到更多的正面评价，这一点被该会议的主题所验证：企业管理的科学基础。

Follett on Management

第 4 章

权　力[○]

两家工厂都存在某种形式的职工代表制，我问过它们的许多工人："如果出现一个问题，你需要在忠诚于工会和忠诚于工厂之间做出选择，你会选哪个？"答案总是"工会"。我询问了他们的理由，并总结如下：①"我对工会宣誓过"；②"工会与我存在持久的联系，工厂则没有"；③"工会拥有一定的权力，劳资协议会没有。"简而言之就是宣誓、持久性、权力，我认为其中最重要的应该是权力。

在英国的劳工著述中，我们几乎在每一页都能看到权力或控制一词，我们自身也频繁地使用这些词。一名设菲尔德⊖车间代表运动的领袖说："我们为权力而运动。"这是我听过的最无聊和狭隘的观点。

企业现在最紧迫的问题是讨价还价与价值之间的关系，而讨价还价建立在权力之上。拥有最大权力的人似乎在讨价还价中会处于最有利的地位。但是讨价还价是商品、劳动力价值的唯一决定因素吗，或者哪一方的唯一决定因素并非是它？如何整合讨价还价和科学方法？这是否并非商人们最紧迫的问题？据我所知，科学方法还没有或不能设定准确的价值；目前它们仅仅限定了讨价还价的范围；讨价还价在这些范围内仍然继续。

在对权力这一问题的探讨中，我们先从总体上对该主题进行把握，然后转至劳方对权力的需求。

对于权力的渴求

任何词都没有像"权力"一样被我们滥用。我知道现在不需要对任何概念进行过多的分析。我们甚至还不确定权力是"褒义"还是"贬义"。渴望得到权力是一个贪婪而肆无忌惮的人的愿望吗，它是人性中出自"本能"的渴求吗；或者，权力是一个高贵的甚或最高贵的目标？或者这些都跟它无关？权力是什么？它是影响力、领导力还是武力？为什么我们都喜欢权力？因为我们希望利用它满足需求，或者只是喜欢拥有它的感觉？在生意

⊖　英国英格兰北部的城市。——译者注

中，你每天会遇到很多人，或者生意伙伴或者工人，你是否发现他们在努力满足自己对于权力的"渴求"；或者，你是否发现他们只是努力得到想要的东西，有时为了得到最终的保护，他们也争取权力。我们常常得知有许多人在积累足够的财富，满足自身需求之后，为了权力仍然继续奋斗。你认为事实如此吗？或者仍有未满足的愿望激励他们去行动吗？

　　心理学家对此有许多不同的解释。一些人认为对于权力的渴求是本能，是每个人固有的；另一些人对此表示否认，他们认为权力仅仅是实现目标的手段。弗劳德·亨利·奥尔波特博士⊖在其《社会心理学》⊜中，倾向于前者的观点。他对社会控制进行研究，并得出结论：人们普遍倾向于让他人产生反应，这种倾向可能源于婴儿时期养成的习惯，以及童年阶段为了获得生理需求的满足对父母和保姆的使唤。当我们长大成人、自给自足后，以前的习惯仍然存在，人们仅仅为了控制而控制；而非为了实现一个目标。我不知道这是否属实，因为我认为还没有足够的证据验证它的有效性，但这很有趣。奥尔波特博士指出，人们控制他人的动力（"动力"一词的使用，让他钻研得更深）还没有达到决定他人反应的程度，只是为了让他人产生反应。我们都可以举出这样的例子。在阿迪伦达克山区，如果我们在非狩猎季节遇到一只鹿，当我们沿着小溪划行时，在片刻的寂静之后，导游会突然大叫，这让我们很吃惊。他不会射击，但他会叫喊，让鹿跑开，对叫喊产生反应。

　　我们常常看到两人之间并不一定要存在顺从的反应，任何反应都可以。一个男人故意让报纸沙沙作响，想让妻子对此反应。她可能不会抬头，一笑了之；也可能皱下眉，或者生气地让他停止制造噪声，但是即使这样，他也能得到某种满足。（公平起见，我需要补充一点，我只见过一次此类事件中，让报纸咔咔作响的是妻子。）

　　一些法理学家也在谈论对待权力的"自然渴求"，他们认为人们维持权力平衡的愿望十分迫切。例如，当你心怀感谢时，他们说这是你"极力"

⊖　1890—1978，美国心理学家，实验社会心理学的创始人之一。——译者注
⊜　Houghton-Mifflin 出版公司，波士顿，1924 年。

想恢复内心的平衡，而这种平衡之前被你所得到的恩惠所打破。我们可以更好地称呼它，并将其提升到美德的高度，但它的真正含义是：如果由于我接受了恩惠，而对你负有义务，那么我会对你的权力感到不愉快，并会以某种方式回报这些恩惠，从而恢复我们之间被打破的平衡。第一次听说时，我觉得这是一个很奇异的观点，但在那天，我问一个人如何看待这个观点，当时他在波士顿，在哈佛商学院上一个月的课，我以为他会说这个观点很荒谬，但他的回答却是："这是当然，如果我将和一个知名人士一起在波士顿待一个月，我会觉得自己在他的权力影响之下，直到我想出一些方法去偿还这些影响。"

一些有道德感的老师认为整个主题可以转换为以下问题：你为什么想要权力？对那些对企业管理感兴趣的人而言，这并不是一个坏问题。以缺席者所有权为例，许多人都对其表示质疑。这也应该是一个好问题，然而，当我们听说一些管理层努力摆脱缺席者资本占主导的境况，我们立即会想，他们的动机是什么？

伯特兰·罗素最近对权力的动机进行了很多探讨。他对科学的发展很悲观，因为他认为利益流失到权力持有者手中，而他们的目的都比较邪恶。

但是无论权力是"好"还是"坏"，无论人们把它当作实现目标的手段，还是只是为了得到它，大多数人通常都会设法得到权力。人们交谈时总是试图让自己的观点、感受或者个人经历给他人留下印象。一些作者称此为以自我为中心，但这却很普遍；通过进一步分析，我们发现它源自支配的欲望。例如，我们喜欢讲述一个精彩的故事，心理学家说这是因为它能让我们成为众人关注的中心。除此之外，可能因为在那一刻我们控制了别人，在那一瞬间别人完全在我们的掌控之下。我们必须知道支配几乎在每一次交谈中都以某种形式出现，但对它的愿望并不总是存在，因为我们想在具备一定能力的时候使用它；我们喜欢保留实力，在特定场合使用，从而给自己带来显著的好处。

我想，理解权力的最好方式是在日常生活中对它做一些研究（在家里、在企业里或者我们所在的任何地方），去观察它什么时候出现、为什么出现以及结果是什么。我一直希望在团体中能够找到一两个人，他们对此很感兴趣，并愿意和我一起做研究，去观察一个人能够影响他人的因素：社会地位、职业立场、专业知识、丰富的阅历、财富、年龄、性别、某种个人特征甚至身体素质。如果你们中的任何一个人要做这些研究，我建议你们暂时采取以下对权力、控制、职权的定义，看一看你们是如何理解它们的。权力也许被简单定义为使事情发生、成为一名随意的中间人、引发改变的能力。⊖也许"对权力的渴求"仅仅是对生活状态的满足。当然，满足存在许多不同的种类和程度。男孩朝小鸟扔石头，这是一种初级的满足，他的"渴求"是让小鸟反应——飞走。小提琴家的例子是一种更充分的满足，让我们来看一下。在我看来，小提琴家必须获得一种对生活的充分满足：当他获得了赞许时，他也必然感受到权力的存在。可能管弦乐队的指挥感受到的更多，这更加接近于企业负责人所感受到的那种权力。

控制可以定义为实施权力以及针对具体目标采取措施，职权可以定义为限定的控制。在本研究中，我们应该知道权力和优势并不总是同义的，有时我们通过自身的劣势获得对情境的控制。在去年夏天的伦敦会议上，德国最大的权力来自它的经济疲软。也就是说，同盟国的要求使它的经济衰退，从而为它带来了讨价还价的权力。我们都知道家庭中的残疾人有权力指使健康强壮的家人，有时甚至做法相当冷酷。

在我所主张的对于权力的观察中，我们也应注意到该词的所有不同用法。前几天我看到"华尔街的权力"被认为是不吉利的事情。华尔街的权力是好事、坏事还是两者都不是呢？有人曾经对我说："我喜欢射鹿，因为它让我感觉到自己的力量。"罗伯特·沃尔夫成功使用过一种方法：打破自己的纪录，这种方法的吸引力部分在于对权力的意识。我刚刚提到了华尔街，我们也许可以将华尔街的权力与沃尔夫先生为工人制定的目标进行比较。我发现观察权力的使用方式非常有趣。我正在把自己见过的不同定义

⊖　这不是我对权力的最终界定，我将在以后给出权力的最终界定，但我认为就目前情况而言，它是比较好的界定，能够合理地应用于定义中，而无须牵涉到我们自己对它的定义，后者也许拥有更丰富的内涵，但不易于掌握和应用于日常工作。

列表，它们由小说家、艺术家等提出，我发现所有这些都有助于在日常生活中观察权力。我想这也会在企业管理中起到作用，让我们更加清醒，更具识别力：当员工要求更多"权力"的时候，当他声称有些东西是属于他的，而我们却想当然认为属于自己的时候，让我们更加明智地决策。我们可以决定支持或反对他，这不是指它预测了决策，而是如果对其进行关注，我们会更加确定自己的决策是否具备充分的依据；当审视他的申诉时，通过对此的初步考虑，在考虑特定情境之前，我们大致知道自己处在哪个位置，从而也可以节省时间。

在此有一件非常有趣的事情不能不提，我们可以观察竞争和权力之间的联系。我希望你们去观察自己和竞争公司，看看是否能区分竞争和"对权力的渴求"。心理学家在此看出了差异。有人说在一个实验室的实验中，两个男孩比赛掰手腕，竞争的态度立即让强者产生征服对手的欲望。这一点对企业竞争很有意义。

我们有无数的机会研究权力。我认为，研究农场主目前对于权力的争取也许会让我们受益良多。他们是在争取更高、更统一的价格，还是想得到高于或与其他团体平等的权力？

从对权力的研究中，我们应该有所收获：要学会辨别不同的权力。例如，一个人不择手段地在运输周转率上获得专门的特权，从而打败了对手。他拥有了权力。但是，一个人对企业进行更好的管理，以同等价格为消费者提供更好的产品，或以更低的价格提供一样的产品，从而打败对手，他也拥有权力。在此，这两种权力显然不同。

平等的权力和凌驾的权力

如果想研究权力，我们要考虑应该观察什么。我们要判断能否更加接近问题的核心。就我所做的观察而言，尽管权力通常意味着凌驾的权力，即一些人或团体的权力高于另一些人或团体，但在我看来，平等的权力这一概念仍然可能得到发展，这是一种共同前进的权力，一种积极合作而非强迫性质的权力。⊖在商店或工厂，我认为资方的权力不应高于工人，或者工人的权力不应高于资方。工会努力想得到凌驾的权力，雇主对此抵制是正确的。在之前对于企业作为整合统一体的讨论中，英国工会争取的是一种"独立"（我使用他们的表述）的权力，我们探讨了其与联合权力的不同。我们应该分析对于权力的每项需求，去判断其是"独立"权力还是联合权力。对职工代表制进行评判时，我们应看其能否形成联合权力。

如果有人认为平等的权力和凌驾的权力之间的区别是稀奇古怪的或者带有一己之见的，我将很乐意告诉他，这两个界定词已被用于法律，标示区别：对一名奴隶，你的权力在他之上；对一名仆人，你的权力和他一样。

当然，正如我所说，目前大多数人都设法得到凌驾的权力。所谓"应用心理学"也以此为目的。推销课上在教这些（尽管在讨论"命令的下达"时，我试图说明正当的心理学做得要比这好），在讨论进行企业访谈时，人们也会学到这些。所谓广告心理学，关心的不是传达信息，而是获得权力。在劳方教育运动中，许多工会成员要求接受教育，是为了在与资方的斗争中获得更多的权力。一位中央工会的领导人对我说："我赞成工会大学；我们失败是因为让 1 500 个人去对付 10 000 个人；工会成员应该受教育。"然而，我必须公正地说，权力是在合作之下，提高与资方联合的能力，有一些成员正试图在工会里提倡这样一种意识，这是一个可喜的标志。⊜

我甚至不需要去资方或劳方那里寻找关于凌驾的权力的例子。许多"精英"人物，如改革者、宣传员等，喜欢强迫别人达成一项目标，在他们看来该目标是好事。在一篇比较前瞻的文章中，我看到这样一句话：工人应该被引导，而非驱使。然而，引导通常会导致凌驾的权力。煽动型的政治家、行政上司、工会领袖、演说家都在引导，也都在试图"说服"——当你回顾这个词的时候，你会发现它很无知。然而，一名工人对我说："在

⊖ 参看《创造性经验》，"我们的任务不是学会配置权力，而是如何形成权力……真正的权力只能逐渐产生，它会从独裁的掌握者手中溜走，因为真正的权力不是强制性的控制，而是共同作用的控制。强制性权力会给大家带来不满，共同作用的权力则丰富和提升每个人的灵魂"。

⊜ 参看《创造性经验》，"联合带来了职能的改善，一些工会成员开始看到这一点，联合是为了培养他们的权力，而非凌驾于他人之上"。

这家工厂，他们不仅试图说服我们，还试图让我们信服。"对于一名工人来说，这一结论反映了他的识别力，同时也表达了对工厂管理部门的赞扬。

在我们对权力的研究中，在两三名商人的协商中，在医生的咨询中，或者其他场合，我们需要观察说服在多大程度上以凌驾的权力形式出现。在此需要敏锐的观察和细致的区分，因为它以多种方式呈现：原因、建议、情绪、对人格的支配等。由于现在的产业倾向于关注协商以及委员会治理，所以这是一项重要的研究。对协商或委员会应该进行的一项评判是：它们是在形成真正的权力，还是某些人试图过度地影响他人？一家工厂实施了职工代表制，它的一名工人对我说："我不想被引导，也不想被资助，我一直在警惕这些情况的出现。"在此要尤其注意第一句话"我不想被引导"。

我们现在接近于一个主题，我本打算不提及它，因为已经有很多人对它进行了完整充分的探讨（这些人有勒庞⊖、马丁、奥尔波特）即群体心理学对权力的看法；显然，权力的实现可在很大程度上被视为创造一种情境，让人倾向于接受建议。大多数群体类文献认为人生的 90% 都在建议和模仿下度过，这意味着一种凌驾的权力。但我仍然认为我们要意识到平等的权力的存在，正如你们所乐意见到的，它也占据很大部分。

甘地对凌驾的权力的阴暗面做了充分的阐述。他的不合作运动当然也在使用权力，这是他和追随者仅有的权力：拒绝付税，联合抵制英国商品，拒绝荣誉和头衔、民间和军事职位，拒绝进入学校等。甘地宣称他要"战斗到最后"。他要战斗就战斗吧。我看不出甘地的方法与罢工有何不同。1920 年 10 月 27 日，致所有在印度的英国人的信中，他说道："我想通过自己所承受的痛苦来征服你们。"就有效性来说，这并不合理。从字面上来看，它是对的，尽管对甘地而言，这种精神很崇高，但除了通过承受痛苦来取得权力，它还意味着什么？在甘地的一生中，他没有发表任何书信和演说表明自己希望所在政党和英国人之间能够进行一次会谈。他说他相信"平民的权力"，在此他使用了权力一词。甘地的政党有其衡量成功的标准，那么，是否正是这些平民的谦卑、全体一致性、真实和诚挚以及信任赋予

⊖　1841—1931，法国著名社会心理学家，群体心理学的创始人。——译者注

了他们衡量的标准？

甘地把自己的奋争称之为"精神上的战斗"，我们在此看一下权力与斗争联系得多么紧密。为了让冲突富有建设性，我想我们应该尽快废除它的斗争含义。当格林斯博罗○的烟草合作商受邀参加第二次年度野餐时，他们的野餐地点位于吉尔福特战争发生地，他们急于走到"当年父辈为了政治自由而与敌人殊死搏斗的地方"，依稀感受到"现在活着的英雄们为了农场经济自由，也在与狡猾、充满诱惑力的敌人奋力斗争"。这不同于甘地的精神，但两件事情反映了一样的斗争含义。

对我们的主题而言，这是一个相当长的深入过程。这些初步的分析极具普遍性。我的目的不是进行筋疲力尽的分析，而是希望当一个人的权力在另一个人之上，或者一个团体在另一个团体之上，一个国家在另一个国家之上时，你们能够更好地分析它们。

但是，即便我已经撇下许多问题不予讨论，现在也只有时间简要讨论以下两点：如何减少凌驾的权力以及劳方对权力的需求。整合是一种减少凌驾的权力的方式。取得权力是为了满足需求，而对需求的整合排除了权力的必要性。你们是否还记得我给过的乳牛场主联盟的例子，他们之间的冲突是关于奶油厂空地的优先权，这个冲突后来很严重，使得整个联盟几乎解散。如果某一方在这场斗争中取胜，凌驾的权力将会出现，但是通过发现一种方法，使得双方的需求得到满足，整合了双方的需求，凌驾的权力就不会出现。

循环行为会产生合理的权力，我希望大家能看到这一点，前面已对其进行了描述。我认为这几乎是整个问题的核心，它值得更多的关注，而非仅仅一笔带过。循环行为是整合的基础。如果企业以如下方式进行组织：当一名合作管理者影响你时，你也可以影响他；工人有机会影响你，你也有机会影响他；人们一直存在互动的影响，那么平等的权力也许会得以建立。透过历史，一旦控制超过整合，我们可以看到它会引发毁灭性的后果。这不正是印度所遇到的麻烦吗？伍德罗·威尔逊认为控制可以超过整合，这难

○ 美国北卡罗来纳州中北部城市。——译者注

道不是他最大的缺陷？

　　在前面，我们讨论了命令的下达，提到过情境的规律，通过对此的回忆，我们更加接近于减少凌驾的权力这一问题的核心。如果双方都遵循情境的规律，没有人的权力会凌驾于另一方。现在人们越来越尊重事实和科学方法，这是探寻情境规律的第一步，我们可以看到它已经影响了产业分歧的整体论调。以雇主和员工之间的讨价还价为例。当工资越来越多地取决于生活成本图表、时间研究、关于生产成本的公开书籍时，讨价还价将日益得以消除，或者变得次要。也许可以如此阐述：讨价还价被企业管理的科学方法所限定；它只在该范围内是可行的。

　　国际纷争也存在类似的情况。权力之间的斗争仍在继续，然而专家的报告日益受到重视，并在一定程度上限制了讨价还价的进程。无论产业还是国际的委员会都有各个领域的专家，包括经济学家、统计学家、会计师、工程师。道威斯计划被公认为银行家的胜利，但它也正是事实对空泛假设的胜利。最重要的是，道威斯计划排除了某些虚构成分。我们在赔偿中看到了事实对假设的价值，这一点比在其他任何地方反映得都要清晰；随着时间的流逝，我们越来越清楚地看到这不是"同情"法国或德国的问题，而是取决于该情境下的事实。减少不可协调的分歧事实上也减少了凌驾的权力。

　　正如事实可以减少凌驾的权力，我们也看到对事实的保留通常被用于取得凌驾的权力。投机者的主要武器是对公众隐瞒事实。人们在开放性价格上争执了许多年，因为很多商人担心权力的丧失。合作方会询问大企业，从而得知它们的隐秘，然而我知道至少有一家营销合作方，它拒绝公布仓储收据，或者给出有关偿付能力的信息，以及公布价格，直到年底它才会给出以上信息，因为它担心公布信息会让权力流失到中间商手中。

　　尽管现在有许多方式获得对外的、专断的权力（通过不堪的手段，通过操纵，通过外交），我们仍不难看到真正的权力总是存在于情境之中。我们的第一步探索应该是寻找情境的规律。例如，中间商阻止农场主拥有权力，而权力是他所在的情境赋予的；供销合作者被寄予希望，赋予农场主这种权力。然而，正如我之前所表明的，我们在合作中还没有摆脱凌驾的权力。我认为我们将不会摆脱凌驾的权力；我们不需要减少它的存在。

在此总结我们对凌驾的权力的考虑。它能通过以下方式减少：①整合；②意识到一切都应顺应情境的规律；③让我们的企业日益成为一个职能整体。在职能整体中，每一个人都有自己的职能，它应该准确地对应于他的能力，随后，他要具备对应的职权并承担责任。

劳方对权力的要求

如果考虑劳方对权力的要求，那么可能对权力的问题有所启发。就员工参与管理而言，尽管雇主对该问题的态度近年来已有很大的改观；尽管雇主不再说，或者不常说"这些人想经营我的企业，他们的厚颜无耻让人憎恶"，他仍然没有充分地理解工人对权力的要求。让我们问自己一些问题，它们和工人想参与控制有关：

1. 这是一种对权力的本能渴求吗？

2. 另一方面，它是取得更高工资、更短工时、更好工作环境的手段吗？

3. 它是工艺者的本能，从而也是实现目标的手段吗？也就是说，当工人遇到管理上的不足时，他难道不希望充分参与到管理中去，按照最好的方式去工作吗？如果一个人没有接受过制作玻璃瓶的培训，英国的玻璃瓶制作者是不会在他手下工作的。如果一种权力倾向于提升工艺技能中的自豪感，我们显然要鼓励所有这样的"权力"。

4. 它是出于现代机器工业对众多"本能"的湮灭吗；所有这些本能聚集在一起，产生了对"权力"的迫切需要？

5. 工人希望被当作人来对待，而非一只"手"，以往是否存在远多于此的诉求需要我们去认识？

6. 在多大程度上，它是出于一种自卑情结？

7. 它会提高地位吗？

8. 在多大程度，它是对官僚作风的反应，还是对其的滥用？

9. 工人是想积累权力，以便在劳方与资方的斗争中使用吗？

10. 工人是想得到无须承担责任的权力吗，而两者是绝对不可分离的？我看过以下的表述："工人想得到要求的工资、工时以及安全，他们不想承担财务责任，但却希望拥有足够的权力，让人对他肃然起敬。"多么天真。我们许多人都想要不带责任的权力！但那可能吗？或者它像古老的故事所讲述的一样，可以同时吃掉并拥有自己的蛋糕？

11. 自我表达和自我决策是人类最基本的"渴求"吗？与之相伴，人们是在永无止境地追求对它们更多、更完善的实现吗？工人心中的这种动力是否就是他要求权力的主要原因？

你们也能想出其他的原因，这 11 条是我飞快记下来的。如果进一步深入探讨的话，我们尤其要关注这条每天都可以听到的表述：授权和权力的平衡。

在关于职工代表制的著作中，我们读到了许多有关授权的文章。詹姆斯·迈尔斯告诉我们，劳资协议会的权力是被授予的，董事会或股东拥有最终的职权。布什和威尔登制鞋公司的纳恩说道，他们已经授予了员工固定工资和工时的权力以及解雇他人的权利。我再次读到"职权必须有自己的出处，并且通过授权分配到企业组织的各个部分"。权力必须有自己的出处吗？那它的出处是什么？我参观过一家工厂，它的一名工人问我："你认为谁是这里的老板？"他说答案比较难发现。他问："是工厂的经理或者工会的主席吗？但他们都要对董事负责。那么是董事吗？但他们要对大众负责。那么是大众吗？"我试图发现他的意思，但他对此表达得相当含糊。然而，这让我很感兴趣，因为我没有想到自己还会探讨主权这样古老的问题，在政治和法律科学中，我已过多地纠缠于此，而现在，它又以如此直接的方式出现于现代产业组织中。我相信，唯一合法的老板或主权来自一些人错综复杂的经验，在尚在考虑的行动中，他们扮演了一些职能角色。⊖

我认为权力不能被授予，因为真正的权力就是实力。授予工人权力也

⊖　参看《新国家》，"真正的职权继承于一个整体之中。只要个人统一了自身的异质元素，他就实现了独立自主。只要两个人能够合二为一，他们就实现了独立自主。只要一个团体能够把大家糅合成一体，它就实现了独立自主。一个国家只有具备创造出一个整体的权力，它才拥有自主权。主权是在完全相互依赖下所形成的权力"。

许只是一种空泛的姿态。工人的主要问题不是他们从资方或管理层那里能够取得多少控制，我们经常听到这样的结论；这仅仅是一种名义上的职权，很快就会脱离他们的掌握。他们的问题在于自身能够繁衍多少权力。工人的控制权通常被看作是管理者所愿意放弃的，而事实上，对工人而言，问题在于他们愿意采取多少行动；管理者的适时介入只是为了给工人机会，让他们增长实力或权力。

如果不存在阻碍，有许多种方式可以让权力自然形成。我们对此会进行阐述。我们通常认为大规模产业的发展限制了个人进行管理的机会。在某些方面这不是事实。以所谓"工艺者的本能"为例。从前，在个体生产的时代，该"本能"通过个体的工作得以体现。既然个体生产已经让位于团体生产，如果工人对团体组织以及团体生产的技能不能发表任何言论，该"本能"就无法得到体现。在我看来，这自然形成了真正的权力。

确实，如果管理层缺乏配合或者主动性，那么工人对团体生产技能以及团体组织不会有任何想法；但在此有一些事情是"授权"没有涉及的。

利益、责任、权力：三者缺一不可

在对本主题的探讨中，大家应该对另一件事情有所认识，人们既要授权，也要想出让工人承担相应责任的办法，前者的发展不应快于后者。我们在赋予工人权力的同时，也应让他们在企业中享有相应的利益。在一家实施分红制的商店里，员工投票通过在圣诞节的第二天停业，因为节日过后，外出购物的人不会很多，销售额可能抵消不了当天的营业费用。但在另一个假日，同样的问题又出现了，考虑到这次购物人数的影响不可评估，他们投票的结果是继续营业。他们在两种情况下都拥有"权力"，如果这种"权力"与他们在企业中的利益相分离，他们可能在两种情况下都投票要求商店停业。利益、责任、权力——这三者也许是缺一不可的。当然，在这样的例子中，即使缺少企业给予的好处，责任也能被充分承担。

在对诸如授权此类词语的使用中，我们有一个不好的先例。许多作者的著作与政府有关，他们认为国家的权力应该在不同的团体中进行划分；许多人认为权力应该从一个团体转移到另一个团体手中；还有很多人认为它应被授予弱小的民族。因此，许多经济学家在著作中提到所谓"产业民主"，他们认为所有者和管理者持有的权力应该与工人共享，这似乎很自然。尽管这些言论确实包含了部分事实，然而，与此同时它也隐藏了一个重要的事实，即权力是自我发展的能力。"逐渐蚕食获取控制"是产业组合社会主义者喜爱的一句话，该事实被其所掩盖。划分或授予的职权是一种非心理的职权；"逐渐蚕食获取控制"不是真正的控制。权力不是事先就存在的，它不能分发给某人，也不能从某人手中夺取。我们反复看到"权力"被授予时产生的失败。你们都可以给我几十个这样的例子。我们不需要考虑划分权力，而应重视产生权力的组织方法。如果一项职权没有从心理上形成，没有建立在能力的基础上，那么它将只是空泛的道义。这不仅适用于管理层，也适用于工人。我们在工厂里一直在做以下研究：在多大程度上，管理层的职权是真实的；它有多少来自胜任的职能以及知识和能力；在多大程度上，它是一种名义上或者专断的职权。

政治学家会对权力与职权产生混淆，这是他们对以上段落提出的问题。如果对不具备一定能力的人授予职权，这对政府和企业都很致命。这些政治学家把权力、控制、职权当作同义词来使用，他们也混淆了我们的思考。

如果你想使用最恰当的哲学以及心理学原理去评判"权力"的正确性（也许你指的是职权），你会问它是在进程内还是在进程外，按照我们所说，即它是否产生于一定的情况，它是否内生于一定的情境之中。你不能授予权力，因为权力是由经验发展而来。路德维格·斯坦在9月份的《大西洋》上发表了一篇文章，由于他对此的不理解，该文显示了一定的局限性，使得商人们对此议论纷纷。斯坦教授说："布尔什维克把上层阶级的专政替换为下层人民的专政，这是职权社会化的一个经典案例。"接下来他继续说道："旧职权被推翻，其目的在于让新职权在替代的过程中不可逆转地产生，这一事实强化了以下结论的形成，即职权代表了社会心理学领域的必要性。"我们并不一定要接受该结论，但若以该结论行事，我们将会一直追求一种对外的、专断的职权，直到我们意识到应直接去探寻情境的规律。

如果一项职权没有意识到情境的规律，而该规律是我们所不应忽视的，那么这种武断的职权会引发不愉快的反应。它不仅让事情变得棘手，而且削弱了你的权力。查尔斯·弗朗西斯·亚当斯[⊖]过去常常说："增加权力的同时，你也减弱了自身的权力。"前几天，我听说与行使劝告权力的委员会相比，行使强制权力的委员会所拥有的权力要更少，因为他们不考虑人们自身的意愿。所有这些都需要我们进行思索。

我们不能不提及大多数谬论的共同之处，与他人联合时，为了从联盟那里得到一定的特权，我们故意放弃一部分"权力"。当养殖者签署了一份合作协议，他理应得到一定的"权力"，是吧？当他与他人合作时，他的营销能力也得以提升。"独立"的错觉现在暴露无遗。再以主权国家的牺牲为例，每个国家都要牺牲部分主权，以便从国际联盟中获得一定的利益。这是多愁善感者的合理想法。国家不会牺牲任何东西；当一个国家意识到加入国际联盟符合自身利益，它会这样做。主权需要得以联合，而非牺牲。我们发现在企业管理领域，有一些作者也发表此类谬论，他们认为厂商应该交出一部分权力，从而让工厂内部达到满意。

作为对授权或分享权力这一问题的总结，我想说如果我们拥有任何权力、任何真正的权力，我们应坚持持有它，不轻易放手。如果我们想要这样的话，我们就可以做到。我们可以授予职权；但没有人可以给予或拿走权力或能力。管理者不能与区域主管、领班或者工人分享权力，但他可以提供机会，让他们形成自身的权力。职能也许需要重新分配；有一些事情由管理者负责，它们也许最好留给区域主管或者领班甚至工人去做；但这是一个不同的问题；我们不要混淆这两件事情。确实，重新分配职能的目的应是如何产生更多的权力——可以扭转形势的权力。我们的目标应是更多的权力，而非对权力的划分；不论这些活动给予了生活什么，更多的权力都是为了尽可能地促进它们。

⊖　查尔斯·弗朗西斯·亚当斯（1807—1886），美国作家、政治家，经常撰写经济和外交政策方面的文章，讨论敏感的政治问题，是一位激进的废奴主义者。——译者注

对于授权的讨论到此为止；现在让我们考虑权力的平衡。我们在前文中对共同权力进行了一些探讨，这似乎使得权力平衡的概念成为多余；然而没有概念能在广泛意义上互通。一名工会领袖许多年以前说过："我们应该放弃从另一方手中夺取权力"；到此为止这都是一个很好的想法，但他又说："我们还要让权力达到绝对的平衡。"他对于权力的统一没有概念。我认为与权力至上相比，权力平衡不会让劳方走得更远。

正如许多人一样，迈尔斯相信工人和经理之间的权力肯定可以达到平衡。康芒斯教授也这样认为，对于资方和劳方所希望达到的平衡，他说道："如果一方受压迫，另一方就变成了独裁者。"但在我看来，除了这种方式，还存在其他方式可以摆脱困境。

许多人把协调和平衡看作一回事，在我看来这是一个错误。产业组合社会主义者就这样做。他们认为，协调过程最终会达成一个公断或审判性质的要求，保证协调双方的权力平衡。这无疑是一种贫瘠的哲学理念，也表现了他们的恐惧；他们是如此恐惧权力，以至于他们说道："让我们拥有平等的权力。"我认为协调的目的不是建立起一个职能整体。我们也许会意识到共同形成的权力意味着创造新价值的可能性，不仅仅实现平衡。人们受到启发后，交往的更高使命不是重新安排已存在的价值，而是创造更多的价值。

群体谈判是价值的决定因素

在本文开始，我想问："价值的决定因素是什么？"我们是否要讨论服务的价值，这一点无疑是企业管理最重要的问题。大多数工人告诉我们，价值由群体谈判来决定，或者应由其决定。许多商人说价值应由科学方法来决定，其将使群体谈判消失。但工团主义者不想让其消失，甚至不想限定其使用范围；他们想在每一件事情上讨价还价。他们已经对工资和工时讨价还价，现在他们中的许多人甚至认为，应该允许他们在产业技能的变革上讨价还价，因为后者也包括工作环境的改变。如果你告诉他们产业技能纯粹是一个科学问题，他们会回答："如果工人只能通过讨价还价保障自身利益，那么问题不在于新方法的优势是什么，而在于谁将得到此种优势。"

就现状来说，这是客观存在的。讨价还价在目前是必须的，其结果取决于双方的相对力量。研究产业纷争时，我们的首要步骤是寻找权力来源。我们问："什么条件能够赋予资方或劳方更高的经济权力？"赋予雇主权力的条件包括失业、大部分工人缺乏教育以及员工的被动地位。另一方面，工会站在工人背后，使工人的权力得以增强，随着工会的壮大以及会员人数的增多，他们的力量也得以增长。

因此，正如现状一样，资方和劳方之间存在着一定程度的不平等，我们应该尽量降低这种不平等，但同时，除此之外，我们应该看到最终目标并不在此。我认为这并不是解决企业管理问题的秘方。康芒斯教授说道："除非一名工人能作为所有工人的代表发言，否则他在对话中将不具备平等的权力。"尽管我赞同工人联盟，尽管我认为以下是职工代表制严重的劣势：有时，劳资协议会与全体工人之间没有进行充分的交流，但我强烈提倡员工联盟的主要原因不是产生平等的权力，而是为了帮助我们实现职能的统一。我想树立一个"门派"，不是为了公平斗争，甚至不是为了斗争，而是为了充实整体。如果我是一名厂商，我会巩固工人的实力，不是为了让他们在斗争中具备更强大的力量，而是希望通过有意识的统一，使他们能够成为工厂一个强有力的组成部分，从而增强组织的实力。我们之前以很大的篇幅讨论过两种"派别"，我认为我们不应忘记它们的存在。冲突方和整合、贡献方之间存在很大的不同。我只对后者感兴趣。在讨价还价过程中赋予工人平等的权力，有人认为这就是给予了他们最大的公平，我的观点与他们有所出入。我对企业的总体哲学理念也不同于此。我认为工人以及我们自身都应获得更多。

我们已经多次提到"平等的权力"（equal power），之前也讨论过"权力平等"（power-with），我认为这两者之间的区别是显著的。平等的权力意味着给公平斗争提供条件，权力平等是一种合作形成的权力，是一项目标，也是一种统一，在允许各种差异的同时，消灭了斗争。当设菲尔德车间代表说"我们为了权力而运动"时，他们指的是权力凌驾、平等的权力还是权力平等？英国的车间代表运动很好地给出了该问题的答案。

然而，在群体谈判的问题上，我不想被误解。目前看来它当然很必要；如果没有它，工资和工作条件甚至会降到最低水平。⊖当然，如果讨价还价，我们应该尽可能赋予双方同等的好处。在对企业进行重组之前，我们要决断是否以群体谈判为最终目标，或者暂时接受它，尽可能地让它处于最公平的状况下，与此同时，我们也要让重组朝职能统一发展，如果重组没有废除群体谈判（它也许不会），这样做会赋予它不同于现在的含义。群体谈判的意义在于它建立在会议和协议的基础上（存在调整的方法，而这是专断所缺少的），但我相信会议不是战争性的交锋，而是一项必要的活动，它存在于职能统一的进程中。广泛的群体谈判是否会让我们产生这样的观点：权力从雇主流向工人，从工人流向雇主，产业一定要受此种转移的支配吗？在这种状况下，是否有希望看到一种稳定而健康的进步？

但我意识到我们可能已经进入了另一讲的话题，在此需要仓促结束。我们问道：群体谈判应该是价值的决定因素吗？我想不会永远都是；依据该词的狭隘性，它也必然不是。在我看来，价值是相互交织的，聪明的企业管理者应该清楚他们布好的网和模式。

⊖ 此外，就目前劳资双方达成的所有"一致"来看，它们中的一些经历了不同的过程，而非仅仅讨价还价，在会引起反对的群体谈判中，我不应把所有"一致"包括进去。

第 5 章

最终职权的构想[一]

───────────

⊖ 本文于 1926 年 12 月 10 日发表于在纽约举行的泰勒学会会议上，并且在 1926 年 12 月
的《泰勒学会报告》中出版。本讲有两个之前的版本，第一个版本是"责任在企业管理
中的意义"，它于 1926 年 4 月 29 日呈递给人事管理局，出版于《企业管理是一门职业》
（*Business Management as a Profession*），第二个版本在同年 10 月份发表于牛津大学贝列
尔学院举办的朗特里演讲会上。

职权必须是职能性的，职能性职权伴随着职能性责任

当讨论企业管理的作者们将"最终职权"和"最高控制"作为管理的两大职能时，我认为这些表述是过往岁月的残余。在我看来，它们并没有按照现状来描述企业。企业实践已经走到了理论之前。在管理者参与之前，它们已对管理决策做出了贡献，后者有时仅仅是办公流程上的下达，这使得最终职权在目前的企业中失去了威力。在此，最终职权也具备积累起来的形式和实力。我看过一名经理做好了决策的准备，而该决策也真的由他来决定，在做好的决策上，他感到了自己的重要性。管理决策是一个过程中的瞬间。决策的产生、职权的积累是我们最需要研究的，而非最后一步。

职能是企业的最基本观点，它已经渗入我们对企业组织的整个思考之中。每个人都负责一种职能或者职能的一个部分。调查和科学研究确定了科学管理下工厂中的职能。我认为一个人的职权应该和他的职能或任务相匹配，不多不少。人们会谈论职权的限制，此时他们不如去讨论任务的定义。

那么，如果职权源于职能，职位的层级性就无足轻重了，在科学管理下的工厂里，人们越来越多地认识到这一点。一名部门主管、一名专家以及当一名卡车司机决定运输顺序时，他们都拥有职权。调度员在调度工作时，比总经理拥有更多的职权。我认识一个人，他是一家工厂的部门主管，这个部门有许多子部门。他告诉我在许多情况下他会这样跟子部门的主管说："只有得到你的允许，我才能做这些事情。"而这个人的职位是低于他的。这是对以往的明显逆转，不是吗？在过去的层级制度下，子部门的主管位于部门主管"之下"；"低职位"要听从"高职位"的指挥。但我的朋友认识到职权应该取决于知识和经验，这样无论是在上下级分界线之上还是之下，服从都是应当的。他说道，具备知识和经验的人才是某一情境下的关键人物。如果这一点在企业实践中开始得到认同，我们在此就拥有了一些先兆，预示着人们对于企业管理的想法将产生显著的改变。

我刚刚使用了"之下"一词。有时摆脱"之上""之下"两词也许是明智的。我认识一名经理，他不知道自己是在直线职权的最前面还是最后面，

他希望有一种方式能够绘制出一幅图表，又不把总经理放在最上面。去年夏天，我在英格兰会见了一家大企业的老板，有趣地发现他面临的主要困难也跟这个问题有关。他说他不喜欢让一些人位于另一些人"之上"，然而他知道这是必须的——正如我们所做的一样。那么，摆脱这种困境的方式是什么？

两年前在医院里，护士对我说："你看到那个正在忙碌的护士吗？她的脸色看起来很不好吧？我想知道今天早上发生了什么？"我置身事外地说："也许一名外科医生因为某些事情训斥了她。"对此这位护士回应道："为什么？他不能这样做。医生并不在我们之上。他们有他们的工作，我们有我们的。"起初我并不赞同这一点，这看起来很混乱。过去，医生肩负着各种责任，下达所有的命令，并监督护士遵守命令，我认为那种方式更好。但我问过好几位医生，他们都说现在明显倾向于这个方向，尽管它有显著的缺点，但也存在好的一面；护士也许对自己的工作更感兴趣，同时愿意承担更多的责任。

在我看来，"之上"一词恰如其分地反映了一些事情，也不够恰当地代表了一些事情。有一位妻子骄傲地说："约翰的部门里有 70 个人，他在这些人之上。"该词不应有这种含义，这是我能举出的最好例子。但很多事情正在加速这种用法的消失，新的解雇方法最具代表性。某人咨询过心理学家之后被解雇；当一位医生宣称他的心脏太弱，不适合某一工作后，某人被解雇。两种方式的性质类似。该决定并不意味着医生在任何人"之上"。反复无常的解雇、缺少理由的解雇才会使得一个人在另一人之上，而这正在逐渐消失。

以上我们讨论了职权概念，它属于职能范畴，而大多数人都认为是总经理"授予"职权，这一观点应该摒弃。一位作者说道："总经理应该清晰地定义每名经理的责任，以及责任与总体目标和计划的关系，并且应该相应授予每名经理充分的职权。"但现实中这会发生在企业里吗？事实上，它难道不是由计划或组织决定的吗？经理的职责、职权和责任内生于组织的计划。无论总经理如何做，它只是一道手续。

"授权"假定总经理拥有所有职权，但分授一部分职权也是有益的。我认为总经理不应拥有过多的职权，以至于超越了自身的职能。因此，我也不明白一个人如何授权，除非他在生病或者度假——这时他也没有任何授权，其他人在做他的工作，这个人拥有与该工作匹配的职权。职权属于工作，也依附于工作。

所有的职权都属于总经理，而他只代表其中的一些，我认为这一观点也许来自对领导的历史性回顾，而非分析。我们回顾过去，可以看到当一家企业很小的时候，总经理拥有很多职责，随着公司的成长，它们被移交给别人。这使得人们很自然地认为这些职责属于总经理，而他发现只授予其中一些比较方便，事实上，便利性为我们指明了另一方向。企业中有一些分离的职能；小企业会让一个人很便利地负责所有职能，但它们仍是分离的。例如，在一家小银行，总经理除了负担许多其他的职责外，还要寻找新的业务。在一家大银行，新业务、兑换、存款、信用贷款等各项工作都由专人来负责，但职能分离并不代表授权。在论述企业组织时，我们的理论没有跟上实践，这很不幸。随着许多工厂中职能的分离代替了职位等级，授权已经是一个陈旧的描述，然而我们每一天都可以听到它。

我提到职权应该伴随着职能，由于组织是职能的相互交织，我们现在也把职权看作是相互交织的。一项命令、一次指挥都是一个过程中的一步，是错综复杂的活动中的一瞬，我们应该提防把整个环节中的某一步放大。管理方法、对结果的观察和记录——它们跟在命令之后，源于命令，又促进了更进一步地制定命令，所有这些都导致了命令的形成。如果我们追踪导致一次指挥的所有因素以及与它产生联系的人，那样，我们可以发现指挥的形成远不止一个人的经验——除非负责人纯粹专断地行使了职权。专断的职权不涉及所有相关方的经验，而只与一个人或者一群人的经验有关。

负责制定命令的人（领班、高级主管或者任何人）不是我们所考虑的最重要的问题，当然，它是整个过程中非常重要的一部分。我想强调的是存在一个过程。一名政治学家写道："职权协调一个人的经验。"但我认为对于职权，这是一个错误的观点。组织的形式应该允许或引导个人经验的持续性协调。合理的职权来自协调，而非协调来自职权。

职权的行使只是错综复杂的行动中的一瞬，从这一概念中可推导出另一结论，即我们不能把职权当作一般现在时。我们不能把昨天获得的职权拿来，今天就用上。也就是说，我们现在打算在组织的计划中施加一些理念，如果我们过去可以使它们体现，那么现在则不能。在理想的组织中，职权是与时俱进的，总是反复过滤。然而，这一点在企业管理中的重要性还没有被估计到。

当然，在我所提到的所有先进的企业组织中，你会理解这一点，但还有很多组织处在旧的教条下。

目前的企业组织努力把责任分散而非集中，让我们扪心自问它们的概况如何。首先，管理越来越专门化；一个部门的规定和方法建立在它的专有知识之上，由具备专门知识的人承担责任，而非高层的人来承担，而后者仅仅是出于他的行政职位。

高层管理者应该与部门主管多多交流，根据获得的事实，制定最终决策，构建自己的政策——最近我经常看到以上说法。对于商人而言，部门主管呈递给他们的远不止单纯的事实，这已经是一种常识。他们呈递的有对于事实的解释、得出的结论、还有评价，从而对最终决策、最高控制做出了很大的贡献，甚至包括所谓的领导。事实上，无论是各主管递交的信息还是结论，高层都不可能拿走它们或留下它们。一定程度上，这些结论和评价已经嵌入某一模式中，在这样一种情况下，把它们完全分离出来是很困难的。因此，尽管理论上董事会是管理主体，但实际上，正如企业组织一样，在决策制定之前，这些决策所需的大部分过程已经发生了，只差最后一步。

许多工厂都设置了计划部，它逐渐从管理的一种工具转换为管理的一部分——职能化管理的一部分，这是今天下午我所讨论的职权观点的另一启示。自然，计划部仍然处在新生的阶段，对于它在工厂的地位，人们存在很多不同的观点。人们也许只向它寻求统计信息。例如，销售部需要做出一项决策，它也许要向计划部寻求过去销售的记录，包括对销售额、地点等的分析。然而，通常情况下，人们要求的远不止这些，还有一定地点在未来可能的发展情况、未来的需求、提升价格的影响。到所有这些呈递给总经理为止，他的决策很大程度上已经被事先决定了。

无论我们对于计划部持有什么样的观点，我认为我们都应同意一点，即职能管理意味着职权伴随着职能，而非与组织结构图中的某一高层职位相匹配。几乎没有一名参谋只提供资料，而由直线人员基于此做出决策，是吗？以劳资关系经理为例。他通常被赋予一个参谋的职位，他的大部分工作都是调查和计划，但他会在结果中提出一些建议，或者以公开建议的形式，或者隐藏在概括性结论之中。即使他没有下达命令，没有行使一般意义上的职权，他也和直线人员拥有一样的影响力，后者下达命令，并且通过直接的联系影响下属。

问题一旦发生就被解决，冲突一旦出现就被调和，而非将问题"向上"追溯到某人，这是目前企业实践中的趋势，也是职权扩散的另一表现。这意味着部门主管在管辖范围内被授予了越来越多的职权。当然，分权的所有方法都会削弱"最终"职权的重要性，目前的趋势是分权。总经理手中并没有聚集所有的控制权，许多人都拥有专门的控制权，总经理只是他们的领导。

我认为现在的趋势是分权，而有些人认为趋势是集权，我在本次会议上听到了两次这样的提法。两种结论都是事实，因为集权和分权是同一事情的不同部分。

我们也许会想到累积控制、累积职权，而非最高控制、最终职权。在我看来，这些话包含了组织最基本的事实之一，为此我要感谢丹尼森先生。

法林先生说道："一家企业只有一名领导者是一个谬误，我认为总有一天我们会认识到这一点，并且复合型的总经理将会出现。"让正式的组织与企业实践中的趋势相符，这是法林百货（Filenes）⊖和其他公司所采取的行动。他们发现权力和领导往往伴随着直线组织。基于这一认识，他们试图对此加以利用，让分散的权力累积起来，从而更加有效。关于企业工厂的

⊖ 位于波士顿的一家知名百货商店，于 1881 年成立。——译者注

近期重组，不存在任何理论，也没有任何自我牺牲。高层的经理没有放弃任何东西。他们把所能发现的有用的东西都聚集起来，应用到企业的管理之中。

商人无疑正在面临复杂的职权，现代企业组织在一定程度上也是基于这一概念，这些在我看来都非常有趣，因为在很多年前我曾经是一名政治学的学生，我现在需要在商业中探讨职权、控制、最高统治权的意义——这些概念曾被视为政治学所特有，我认为这样做很有意义。例如，我最近读到了一本关于政府的书，作者提到一个"单一、最终的控制中心"，但我认为实践中人们不会对终极化感兴趣。对于政治学家而言，我认为该兴趣源于他们对最终统治权的研究。与职权存在的机构相比，商人更加关心它的来源。"中央控制"过去常常意味着总经理，现在它是对于科学管理的一种方法性表述，表明解决问题所需的知识和经验汇集到一起。近期有关组织的思想得到一定进展，这是它最重要的趋势之一。过分地强调最终控制权则忽视了这一趋势，它是很重要的。

然而，我想展示一名实践中的管理者所说的一些话，这与政治学的学生所下的结论形成了对比。富兰克林·莱恩离开内阁时，给威尔逊总统递交了一份报告，建议各个部的领导者应该是顾问以及政策的构建者，他说道："总之，我们需要高层具备更多的规划、构建、政治才能，低层具备更多的固定职权和责任。"这很有趣，因为它去除了职权一词所附着的浮华和情境，并使职权成为日常细节的一部分。确实，职权越来越平民化了。

目前在前进的企业组织中，复杂职权这一概念正占据主导地位，所以企业组织的症结在于如何连接起各种各样的职权。以原材料的采购为例，某一部门会给采购人详细的采购说明，采购的职权应由采购人和该部门承担。如果采购人认为一些说明改变之后，可以在质量不下降的情况下减少成本，他应该与该部门就此问题进行讨论。尽管我意识到个人之间的友好关系可以达到这一点，但有些情况需要综合知识，从而做出最好的判断，我认为组织此时应将提供联合职权作为主要目标之一。

在许多工厂，该问题可以通过交叉职能得到解决。我知道有一家工厂，他们试图建立一个相互锁定的委员会。这可能是企业组织中最重要的趋势。我指的并非委员会管理（这也许是也许不是解决该问题的最好方式）而是朝交叉职能发展的趋势。以新英格兰电话公司为例，当然也有很多其他的公司同样做得很好。我们可以看到它有四个部门（运输、工程、商业以及工厂），它们互相或者一起交换意见。它们之间的协商通常是非正式的，但期望每个部门的人都能够参加。每个部门被期望与某些其他部门取得联系。区域运输经理会与来自工厂的电线负责人交谈，讨论由他负责的问题，或者如果问题属于商业性质，他会喊来该区域的商业经理，再或者问题与设计图或成本有关，他会问工程部能否派一个人过来。他们会在各部门之间自行解决问题。如果不行，运输经理会向上级部门求助，或者向工厂或商业部门的上级主管咨询。这里，大家可以看到横向和纵向的联合。去年夏天，当波士顿的交换总机要分成两部的时候，以下问题出现了：是每天切换 35 台，还是一夜就切换掉全部的 500 台？这个问题使四个部门都受到了影响——运输、工程、商业和工厂。经过讨论，他们同意后者。如果他们没有达成一致，他们会将问题提交给各部门的总经理（注意，是朝直线上方流动，然后四名总经理将相互协商），这里存在一种交叉的关系。如果他们达成一致，该问题将在此终结；如果没有，该问题将需要沿着直线继续上呈到总裁处。

正如我所说的，横向和纵向的联系目前存在于许多工厂中，我发现观察它是一件很有趣的事情，因为组织公认的原则可能会发生重要的改变，它不仅会改变企业，也会改变政府。与之相连的是，电话公司没有也不需要任何专门的协调部门，因为"自然"而持续的协调内生于它们的组织形式中，这一点值得关注。

企业组织的主要不足在于缺乏协调，然而我听到人们讨论最多的就是协调。那么我们为什么得不到它呢？原因之一在于工厂的组织太过层级化，它严格地区分上下级，使得交叉职能成为不可能。水平职权还未代替垂直职权。然而，如果我们总是沿着直线职权纵向运动，就不可能在现代化企业中取得成功。此外，通常情况下，当困难出现的时候，或者当针对某一问题的共同协商明显必要时，交叉职能才被认为是有用的。但事实上，这些协商一直都是必要的，人们应该提供一些持续性运作机制，这一点现在已经得到人们的共识。

当然，共同工作隐藏了个人的努力，它的困难之一在于相关人员以自我为中心，这很自然，在一定程度上也很合理——每位经理都想让老板知道自己的贡献。

人们还没有充分意识到协调并非最后一步，这是协调的另一困难，也是最大的困难。你不能总是把部门的行动结果拿到一起，然后对它们进行协调。你需要一个组织，它允许直线范围内的所有融合。每一根线都要彼此交织，我们不需要笨拙地去拼凑已经织好的网。

然而，我们还没有在该问题上取得成功，我认为原因在于我们还没有完全理解协调的本质。协调性控制或者对于控制的其他称谓（后者是为了区别于该领域的任一因素），它们都不仅仅是某一控制的单纯附加。我想进一步讨论这个问题。

在任何情况下，控制都是复杂的，而非单一的。考虑现在的意大利。尽管目前最有趣的现象是一个人能在这个国家扮演如此重要的角色，然而为了理解意大利的状况，我们仍需把所有影响它的因素汇集起来，包括赋予墨索里尼权力的所有因素。同样，为了解决一个企业问题，我们首先需要找出构成该问题的所有因素。然而，汇集所有因素仍不充分，尽管找出了控制范畴包括 A、B、C、D，我们仍不能完全理解它。控制范畴不仅由这些因素决定，也由它们彼此间的关系决定。这意味着与其他事情相比，如果一个因素退出或添加到一种情况中，该情况也就不复存在了，因为剩下的一切都改变了。你可以在董事会上看到这种现象。一个人离开了，余下的人就会变得有些不同。董事会作为整体的影响不同于此人离开后的影响，因为他的离开轻微地改变了其他人，这使得整体有所不同。总经理和一个董事会的关系也许相当不同于他与另一董事会的关系，想必你们都知道这一点。

一家企业的某一部门没有与其他部门并驾齐驱，为了查明原因，一名组织顾问被召唤过来，他讲述了自己的发现，即问题的解决不在于改变该部门的任意一件或两三件事情（尽管这是董事会期望他所做的），而是该部门的组成因素之间的关系需要一些改变，这是他向董事会提出的建议。用我的话来说也就是，他发现了控制的要点并不在于某一或全部组成要素，而在于它们之间的关系。

我所谈论的都是商人的日常经验。一些科学家将其当作目前科学思想中最重要的方面。现在涌现出一些先进的企业思想以及企业实践的不同趋势，科学家、哲学家和心理学家的思想在近期也取得了一定的发展，我在两者之间看到了一定的接近性，对我而言，这是世界上最有趣的事情。人们彼此独立，在截然不同的领域工作，却能对最基本的原理达成一致，也许这是人类发现的最基本的原理。该原理恰好涉及了整体的性质。仅仅研究构成整体的各个元素不足以发现其本质，我们还需要观察它们是如何互相联系的。很多人都同意这一点，包括生物学家亨德森（亨德森是一位生化学家）以及霍尔丹、哲学家怀特海⊖、格式塔学派的所有心理学家。他们认为组织都有一种形式和一个结构，该有机体的统一行动不仅取决于组成部分，也取决于它们之间的联系。

尽管我对控制的讨论是一回事，但名义上，控制范畴并不仅仅是各种控制的聚集，它没有非常准确地，或者说没有描绘出全貌，尽管我把累积职权当作整合的职权、相互交织的控制——这也是我所使用的一种描述。生物学家在有机体中谈论"控制系统"，指的是一个有机体借助于各个部分，所进行的自动运转、自动调节。学者与商人之间思想的平行具有巨大的意义。如果我们在科学家和哲学家之间证实了这一点，我认为我们可以相当确定自己的方向是正确的，这是一种谨慎的说法。如果我没有按照心中所想谨慎地拿出一种说法，我会这样说：他们也许会感到自己的方向是正确的，因为在这些研究企业管理的协会中，我们能够根据经验证实他们的观点。

企业管理中，这一基本原理奏效的例子数不胜数。以一种情境为例，

⊖　1861—1947，1924 年移居美国的英国哲学家、数学家。——译者注

它包括信用情况、顾客需求、产能以及工人的态度。它们一起构成了某一情境，但它们是通过彼此的关系构成了该情境。如果你改变了其中之一或一些，尽管不是全部，剩下的也都会改变。

销售政策、生产政策以及财务政策彼此影响，当它们联合形成一个整体时，我们所有的并不仅仅是聚集。在联合的过程中，它们各自都得到改变。由于发生在部分上的改变，整体或总体政策也会有所不同。也就是说，控制范畴的组成不是通过聚集，而是通过对部分的整合。我们经常在企业管理中忘记这一点，这一健忘是灾难性的。控制范畴通常是在既定的情境之下，意识到这一点对于成功的企业管理而言很必要。意识到控制的范畴——也许这就是预感，但我们在这里不能讨论预感。无论我们是凭借预感无意地意识到这一点，还是有意的，"控制的范畴是什么"这一问题都应是处理每一个商业问题的第一步，此外还要认识到控制的范畴并不仅由一定的元素构成，而是由一定的互惠活动组成。以上是我想要强调的。

我还想顺便提及一点，如果民主仅仅意味着所有人都参与，那么我不相信民主。我们想要的是组织、各部分相互关联、有机活动的共同作用。依我来看，英国工党的很大不足在于它没有意识到这一点。

如果理解一个商业问题的第一步是理解控制范畴的组成部分，那么第二步就是理解从一个控制范畴到另一个的过程。也许认识到这一重要性将对企业管理产生最大的影响，因为预期将不仅意味着预测，它的意义远远超过对未来情况的预测。它不仅意味着要面临接下来的情况，还意味着对其的构建。去年 7 月份，一名米兰的厂商说自己和许多其他的意大利厂商一起，对美国的科学管理方法进行了彻底研究，从而确保当墨索里尼的支配退出时，他们已为应对产业形势做好准备。用我们的话说，当控制解散时，他们能够参与构建下一个。这种预期远远超越了预测，但是把预期当作控制而非预测，这会让我们跳出本文的局限。回顾我所说的关于企业管理的每一点时，总能看到这样一种理想的流露：把控制当作一个整体自动规划的力量。正是由于这一点，我在此给出了这一提示：真正的协调或整合赋予了你控制的力量。控制是组织中最重要的一点，这也是其原因所在。

几周以前，我与一小群人进行了一次谈话。他们中有两个是哲学家，有一个是劳资关系的咨询专家。有人提出了这样的问题：为什么商人现在进行这么多的思考，它们都与抽象的问题有关。对此我的回答是：我们所有人包括商人在内，比以往任何时候都更充分地接受了一个观点，即我们能够控制自身的行动。我们在生活中不再服从于命运、遗传甚至环境。我们在社会科学中看到了一样的趋势。罗斯科·庞德是一名法理学家，他提到有意的控制。约翰·梅纳德·凯恩斯是一名经济学家，他认为我们正在步入一个稳定期，在此期间放任政策需要被废弃，从而对经济施加有意的控制。在商业领域，这也是主导思想。我们为什么要研究商业周期？我们为什么要研究失业，而非把它视为不可避免的？所有对于管理的研究除此之外还有什么？此外，我们之所以设置人事职位，研究产业中的人际关系，是因为我们意识到人和产业中的技术一样也能被研究，因此很多人致力于提供特定情况下的控制手段，这些情况发生在经理和工人之间以及经理之间。

简而言之，人们不再过多地把商业看作一项投机活动，而认为它是建立在科学知识基础之上，随着科学方法的日益发展，其越来越可控。控制的含义比以往任何时候都要丰富，这是 20 世纪的主导思想，也是它对世界的贡献。与其他人相比，我们发现商人赋予了这一思想更多的现实性。

Follett on Management

第 6 章

职工代表制对重新塑造
企业管理者公认类型的影响[⊖]

⊖ 虽然从技术上来说,"职工代表制计划"在美国是不合法的,但本章所讨论的原理和过程以及产业关系的观点依然是深刻而有实际意义的。本文发表于 1926 年 5 月 6 日。

为了讨论这个问题，我们首先要考虑所谓"职工代表制"到底意味着什么，因为无论是过去还是现在，它对不同的人都有着不同的含义。

对"职工代表制"概念的认知不足

很多人认为职工代表制仅仅是为了迎合劳方——引用一句我曾经看到过的话，它是"对狂暴的劳方的让步"。我很反对这种所谓的让步理论。我从来不明白为什么工人或是我们中的任何一个应该被给予让步或特权。如果职工代表制有合理的结构和健全的管理，我们就需要它。如果它不是，我们就不需要它，从长期来看，最好的管理才会给劳方带来最大的收益。

还有很多人认为职工代表制是为群体谈判提供途径。原先它发生在雇主和工会之间，现在它却发生在雇主和员工代表之间，但这种对待劳方的方式并非完全不同。如果职工代表制的基础和目的就是群体谈判，那么它需要的管理质量和那些以前一直所需要的——那些可以帮助你在谈判中取得最大收益的，并没有太大的不同。但是在我看来，与其将职工代表制视为群体谈判的途径，不如视为共同决策的机会。⊖

即使当群体谈判仍然存在时，以上观点也同样成立。"劳资合作"是巴尔的摩和俄亥俄州铁路所采用的计划，随后也被其他铁路所采用。在描述这个计划时，我们发现"合作"这个词一次又一次被使用。同时，它也被视为群体谈判的扩展。杰威尔是铁路劳工部的主席，他一篇文章的题目为"群体谈判的最新扩展"，该文由美国劳工联盟出版，杰威尔称"合作是群体谈判的本质"，我们不能仅从字面上认同这一点，因为严格来说，合作的过程和谈判的过程存在很大的不同。但该词的这种用法如何产生，这一点已经非常明显。

群体谈判是一种公认的联系方式，它存在于雇主和员工之间，目的是使这种联系具备合作的性质。但是我不欣赏这个词。尽管我们从中获得了

⊖ 参看《新国家》，"在全面应用团体理论的前进道路上，群体谈判只是它的里程碑。它认识到……资方和劳方利益的调整是可能的，但这仍是'谈判'……现在我们看到潜藏在妥协和让步下的错误心理……只有整合能够真正解决差异"。

所崇尚的持续性。作为一面旗帜，劳方通过它大大提升了自己的地位，它意味着劳方和管理层在某种意义上是平等的（这是劳方不能放弃的重大胜利）。然而，谈判被视为一种合作的态度，我认为这种观点需要及时摒弃。事实上，铁路劳工部的咨询工程师奥托这样说道，劳资合作计划举行的联合会议并非为了狭义上的谈判，谈判还存在其他的机制。巴尔的摩和俄亥俄州计划提倡的观点有了细微的改变，这是一个过渡阶段，我们正处在其中。确实，为了能跟上时事的发展，我已经把这篇文章改写了三次，我对此很开心。事物发生的速度远快于我们记录它们的速度。

另一种观点认为，职工代表制是一个相当受限的概念，它主要是为了预防"问题"，是企业的润滑油。通过职工代表制，你遇到的抵触情绪会比较少，或者文雅地说，你会有一台更加平稳运转的机器。这些是事实，也是一个很好的目标。此外，通过对不满的处理，它表明了组织取得的进步，因为它让职工拥有申诉权。申诉的员工不仅不会受到惩罚，而且可以通过它所提供的机制满足自己的公平感。这种方法往往很有教育意义，并且能够解决争议。

然而，职工代表制无论是预防"问题"，还是调解不满，都还没有对管理产生巨大的改变。此外，它看起来让管理更容易，然而，在实践中，它却使管理更加困难。以减薪为例，把专断的决策与职工代表制的张贴减薪通知做对比，可以看出，后者不仅要与职工就减薪进行讨论，还要对生活费用和产业状况进行调查；除了可能使工厂更加有效，并且运作更顺畅，能让管理轻松一些以外，职工代表制也让事情更加难于管理。目前，无论是在家庭中还是在商店里，专断都是最容易的管理方式。

职工代表制的其他目的是什么？正如一位作者所表达的，它最常见的一个目的就是"为信息、意见和期望的交换提供一个双向沟通的渠道"。事实上，这有很大的价值。管理者不能也没有办法完全了解员工的期望、状况和渴望等；同时，对企业的目标或者所存在的问题，员工即使知道也是很少的一点。因此，为了让管理者了解员工的观点，也为了让员工了解管理者的观点，交流渠道的提供是非常必要的。然而，这并不是职工代表制最大的价值。这种双向渠道的说法至少是一种不合适的暗喻，因为它并不意味着两者观点的融汇和重新调整，而这些却是职工代表制非常重要的方面。而且也很明显，这种纯粹的沟通并不需要一种完全不同的管理者类型。可以确定的是，管理者应该更加开明而非墨守成规，他更希望倾听员工的意见，并且对很多雇主来说，这些确实意味着很大的改变。能够并且愿意从各方得到一切信息，这正是管理的本质要素。职工代表制对管理重新进行塑造，不是仅仅给出或得到一些信息，而是对信息、观点和判断进行整合——这完全不同于前者。

职工代表制的另一观点是它被视为人事关系的分支，这对我们所研究的问题产生了一定影响。它经常被称为人事问题的解决方案，或是人事关系的试验。我不完全同意这种观点。职工代表制应是组织工程的一部分，而非只是为了促进与劳方之间的关系另外添加到组织中的。组织的规划基于一定的基本原则，职工代表制应该是组织规划中不可缺少的一部分。

还有一种观点认为，职工代表制主要是为了在某些决策上得到员工的赞同，从而使得员工在实施它们时发自内心地与管理者合作。管理者需要把公司政策递交给劳资协议会或联合委员会，并说服员工接受。持有该观点的人认为，管理者现在必须也应具备这种说服力。我部分赞同这种观点，并非完全。目前，职工代表制最前沿的观点不是获得被管理者的赞同，而是他们的参与，正如民主所提倡的。一些人确实认为赞同彻底被高估了。一个对于产业问题很有见解的作者说道，大家都认为自由者就是赞同者，我不同意这种说法。选择"是"暗示着另一种选择就是"否"，这并没有太多的自由。政治上人们有选举投票的权利，所以他们是自由的。即使职工代表制可以给员工更多的权利，即使职工代表对任何事都有投票权、赞同每一件事情，但这并没有使他们真正自由。这种投票完全是欺骗性的。我们经常可以看到，当小孩子和父亲一起骑马时，如果小孩子被允许握住缰绳，他是多么开心。投票选举情况也类似，人们认为是自己在让马前进，尽管实际上并不是。

此外，有时候赞同只不过是管理者在自欺欺人。在许多超出员工能力范围的事情上，管理者乐意给他们投票选举的权利，因为此时员工的"赞同"变得马马虎虎，失去了真正的意义。有一家机构就发生了此类情况。一位主管对他的员工说："这里是民主的，你们可以对任何事进行表决。"但我却从来没有听说过他的下属对他提出的任何意见投过反对票。在我看来，这样的全体一致是值得怀疑的。

今天，每个人都在谈合作，但是赞同并不意味着合作。合作的前提是参与。在以前的演讲中，我谈到了责任的复杂性，它展现给我们的不仅仅是赞同。在今天的企业实践中，工人在一些情况下真正参与了产业的控制，这是一件鼓舞人心的事情。

许多有思想的人赞同把职工代表制作为衡量产业民主的标准。职工代表制表明，管理层认识到员工应该拥有一定的"权利"，他们认为这是它的最大意义。我并不这样认为。但事实上，管理层已经意识到，只有确保和工人进行有效的合作，企业才能更成功地运作。"劳方的权利""资方的权利"，这些空洞的表述经常在使用。然而我并不想完全抛弃"劳方的权利"这一表述，因为在某种程度上，它表明了对待劳方公平意识的提升。对于很多商人来说，无论天性多么独裁，无论做生意时多么专断，现在他们却逐渐认识到劳方在企业中的地位。

对于另外一种有关职工代表的观点，我认为它的存在很不幸。与其说它是一种观点，不如说它是用来逃避管理责任的。当管理者遇到一个棘手的问题时，他不应逃避，而应去尽力解决它；他也不应把问题转交给职工代表，从而推卸责任。我曾经听到两个部门经理在讨论，他们不能就某一决策达成共识。最终，他们中的一个恼羞成怒地说："噢，好吧！把它交给你的职工代表决定吧！"在那种情况下，他明显是在逃避责任，而没有继续讨论，或者进行必要的研究，以找到一项合理的决策，使得双方达成共识。但是，正如我前面所说并且还会反复阐明的，无论遇到什么样的管理问题，你都要去面对，而非逃避。如果组织或管理存在任何缺陷，分散责任也并不能弥补它们。

迄今我已经陈述了一些关于职工代表制的当前观点，但我并不完全同意它们。这并不是说它们是错误的。职工代表制在企业中起到润滑的作用，它应该是非常有益的。在讨价还价时，有一些事情应该在商店里面说，而不是在商店外面。作为交换信息和个人意见的渠道，职工代表制有很大的价值。得到被管理者的赞同总比得不到要好。我认为工人的利益是需要保护的。然而对我来说，这些都不够全面。我希望我们现在不仅仅把职工代表制当作跨越沟壑的桥梁，或是对劳方的妥协让步，或是对管理的帮助，而是把它当作健全组织中不可缺少的一部分。

在实施职能权力时，职工代表制是健全组织的一部分

正如我在先前的文章中所提到的，组织的基本原则就是多重责任；职权和责任不取决于组织的等级，而是取决于组织的职能。这一原则同样适用于劳方和管理者。正如我们以前所看到的，在许多公司中，管理者不会过多地考虑自己要"凌驾"于他人之上，由于每个人都负责不同的分工，人们根据承担的工作行使职权，而非根据职位的高低。这种职能职权的概念可以应用于工人以及管理者与工人的关系，它也正在被应用。因此有一天，当妻子自豪地说："约翰的部门有 70 个人，他是老板，在他们之上。"人们会认为这是一种陈旧的说法。

当我们开始摒弃抽象的论述，转而尝试去掌控具体的事例，并致力于以最优的方式处理事实时，我们就是向最终目标迈进了一步。职权、权力、控制、主权，这些重要的词语在人们的话语中被反复提及，但其实"管理只不过是合理安排工作"罢了——这是一名制造商对我说的。我对此极为赞同和感兴趣。有人曾经提到过这样一件事：劳资联合委员会举行会议，讨论计件工人在某天早上无事可做的情况。如果有人认为这是一个管理问题，雇主将不会继续讨论下去，但大家都认为问题仅仅在于让计件工人早上有工作可做。

这个故事对于我来说意义深远。把管理从强制支配转化成为合理分配，这种思路的改变让我们对员工有了全新的认识。当劳方要求控制权的时候，

该职权必须与它的职能相匹配，我们必须搞清楚它的职能是什么，这是组织的任务之一。

组织的另一任务是将工人的管理能力和管理者的管理能力结合起来。⊖ 职能职权和多重责任都通过协商来解决。真正的协商对管理的要求不同于谈判，后者带有一定的隐瞒性，运用经济实力，以妥协为目的。此处，在联合委员会中，管理者和工人在会议中互相获取彼此的专门知识和经验，认识到对方的观点、需求和目标。更多的是，他们想积累知识和经验，统一需求和目标。因此我们需要一类人，他们能进行必不可少的沟通，能够自学和从他人身上学习。这意味着，我们首先需要采取更开明的方法。以往的管理策略倾向于不让知识外溢，把管理问题限定在管理层，如果我们想建立起成功的职工代表制，这种策略必须消失。

其次，协商要求管理者具备阐释的能力。我所指的这种能力并不仅仅是下结论，虽然这也很重要，但其更多体现在分析情境上。当然，一个人在分析时会和听众一样受益。因此，当管理者向职工代表阐释公司运作状况时，他们也应该从另一个角度看待自己所存在的一些问题。如果做得不够好，他们会意识到需要进行改变或者做出更大的努力。至少，当面对职工代表阐明情况的时候，他们能更加清晰地认识到问题。在职工代表制的研究中，我们了解到现在很多制造企业都要求工厂总经理定期进行汇报，他们一般会在月度会议上就新命令、制造成本的趋势等做出报告，职工代表也会参加这些会议。不容置疑，这对总经理提出了新要求，而非仅仅叙述问题。

再次，协商需要管理者有一种能力，那就是让差异统一起来，而非分裂；让它们更有建设性而非破坏性；能够整合各种不同的观点，把每个员工的贡献统一起来为公司服务，而非仅仅让全体员工达到满意。对于员工的创造力，我们只有两种处理方式：让它们聚集起来，发挥作用，或者反

⊖　参看《新国家》，"车间委员会是应该被鼓励的，因为它不仅消除了职工的不满，而且更多地让管理者和工人学会一起工作。产业民主需要过程，不能一蹴而就。通过一些法令可以建立起产业的联合控制，但只有当联合控制的过程被掌握时，它才真正被建立起来"。

对我们，或者服务于我们。后者更合理。在协商委员会中，我们就拥有这样的机会。[⊖]

为了更好地运用这些机会，工人和管理者对待协商都应采取一种新态度。工会派出中间人与雇主见面，在会议中，双方都存在对抗情绪。中间人应该是谈判的高手，但是谈判者的方法完全不同于协商者，谈判者的态度也许会让一次协商完全无效。

我曾经加入过一个工资委员会，其中有两个劳工成员是两个工会的中间人。该委员会以失败告终，原因在于这两位成员陷入了斗争之中，并且没有及时察觉到这种行为是不合时宜的，他们其实是在瓦解自己的目标。由于我们并非为了谈判而举行会议，在对生活成本和产业状况做出调查后，马萨诸塞州的劳工和产业委员会询问我们是否可以达成共识。但这两位代表对生活成本和产业状况毫无兴趣，他们开始讨价还价。我们在此状况下根本无法取得进展，也没有为女工们争取到她们本应获得的工资增长，而这通过协商本来是很容易实现的。

在与工人进行协商时，把传统的对抗态度转变为合作态度对管理者来说是一项艰巨的任务。当然，管理者首先应让自己实现转变，但有时候他们却会忘记这一点。职工代表制的主要目的就是确保合作的精神。但是当谈到这点时，人们几乎总是想到工人要具有这种精神。本质上，管理者也应该具有这种合作的精神，否则，他们就和那个给基督教科学家写信的男人一样："我和我的妻子之间有很多的不和谐，你能给我的妻子一些建议吗？"

把这些观点汇总起来，我想说我们已经反复被告知，工会的发展要求管理者学会熟练地进行谈判，现在我们不得不强调这个事实，即职工代表制的前进要求管理者学会熟练地进行协商。

今天，无论雇主还是员工都日益重视这一点，这是一个可喜的标志。1925 年，美国发生了一件有趣的事：在格林先生的领导下，美国劳工联盟

⊖　参看《创造性经验》，"在实现工厂的目标中，有些人想让工人参与进来，却没有意识到在设立目标时就应该让他们参与"。

采取了劳资合作的态度。1925 年，在大西洋城举行的美国劳工联盟大会上，以下方案被采纳，它宣布"劳工已经准备与所有者以及管理者进行合作，以消除产业浪费，并促进和规范产业运作"。同年 12 月，格林先生在泰勒学会上演讲，他说：

"劳方希望对管理做出贡献，并且对管理层遇到的问题提供一些有效的解决办法……劳方对产业和产业进程的态度也在转变和重新调整……只有通过出色的服务、提高效率和消除浪费，劳方才能获得高工资和良好的就业状况，他们越来越明白这一点……劳方的主要理想就是与资方形成良好的关系。工人们深信，理解和合作能实现产业各方的利益。"⊖

格林先生的发言远多于此。从他关于 20 世纪产业关系的重要言论中，我挑选了几句。这些言论之所以重要，是因为它没有提及斗争的功效，但却动员所有与产业有关的生产力凝聚成持续、有力的力量，促进产业的发展和收益的公平分配。在这么多的言论中，格林先生提到一种"工人和管理者之间的联系，这种联系解除了他们之间的怀疑、敌对和仇恨"。现在一个代表劳方的委员会正在筹建，以便与管理层合作，研究生产中的浪费。

企业管理作为一种职业和职工代表制同步发展的重要性

职工代表制的活力、产业关系和人事管理的利益，可以通过多种方式得以说明。我们对自然资源的开采已经走到了尽头。我们很容易就可以快速富裕起来，而不在乎是以何种方式或手段。现在，成功更加依赖于组织和管理，部分也依赖于管理层从员工那里得到的帮助。从员工的立场来说，他们期望可以分享美国工业带来的财富。目前，一种趋势正遍及世界，那就是自我决定。我们可以把职工代表制的前进归因于这些因素：所有权和管理权日益完全分离；卖方市场转变成为买方市场；美国成为一个提前消费的国家。

⊖　威廉姆·格林，《泰勒学会报告》，1925 年 12 月。

因此，尽管职工代表制在一定程度上是一种妥协让步，是为了使事情进行得更加顺畅，是为了抵抗工会，但今天更多的人把它看作一种资产以及健全组织的一部分。它需要某一类型的管理者，使它成为一种资产。职工代表制和企业管理的研究发展是齐头并进的，这一事实对我而言很重要。让工人参与管理的同时，我们发现管理者也需要接受培训，从而能够清晰总结出劳方对管理的贡献。我想特别强调的是，无论是接受培训的意愿，还是对于其优势的清晰认识，对于管理者而言都是不够的。他必须是处理劳资合作问题的专家，因为问题会接连发生。在与劳方打交道时，管理者主要学习的不是如何"对待"劳方，而是如何利用他们的能力，甚至热情，这种能力和热情均被认为是企业的一项资产。

有两个事实很明显：①有组织的劳方已经意识到他们可以为管理提供巨大的帮助；②管理层也开始觉醒，并重视这一点，希望去利用这些帮助。管理者认为，重点不在于出现紧急情况时向员工求助，而在于用一种系统的、持续的方法把员工的智慧调动起来，以促进企业的成功。

职工代表制预示着我们的思想在当代产生了一些基本的变革。这些变革发生在人们的思想领域，而非与产业或国际事务有关的事件里。在20世纪初，全世界陷入了一定的混乱之中，这是我们最大的希望。

最近，亚瑟·纳什和美国服装工人联合会之间发生了一场争论，它很好地阐明了人们思想的变革。在争论的开始，联合会认为纳什完全是个伪君子，他四处谈论黄金定律，却付给工人低于现行标准的工资。纳什对联合会的看法也好不到哪里去。乍看起来双方似乎无法达成共识。但有些人却认为该争论也许是一个机遇，通过安排协商，让纳什的朋友和联合会的朋友聚在一起，讨论相关的问题，实现利益的真正整合。参与协商的人包括安排者、感兴趣的人以及要实践新思想的人。他们会尽力去发现并且引出双方真正的价值观，以便找到一种方式把这些价值观结合在一起。举个例子，西德尼·霍夫曼具有理想主义的一面，也很精明，而纳什先生则很忠厚，对宗教很有感情，两人能否找到共同之处？还有很多这样的例子。我不想回顾协商的历史（现在还不是谈论这个的时候），我只想指出结果。纳什和西德尼的会面很成功，因为双方都采取了新的思维方式，从而能够包容各自的价值观。纳什可以这样经营企业，既创造出自己关心的价值，又创造出联合会所关心的价值。下面的事情表明了思想的真正融合。在商店成立工会后，纳什先生和副经理以及几位联合会代表，坐下来查看工资清单。他们发现工资低于工会的标准，副经理建议提高工资水平。纳什先生说："不，工会刚刚成立，应该让人们看到它的价值。我们必须让工会主动要求增加工资。"尽管纳什先生曾经很在意公众的看法以及自己的声望，但在此，我们看到他故意放弃了提高工资可以带来的美誉。

我之所以谈论这个争论，是因为它展现了一种思维方式的变革。对我来说，它是世界上正在发生的最重要的事。这件事同我们所讨论主题的联系在于，在职工代表之下，管理层必须具备的资质就是能够进行此种思考——愿意找到双方的价值观，并让它们相互渗透。

我们思想的第二个转变就是完全意识到劳方对管理的建设性贡献。我们在很多事例中都可以看到这一点，但巴尔的摩和俄亥俄州铁路计划的成功反映得最明显。1926 年 2 月，泰勒学会与另外几个学会联合举办了一次会议，后者的成员有铁路工人以及机械和产业工程师，会议的主题是"铁路产业的劳资合作"，提出了许多劳资合作对管理者的要求。巴尔的摩和俄亥俄州的计划让我们明白共同协商不是为了解决员工的不满。通过工会和管理层之间对工资达成共识的机制，员工的抱怨和对争论的调节都得到了解决。奥托 S. 拜厄曾提及："合作协商所讨论的主题的本质和它们潜在的基本原则是一致的，实际上都很有建设性。"拜厄先生所罗列的主题都很有意思，但由于篇幅所限，在此我就不深入讨论了。

劳工对管理有建设性的贡献，我对它的核心原则很感兴趣——管理没有固定的量。我们习惯于谈论"分享"管理，因为我们认为管理具备固定的量。我们认为如果某人多得到一些，其他人就会少得到一些。但事实上，成功的企业总是可以通过创造和发明，在整个企业内增加管理的量。任何管理者在关注企业长期的进步时，都希望提升更多的实力，设定更少的职权。职工代表制的目的，不是分享权力，而是增加权力。寻求一种增加权力的方法，这也是其他组织的目的。劳方抗议的真正原因并不是经济学家给出的金钱理由，此外，也不是心理学家所讲的自尊的本能等，而是由于生命在增长、人类能力在发展这一宇宙的基本规律。你要么就遵守这个规律，要么就打碎周围世界的和谐。⊖

⊖　参看《新国家》，"劳方的问题——资方和劳方之间战争的解决，是通过战斗和征服，还是通过学习如何共同行使职能？……我认为国家之间的斗争和资方与劳方之间的斗争将有非常相似的结局：让不同的国家形成一个团体……然后，我们将放弃'对抗'的概念，它是属于静态的，我们将看到能够整合是唯一的差异所在"。

Follett on Management

第二部分

论 领 导

第 7 章

领导者与专家

在我所讨论的章节中，领导者体现为领班、部门主管、总经理或者其他领域的个人。例如，在委员会中官阶不是最高的领导人。

领导概念的转变⊖

领导是一个如此庞大的课题，因此这篇文章只限于阐述领导概念的转变，它的形成有两种方式：通过我们对人际关系基础概念的转变以及通过管理领域的最新发展。以"被统治者的认同"这一教条为例，它在过去比现在对我们更有影响力，那时领导者就是能说服他人认同的人。现在，说服在人类关系中的地位已经有所下降。我们现在更认同个体的价值，管理成为更准确的功能定义，逐渐地领导者被视为这样一个人，他有能力给群体带来活力，懂得如何激励创新，使每个人知道自己的任务。

另外，现在我们对领导者影响群体的严格界定有所宽松，因为我们逐渐发现领导者也同样受到群体的影响。一位首席大法官曾经告诉我，他认为这种相互关系是领导力的主要特征。我认为这是我所称的循环反应的最好例子之一。当前的潮流是两种影响都在发生。只有渠道畅通，才能保证持续流动的发生。一旦截流，有效的领导即刻停止。这也就是说，我们不应只看到领导者对丁群体的影响，也应看到群体对领导者的影响。如果你观察过管理层和员工组成的联合委员会，看到委托人对职工代表施加的影响，你就会明白这点的重要性。

同时，我们对权力的理解也发生了改变。人类自远古时代就崇拜力量，从武器的力量、君权神授的力量（国王或教士）发展到 19 世纪多数派的力量。时至今日，我们对民主概念的理解才从限制中解放出来，而得到解放的动力在于我们对权力概念的改变——权力已经逐渐被视为一个群体的组合能力。我们通过有效联系获取力量，这意味着一些被视为领导的人，他

⊖ 这篇文章分为两次递交于人事局年会（1927 年 4 月和 1927 年 11 月），并分别刊登于两本年会的出版刊物上，第一次为福列特女士所著的《企业管理的心理学基础》（*Psychological Foundations of Business Management*）四篇系列论文中的最后一篇（见本书第 12 章的注释），第二次在《企业领导》（*Business Leadership*）中出版，亨利 C. 梅特卡夫编，Sir Isaac Pitman & Sons 公司，1930 年。

的能力不在于能够施加个人意愿并让其他人追随，而在于如何把不同的意愿联合起来，成为群体的内在动力。他必须知道如何创造群体力量，而不是施加个人力量。他必须创建团队。

最近在一本有关政府的书上有这样一段话："人一旦品尝过了权力的滋味，就不会毫无矛盾地交出它。"但是我在最近的商业组织中发现，最具意义的是，在"品尝权力"的经理（高层或低层）数量比以前有所降低。当然，大多数人都热爱权力，但是当今的商业组织结构并不支持这种趋势。

当我表示对领导独裁观的反对时，我经常收到对"但是人喜欢被领导"的反驳，而且说这些话的人具有很强的心理学背景。一位心理学家谈及"服从的本能"，另一位谈及"对权威的精神冲动"。但是我并不赞同这些心理学家的观点，事实上，我并不理解这些说法的含义。如果它是指我们都是疯狂的，那么我表示赞同，但是我并不认为我们喜欢被领导的心态能成为激励这种渴望的原因。也许你会有个喜欢让你为他做决定的孩子，但是父母责任的本质，从教育的角度而言，是让孩子在力所能及的范围内自己承担责任。我们每个人都必须学会承担各自的责任或者与游戏说再见。领导者必须让我们体会到自己的责任，而不是拿走责任，如此他才能获得有用的人才。

但是追问自己更相信"独裁型"或是"民主型"领导的时间正飞逝而过，现在我们已经发展了不是两者但比两者更好的领导方式。商人们总是安静的，不对理论评头论足，他们发展出新型的组织系统，但它不属于且远远超越了我们所讲的"民主"的旧范畴。这个系统的基础不是平等也不是独裁权力，而是职能统一体（functional unity）。当然，我所讲的仅限于管理日益完善的工厂。在这些工厂中，很难判断史密斯与布朗哪一位是老板，因为在一些事务上史密斯是老板，而另一些事务中，布朗比史密斯更像老板。但是我们还没有对这种关系发展出完全统一的技术。这就是为什么我认为商务管理是目前最有趣味的人类活动的原因，因为我们是先驱，正在发展新型人类关系，我认为这是整个问题的核心，并且对世界有重大价值。

　　针对我指出的"一个人或一个部门不能凌驾于其他人或其他部门之上"这句话，我可以举一个例子。这个例子是从第一次世界大战时期一次有趣的遭遇中得来的，但是任何从事过职能管理的人都可以举出相似的例子。第一次世界大战初期，华盛顿的军需部管辖了 14 个按区域划分的部门，一个部门各有一位军需官。接着又成立了有 11 个分部的物资部门，包括粮食、饲料、皮革等部门。这造成了混乱。区域部门长官没有意识到物资部可以做出同样的决策（包括对价格、数量以及其他方面制定政策和标准），并且不需要经过他们的批准。另一方面，对于物资部门而言，他们也同样没有意识到区域部门长官在不触犯物资部门权力的前提下，能够做相同的工作。

　　这个计划糟糕透顶。最终，11 个物资部门长官和 14 个区域部门长官举行了联合商议。4 天的会议结束之后，没有达成任何协议，似乎也没有达成任何协议的可能。在接下来的会议中，华盛顿军需部主席说了这样一段话："我有一个惊喜。也许你们会认为我们还要在这儿再待上 4 天，但是我将在 10 分钟内解散会议。因此我决定，撤销 14 个区域部门长官和 11 个物资部门长官对他所管辖的区域和物资的任何权力，但保留他们能够和平执行的部分。如果你们让我来消除分歧，我不会按照你们的期望执行，也不会判决谁对谁错，我会判断谁无可救药然后开除他！"

　　据我所知，这段话的功效像魔法一样。这是一种强制型整合，最终通过一个具有领导权威的人物得以实现，但是我讲这个例子的原因在于它展示了一个在商业管理中的主要观点，即当差异是整合而不是有分歧的各方均声称自己是正确的时，我们必须控制整个局面。除非通过联合（unity），否则完善的控制不可能存在。这就是军需部长所说的他将解雇无可救药的人的含义，也就是说，他们必须懂得如何整合他们的差异，而不是找他来评判谁是"正确"的。在绝对意义上，很少有哪一方完全正确。会议最终取得胜利的原因在于，所有人都明白了不管是物资部还是军需部都不存在主导方向，在一些事务上一方为主导，而在另一些事务上情况刚好相反。

　　"制约与平衡"是我们一百年以来思想的基石。无论何时把权力分派给官员，就立刻设立制约机制。一些人仍然认为制约与平衡理论是行业的主流。尽管这并没错，但是我认为它已不如之前那样具有普遍意义了。一个从事银行业的员工曾经和我谈及他公司的机制，讲到贷款问题时他提到大额贷款需要经过几位不同经理的审批，他说："这是为了通过他们的联合加以判断。"我确信，如果几年以前，他会认为对大额贷款的共同审批是出于相互制约的目的。然而我认为当今的趋势不是为了制约领导，而是鼓励多重领导。

请记住，我这里讨论的仅仅是趋势，关于一些潮流、关于偶然迹象，对我而言意义重大。在这个时机讨论领导很有困难，因为我们对这个主题的思考正处于转型阶段。我说我只是讨论趋势，但是我可以举出几个例子，证明这种趋势的持续性，例如工厂内部为了联合权力而特意培养领导者，而不是为了权力的制约。

但是在美国管理协会中，一位演讲者谈及一家保险公司的三个部门——销售、索赔和承保时，他认为这是为了互相制约。正如我们在很多情况下一次又一次地听到相同的观点，我并不宣称我们应该废除这个观点，我只是认为我看到了变革的迹象，而且我认为它是更进一步的联合，后者是企业成功的实质。

与"制约与平衡"紧密相关的问题是我们对否决权态度的转变。它已经不如过去那样常用。一篇在《泰勒学会报告》上刊登的社论认为："过去总经理一看到赤字收支的第一反应就是全方位缩减开支——有时候显得残忍和不明智……现在他花费大量的时间与部门主管分担对政策和计划制定的责任，并在新的合作努力中把它们凝聚起来。"

另一个发生转变的观念是认为领导者必须做出快速决策。当今的领导者经常缓慢地做出决策。另外，正如丹尼斯先生所言："在一个稳步运营的组织中，对快速决策的经常性需求是一种缺乏事先充分思考的症状。"

同时，领导本身的概念也在变化。之前工会运动的领导者都是强势性格之人，他们能与雇主进行最猛烈的斗争，可以为组织创建最佳的防护，但是比起几年前，这种情况出现得更少了。我注意到去年夏天的英国就是如此。一些领导者仍然保持着强势，但是其他很多人，尤其是工会代表们，会运用他们的创造性能力、解决问题的能力而不是斗争的能力，通过升职获得权力。

我们发现不同的管理定义反映了不同的领导概念。一本商业杂志的其中一篇文章声称，管理就是驯服一匹烈马的手段。另一个作家认为，领导者是能够推动一个团队的人。其他人则说管理就是操纵个体。这些都不是我对管理或领导的定义。几年以前，应该是 10 年以前，我拜访了一位工会的主席，希望他能允许我参观他的工厂，并告诉他我的目标是对群体行为进行研究。你可以想象我并没有预想到他会这样回答："完全可以，你可以在我的地方使用任何想要的设施。你教我如何操纵群体，我欠你的情。"但是我研究的目标不是知道如何"操纵"群体，而且我不认为这个观念会持续很久，因为现在每个人都在学习所谓的应用心理学。如果雇主能够学习如何操纵员工，员工可以学习如何操纵雇主，那么我们还剩下什么？

决策中专家的角色

在根基上影响了领导概念的组织变革就是我们现在对专家的不同态度。来自专家的信息不仅在很大程度上构成了管理者的决策，它也逐渐成为决策机制的内部条件之一。这主要来自两方面的原因：我们在更多事务上拥有了专家，并且专家在组织中占据了不同的地位。我说过我们拥有更多方面的专家，例如，我们过去有机械方面的专家，现在还有人事方面的专家。如果化学家或工程师告诉管理者一个纯粹的技术事实，管理者肯定不会说："在这点上我有不同看法。"所有人都知道这是一个对技术事实的提问而不是观点。然而关于人事问题，任何人都可以有自己的观点，甚至可以是关于纯粹的技术方面的可计量事实。这在当今社会已发生改变，我们在人类科学上获取了更多的知识，我们更乐意接受这些知识并在更广泛的领域应用它们。

大型企业在工厂内拥有自己的专家这个事实，产生了专家和管理者之间的不同关系。它带给我们的首先是对建议的不同概念。这个方面正发生着变革，也许最终会给我们增加新的词汇。以前我们认为不同类型的主管制定命令，不同类型的专家提供建议，但是最近几年一种新型关系得到了发展，产生的结果既不是命令也不是建议。例如，一个职工的主要职责是监管机器的保养，而保养工负责保养机器。现在假设这位职工告诉保养工某些机器需要保养，这是一个命令吗？不是，因为保养工不需要服从这位职工的命令。那这是一个建议？不是，因为建议的性质之一是它可以被驳回，但是这个建议不可驳回，否则会被递交给上级。确切地说，我们可以使用"要求"一词，但是这也不是充分清晰的定义。

此外，我经常听到这样的问题，询问是否人事经理应该给生产经理关于招聘、调任和解雇的建议，或者他是否应该具有最终权力。能真正起作用的不是两者中的一种。大多数人不认为人事经理应具有最终权力。但是我不像其他人那样认为他只需要给出建议，因为他的观点比其他普通观念下的建议更具影响力。

普通意义上的"建议"含有一层接受或拒绝的态度。如果我要求你们中的任何一人给我一点生活方面的建议，那么你我双方都会对你所讲的话采用接受或拒绝的态度。那就是说，我不会觉得接受你的建议是种义务，而且你对此也不抱期望。这只是来自外界的建议，对我目前的生活状态没有关联的建议。但是如今针对商务的建议通常是组织的内部组成部分之一，个人已不能用接受或拒绝的态度来对待这些建议。在我看来，目前的管理方法带来的新型相互关系的义务与责任，还未在我们的词汇或是管理思想中出现，我们试图找到一种能够表达建议的方式，使它既非强制性但又是内部组成部分。

我最近读的一本管理学书中写道："研发部门向生产部门提出建议，生产部门主管有权否决。"当然，技术上讲他可以，并且实践上他也经常这样做，但是"否决"一词未能准确表达经理和专家之间运作的关系。

此外，建议和决策之间的分隔并不是刚性的，因为专家给经理的建议很少是纯信息。大多数专家既解释也联系事实，因此决策主要基于对事实的解释以及事实之间的相互联系。尽管对专家而言，信息就是事实，但是他通常也产生观点。一位总裁告诉我："除了像巴布斯那样的报告，我不知道哪里可以找到纯粹的信息，一旦你听取了观点，那么给出观点的人就在某种程度上参与了管理。"

同时，在这个国家，我们大多数人希望能够明显分割管理功能和专家功能。我知道在马萨诸塞州的一个小镇，他们把一位工程师招聘到水务局，而水务局的一位成员告诉我："一切都糟透了，他除了工程问题外一无所知。"

另一方面，在德国的市政系统中，任何行政机构的专家和专业人员都有权力。他们可以按自己的意愿做事。选举委员会可能指责，可能要求解释，可能采取最后否决的行动，但是本质上，还是由专家做出什么应该做以及如何做的决策。

鉴于我们正在研究专家与领导者的关系，目前我们还不能对这个问题下武断的结论，但是我想我们可以这样认为，尽管经理应该给予专家的信息最高评价，但是经理不应该因为专家而放弃自己的思考。专家的信息或观点不能自动地被视为决策。但另一方面，也应该充分地认可决策中专家的地位。

一位美国管理协会会议的演讲者认为："经理也许可以得到所有他想要得到的帮助和建议，但是决策的责任仍在于他。"尽管这在理论上成立，但是在那些经理让步给专家的例子中（你肯定在组织中经常见到，就像我一样），经理和专家都认为专家应承担大部分的责任。（当然，我这里所指的不是法律责任。）在我看来，我们的问题应该用另一种方式提出：就是要找出一种方法，能够把专家的知识和经理的知识结合在一起。有种观点认为专家有知识，而经理有智慧，但我并不认同这种观点。他们具有不同性质的知识和经验。

我经常向大家提及解决分歧的方法中，整合相对于其他方法的优势。一些听众认为这种方法太过乌托邦，以至于没有尝试的意义。这里我想要指出，当我们与专家的意见相左时，我们会不自觉地采用整合的方法。一个简单的例子能够清楚地表明我的观点。一位电工来我家铺电灯的线路，我告诉他我所想要的方式，他说按照我的方式操作会有技术困难。我建议了另一种方法，他说国家针对防火的法律禁止这类操作。然后他告诉我他的想法。我会接受他的建议吗？不，因为我明确反对为了技术因素和方便因素屈服。我们持续讨论，直到找到一种既能符合技术和国家法律要求，又能使我满意的方法为止。

我相信，我们经常在整合专家建议的同时又没有意识到自己正在完成一件困难的事，原因在于，我们通常不认为与专家是一种对峙的关系。我们期望能够结合专家的不同观点，这正是我们需要他的目的。我们意识到他有某种知识而我们有另外一种。这类整合经常发生在委员会、工厂或商务中，总裁或副总裁倾向于既不对专家提出的方案无条件接受也不否决他们的建议，而通常会整合他们不同类型的知识。这是因为总裁与专家很少为了对抗而聚在一起，他们聚在一起是为了整合，因此他们这样做。

领导是一个联系、组织、经验的问题

在考虑到经理和专家的关系时，我想到也许我们应该把领导和决策做出区分。以我的观点来看，领导者并不总是在决策中做出最多贡献，但是这并不影响他的领导角色。

一般来看，在一个有组织、有进步的行业中，决策很大部分更倾向于由对特殊问题有专业才能的人来制定。如果心理学家、人事经理、总经理和总裁一起制订心理学测验或培训计划，那么基本上会根据心理学家的建议制定决策，因为在这方面心理学家具有专业知识。或者在组织中，部门主管和总裁讨论销售经理的计划方案，这个方案可能受其他人意见的影响进行更改或变化，但是仍由销售经理做出主要决策，但是我并不认为这些因素使他成为群体的领导者。在以上两个例子中，领导者有可能是主席，是他达成了群体内部的互相理解，是他让群体明白如何进行必要的互相适应，是他激发了群体成员不可知的实力和知识。或者领导人也可以是总裁，尽管他没有具备像心理学家或销售经理那样的专业知识，但是他更了解整个工厂的运作、政策和计划，并且能从整体的角度把所有的专业知识组装起来。当然领导者也可以是组织中其他具有卓越的特殊才能的成员。

我认为不久之后，领导者将被视为是这样一个人，他能够组织并且在最大程度上最有效地利用群体的经验，以此全面发挥群体的力量。通过组织经验，我们将经验转化为力量。而这也是经验的价值所在，即能被转化为力量。

你或许已经明白，我认为组织的关键词是联系。毫无联系的经验大多是浪费的经验。例如，社会需要消费者的经验来解决一些产业问题，但是我们必须将此经验与生产者的经验联系起来。目前，生产者和消费者是互为独立的两个群体。经验的组织是产业、政治的以及我们每日生活的问题。一位在当地很有名的女人有一次告诉我："我的问题是我不知道如何组织经验。"她的含义非常明显，充实的生活、与相当有地位的企业家结交赋予了她丰富的经验，但是她没有把这些经验按照最能发挥优势的方式互相联系起来，她没有区分经验的不同价值，把它们进行排序，观察它们的总体效用。群体也是同样的道理。正因为我懂得如何组织自己的经验，所以我获得成功，一旦群体理解如何做到这点，它就能做得更好。因此，在任何机构、任何行业中，领导者的任务就是组织经验。

这种领导观点并未减弱领导者的权力，相反，它极大地促进了权力。或者应该说，产生了另一种类型的领导者。这在工会中很明显，工会现正招聘统计员、会计师以及各种各样的专业调查员，这些工会的领导者倾向于招聘那些能够使用事实、结合事实并评估事实的人。这太普遍了。铁路高级经理也许不如那些专业人员那样懂得铁路设计、车辆设计、定价等问题，但是他们知道如何使用、联系这些知识，如何将它们形成总体——一个整合的统一体。

这些思想的转变已经影响了我们关于领导的观点，最近一个转变非常重要。稍早之前，人们普遍认为领导是一种"无形能力"，同时这种能力是与生俱来而不是后天获得的。我们现在逐渐意识到，领导能力能够后天习得。这是我最想要强调的观点，因为如果它不是真的，那么在下级职位上的人就不可能有机会得到提升，如果人们不能通过学习成为领导者，那么我们庞大、复杂的企业就没有很大可能获得成功，因为企业除了总裁之外，还需要各个方面的领导。

《波士顿先驱报》上的一篇文章刊登了与商业女性的访谈结果，希望找出这些女性认为获得商业成功的本质要素。访谈的其中一个问题是她们是否认为勤奋是成功的必备要素，这个问题的询问方式看起来更像是在暗示强制性格是否是必要的。这种问题肯定出于领导的老观念。我更信奉领导力是由不同的个人特质组成——坚韧、对目标的坚持、强而有力的表达能力、坚定的信念、机智、混乱时期的稳定等等。但是我们仍应警惕领导力的旧观念，它认为："领导者与生俱来，而非后天形成。"

当我说可以研究领导力，我是说这是研究组织和管理的一部分。领导者必须知道他在组织中的位置，他与其他部分的联系。一位公司工程师告诉我，他曾在一家企业中干了三个月，当他离开时，老板告诉他："好吧，至少你为我做了很多。我过去与每个人吵架，现在我知道应该和谁吵了。"

总经理的主要职责

根据我们至此所讨论的内容，接下去的问题是，总经理的主要职责是什么？如果管理的主要任务是进行职能整合，如果组织系统基本涵盖了一切，但仍然是总经理使组织系统持续运转，而不是其他什么人。尽管他可能有一个计划部门、一个公司秘书、一个经济顾问、一个心理学家等各种类型的专家，当然他的部门主管们也属于专家，尽管我们预期总经理之下的层级能够互相合作，尽管我们并不认为总经理只是掌握了没有合作精神的职权整体，但他可以做的事务还有很多。如果不采取措施，很多部门主管更喜欢单枪匹马地干。此外，他经常发现，在经理们确认是否与其他部门或总政策一致之前，部门或分部政策不会很明确。当工厂很大时这样做尤其困难，但是企业架构必须按照这种观点组成。另外，当经理们内部不合时，会引发总经理的很多问题。他必须知道如何整合这些分歧，同时必须知道如何推动并确认初期整合的发展。尽管总经理的任务之一是解决下级无法整合的分歧，但是他的角色不是一个裁判员或仲裁者。如果采购经理和生产经理给他的说法不同，他的任务不是在他们之间选择，而是试图把三种不同形式的经验（采购经理、生产经理和他自己的经验）结合起来。

一位纽约管理学作家可能不认同我的观点。他直白地认为，总经理就应该是一个仲裁者，如果他不是，那么部门主管会通过他们之间的讨价还价来解决问题。在总经理应该试图制止冲突这点上，我赞同他的观点，但是从判决的严格意义上来看，我并不认为这是一种仲裁行为。他应该找到一种方法来涵盖或尽可能涵盖不同观点中的不同价值。另外，请不要忘记，总经理不是作为一个旁观者来进行判断，他必须扮演批评、判断的角色并且是一个积极参与者。换句话说，如果我们说他传递了某种情况，我们必须记得，他也身处于那种情况之下。我们需要谨慎地使用语言，避免使他脱离管理过程，事实上他就是其中的一部分。

总经理的主要工作是协调，但是除非有了定义明确的目标，否则无法成功地整合企业内部。总经理应该有能力在任何时候定义工厂的目标，或者整个目标群。他应该看出短期目标与长期目标的联系；他应该看出任何建议、任何单独计划与公司总目标的联系；他应该在考虑任何手头的问题时，审议提出的解决方案，观察它是否能够促进公司的主要目标；还有，他应该总是能够总结公司的目标并指出离目标还有多远的距离。总经理报告应该总结目前取得的成果，涵盖尚未达成的目标，指出未来需要努力的目标。它应该鼓励进一步的努力，并清晰阐述应该努力的方向。它不仅仅是激励也是明确任务的手段。最重要的是，他需要让同事理解，奋斗的目标不是他个人的目标，而是大家的共同目标，它产生于群体的期望和活动。

最优秀的领导者并不要求别人为他服务，而是为共同目标服务；最优秀的领导人没有追随者，而是与大家一起奋斗。我们发现如果领导者不常发号施令，而专家不限于建议的工作，下属（包括经理们和工人们）会对领导力产生不同反应。我们希望鼓励合作的态度，而不是服从的态度，只有当我们在为一个如此理解并定义的共同目标奋斗时，才能达到这种效果。

　　我这里所指的是总经理，但是我讨论的任何内容都适用于所有领导者。当然，应该主要根据以下标准来选择副经理，即他们是否具有领导能力，其中一项测试是他们能否明确地表达目标。我完全相信，我甚至无法表达我深信的程度，那就是只要理解了他们工作的目标和工作的内容，一个普通工人的产出将会得到极大的提高。如果你认为领班不是可以做这项工作的人，而我自己也不这么认为，那么部门中应该有一个能够把工人的工作与工厂或行业的目标联系起来的人。他们不应该感觉（正如大多数的人一样）自己只是一个巨大机器上的微小部分。我深信，他们的个人价值、个人意愿与个人目标，能在他们所工作的行业中找到自己的位置。当雇主们看到这与产出之间的联系时，他们会做出回应。

　　在目标的形成与目标的改进中，我并没有讨论领导者的角色，出于同样的原因，我禁止"政策"一词在这篇文章中出现。这些领域涉及了总经理与董事之间的关系，会远离我们要讨论的中心。

　　如果我们认为总经理的职责是明确目标，引导他的公司成为目标中的整合的统一体（integrated unity），如果他的职责是理解每个人在目标和统一体中的位置，那么每一个领导者还应铭记另一项职责，否则会造成灾难性的后果，即每一个单元必须适应不断改变的整体，也就是说，融入整体的演化中。商业中，我们不断从一个重大时刻进入另一个重大时刻，领导者的重要职责是理解经过的时刻。正因如此，领导者的工作相当困难并要求高素质——最精致和最敏锐的感知、想象力与洞察力以及勇气和信仰。

　　一位商人，也是大公司的总裁，告诉我我不能成为一个成功的商界女性，因为我不具备足够的信仰。当然他指的不是宗教信仰，而是我对自己目标的信仰，我保护自己的想法太过强烈，我只相信眼前所见而非未来不可见的一切。这段话是针对我们共事的组织活动而言的。当时我认为他的观点是错误的，不仅是对于我个人的观点，还有对我们讨论的问题的方法，但是现在我明白他是正确的，因为我已经理解他的话语中潜在的基本原则。

　　这种对未来的洞察力和信仰，商业中我们称之为"参与"。根据前文的定义，我认为参与远超出迎合下一个情境（situation），而是意味着创造下一个情境。因此领导者不仅能够预测，也能够控制。最高级别的决策并非单纯与直接情境相关的决策。针对现况的决策通常由次要等级的人制定。正是除此之外的决策创造了最大的价值，并帮助我们形成了我们所想要的情境。

有能力的管理者并不只根据专业助手给他的历史事实得出逻辑结论，他们有对未来的愿景，因此，商业预测通常应当基于未来状况的可能情况做出。例如，销售政策不仅应根据过去的销售量，更应根据未来可能的销售量而制定，但是领导者必须看到所有未来的潮流并结合它们。商业在不断发展，决策必须预测这种发展。记得《爱丽丝漫游奇境记》中必须不断尽力奔跑才能站在原地吗？这对任何商人而言都是常事。总经理的工作就是去观察他的经理们是否在尽力地奔跑，这不是你所理解的鞭策他们最勤奋地工作（那被视为是理所当然的），而是尽可能地预测。

我在前文中提到过英国人把"从长远来看"视为一种美国的表达方法。我们不能辜负这种评价，尤其是对总经理而言，我们应该发展自己的长远眼光。几年以前，波士顿一些公司的总裁聚集在一起，商议是否在七月份和八月份实行星期六全天歇业的政策，当时他们没有达成协议。一家连锁餐饮公司的女老板告诉我会议的整个过程，而且据她而言，她能够预先知道谁会赞同这项提议，谁会反对它。她说，那些赞同的人是能够赏识长远价值的人，他们理解只要对整体有利就会在长期对他的公司有利。我必须说一句，我认为她通过对星期六全天歇业的提议投赞成票，来特别体现了自己的远见，因为如果你在星期六不能买到一件衣服或地毯你可以在星期一买，零售商没有任何损失，但是你不可能在星期一吃两顿午餐！因此，她也许认为，如果不是对整体有利，即"从长远来看"对个体有利的原则的合理性抱有信心，那么她会站在反对提议的立场。

我并不赞成星期六歇业的做法。我只是陈述这样一个事实，即如果企业违背了对整体有利的潮流，从长远来看，它不可能存活。我相信，对整体有利和对企业有利是同义词，因此领导者应当试图理解什么对整体是有益的。

那么，作为一个卓越的总经理，应该具备长远眼光。我们希望他能开辟新的道路并且创造个人、群体以及企业发展的新机遇。他不仅能够识别更大的情境，而且能够识别所涉及的重大价值的情境。这就是精细辨别的力量。"与企业共同成长"比我们所意识到的更具微妙含义。

显然总经理的工作并不轻松，因为他身负多种"便利服务"——他的计划和协调部门，他手下的各种各样的专家。事实上，这的确相当困难。它要求身为这些复杂、有组织的单位的领导者，必须具备更高层次的智慧和经验。另外，我们只讨论了领导者与群体内部事务的联系。必须记住，一个群体通常有两个方面——它的内部关系以及它的外部关系。作为美国总统，他不仅要考虑国家内部的事务，同时也要考虑美国和其他国家的关系，这和总经理是同样的道理，因为他负责企业有效运营的内部调整，因此他也负责把这些与影响外部行业运营的所有外界力量相结合。我曾经说过，我们可以通过整合进行控制。优秀的领导者能够将所有复杂的外部力量和所有复杂的内部力量联系起来，使它们有效地协作。

我总结了总经理三大主要职责：协调、定义目标以及预测，这也是领导者的三大主要职能，不管这个领导者是主席还是隶属于其他层级。甚至领导者不必是部门主管或分部经理。在委员会中，领导者能够洞察全局，把情境与目标和政策相联系，预测情境的演化进程并且知道如何从一个情境进入另一个情境。我希望能够强调一下，领导力体现在很多方面，因为我发现在企业中的领导力与演讲、文章或书本中刻画的领导力有着显著的区别。别去理会那些实际做法，那是大多数演讲者或作家多多少少熟悉的，它们只是一些预想的领导观念。

有几个星期，一家工厂的协调委员会允许我参观他们的工作。最有意思的地方是，这个委员会的领导者有时候是这个人，有时候又是另一个人。通常情况下，它的领导者是主席，有时候是一位专家，还有时候，委员会中的一位先生经常也是领导，他似乎具有非凡的对整体情境的掌握能力，并且有识别情境、带领委员会最有效地从一个情境进入另一个情境的特别天赋。最高级别的领导者能够洞察正在演进的现状，在任何一秒钟，它都有可能发生改变。

我特别关注与副经理关系方面的领导，因为我相信，被我们目前的组织架构优化之后，非经理职员更具领导能力。我认为这应该是企业进一步发展的目标之一，即为进一步优化非经理职员提供更多的机会，而不是让他们必须等待时机，直到获得进一步提升之后，才能 100% 地使用自己的能力。

总结：领导者与企业基本原则的关系

我希望通过之前对"控制"讨论中所述的原则，也就是企业的基本原则来总结这次演讲，这些原则是激发、互动、整合与新兴，另一个问题是领导者在所有过程中的角色。

在激发中，我们一致认为领导者的主要任务之一是激发每个人的最大潜力。领班应该认为教育和训练下属是他的职责，部门主管应该有同样的责任感，直线管理上的每一层级都应该有相同的认知。事实上，在美国管理协会的一次会议中，好几位与会者都表示他们确信"领导者"和"教师"是同义词。如果我们逐渐意识到领导者不是老板，而是教育者，那么我认为管理思想往前迈进了一大步。我们的旧观念是领导者是一个能够将自己的意愿强加于他人的人。但是说服他人追随你并且训练他们与你共事是与旧观念截然相反的领导新观念。当今最优秀的领导者不需要别人的臣服或者绝对服从，他想要培养恰恰相反的人才，这些人具有掌控的能力，能够赋予自身领导力价值和权力。

我认为教育和训练是领导者的职责之一，他必须知道如何从事这些职能。他必须自己理解或者让别人理解最近被应用到生产、营销、办公室管理以及财务方面的科学方法，也许更重要的是，掌握心理学中理解和控制人际关系的科学方法。

我们的第二和第三原则是互动和整合。领导者比其他人更有责任形成作为企业目标的整合的统一体。由于我们的企业不仅在规模上得到扩张，特征也愈来愈复杂，它们的成功依赖于完美地联结每一部分使之成为运行有效的整体。领导者领导了一个内在一致的群体，它由通过相互关系以及归属的群体机能来寻找物质福利、最有效表达和精神满足的个体组成。如果旧观念的领导者是具有强势个性的人，那么在今天的观念中，领导者是一位协助建立一个和谐高效的整体并使之持续运行的代表人物。我们不再相信最优秀的领导者是一个最厉害的骗徒、最有说服力的雄辩家或者是最精明的商人。卓越的领导者是能够整合所有人经验并应用于共同目标的人。在组织的任何分支中他从事同样的工作，分支的建立不是为了成为服从机制。

我把提出的第四条组织的基本原则称为新兴，因为当前这个表述被大量使用于演进、创造新价值与跃进运动的表达中，它是现代文学中最具影响力的词语。科学家们使用这个词表达进化（突变性进化），而商人同科学家一样对新兴感兴趣。正如一位心理学家阐述的，进化转折是产生创造的时刻以及赫胥黎所述的进化中的神秘时刻，商业领导者是理解商业进程中创造性时刻的人，他预见了一种情境融入另一种情境并且能够掌握那个时刻。

作为本章的总结：领导者释放能量并且凝聚能量，所有一切不仅是为了实现目标，还在于创造更深层、更宏伟的目标。在这里，我所指的更宏伟的目标并非兼并或设立更多分店，它是一种定性的而不是定量的表述。我所指的目标涵盖了更多大多数人认同的基本价值。

我希望你不要认为我的观点为商业涂上了一层玫瑰色彩，事实上这不是真的。我非常清醒地看到大多数企业的态度："我是老板，我说什么你做什么。"但是，尽管我意识到这些，同时我也看到了改变的迹象，正是这些迹象促动了我的希望。

如果你们认为我低估了领导的个性特征，请允许我指出，我只是阐述了与强调独裁和专横性格的领导者概念相反的观点，这是我衷心认同的一种"领导的个人观点"。不过我在本次演讲之初就曾指出，我只针对由于最近企业和管理变革而产生的领导观念的变革进行阐述，因此请注意我并未低估领导的个性特征，事实上，在文章的多处都进行了暗示。然而，由于当今的商业管理大量依赖于有组织的控制，因此我的重点是在成为商业现实的复杂人际关系系统中，寻找领导者的位置。

　　我认为，我们这一代是为人际关系思想的历史做出贡献的一代，在我看来，商人有机会，事实上已经有人利用机会来大量地参与贡献。学院派也许希望学生遵循他们所教的知识，但是商人有能力自己实践一些基本原则。他们制造有用的产品，另外他们帮助员工深化职业发展，但是即使没有这一切，他们在协助解决企业问题的同时也在协助解决人际关系的问题，而这正是这个星球上人类最重要的任务。

Follett on Management

第 8 章

领导理论与实践的偏差[⊖]

领导理论

什么是被认可的领导理论？一般而言，我们会说领导者被视为一个具有强势性格的人，他散发着个人力量，他将自己的意志强加于他人。

这是过时的理论，但它对当今的理论仍有重大影响。一些心理学家希望能够发现领导的特质，他们正致力于预期能够显示"支配性特质"的测试。我认为这些学者的工作很有价值，而且他们的测试也许有助于发现谁具有支配性特质，但是我不认为这些特质是领导的本质属性。事实上，支配性特质不仅通常无法识别领导，甚至相反地，它们经常对领导产生直接妨碍。我认识一个男孩，从小到大他都是团队的老大。他现在已经45岁了，在商业中没有任何能力，在社区中也不具有任何领导力。我不认为这是因为他不具备"领导特质"，而恰恰是因为他具备了这些特质。

几年前，两位心理学家对侵略性格的测量做了相当精细的测试。毫无疑问，正如实验者声称的，这些测试发现了侵略性格的特质，但是他们假设侵略性格是成功的必备要素，对此我表示怀疑。他们把侵略性格定义为充分的自我肯定、好斗以及无所畏惧，然后声称："我们建言，如果其他条件相同，对个体侵略性格的测量是测量他成功的机会。"这显然是对自我肯定、好斗以及无所畏惧的高估。

我们刚刚在在泛美会议上，看到了一个查尔斯·埃文斯·休的领导力的有趣例子。一位演讲者认为，通过低调的意见和建议，休先生的能力深刻地影响了大会，他的力量主要来自他非常熟悉拉丁美洲与美国之间的事务和拉丁美洲国家不断变化的局势，来自他大量的历史知识，来自他对国际法的熟知。另一篇会议论文写道："大家已形成共识，休先生在每一个场合具有出众的表现，这不是出于他的尊贵风度，而是作为一位友好的顾问，他熟知法律和拉美情况。"

来看另一个关于普拉特的领导力的有趣研究，他是纽约共和党机构的著名老板。他影响地区、州和国家政策的方式对我们的研究目标很有启发。他的领导大部分依赖于他对组织的管理能力、他运用人力的才智以及他协调冲突性利益的力量。他的职业生涯展示了他管理政治机构的天赋。关于他利用人力的才智，他的传记作家这样告诉我们："普拉特没有惊人的体力，但是他的总管，本·欧戴尔是一个很具指挥性、支配性和侵略性的人。普拉特并不理解公共艺术，但是奎格是有名的'民意催化者'。"而关于他团结矛盾的个体和冲突的利益的能力以及带领众人为达成互利的共同目标进行合作的才能，他在自己的自传中声称，他的能力之强是"任何一位美国政客所具备的能力"⊖不能比拟的。

我们也可以回顾一下马克·汉纳的职业生涯。像他那样有事业心、独裁的人，本质上正是支配、先驱的类型，但是作为一个商人，他的成功主要归功于他对自己企业每一个细节的深入了解，而他在参议院获得的成功，主要归功于对他所倡议的议案的充分理解、他对激励能力的自信以及他在党内的地位。作为一个成功的政党领袖，尽管很多个人素质造就了他，尽管正是如上所述他的掌控能力和对机制政策的利用造就了他（没有人比他更能玩政治），但是读完他的自传之后，每个人最深的感触在于，他掌控了每一项从事的工作。他的传记作家赫伯特·克若里，引用了波特主教对汉纳在公民联合会的管理评价："他与工作的规模一起成长，"他接着说，"这一评语揭示了他职业生涯的成功奥秘。伴随着一个接一个的工作，他与之共同成长。"

目前应用心理学课程铺天盖地，但是实际上，它隶属于旧理论的时代，即一人将自己的意愿强加于他人，不过明智的老师会这样告诫他们的学生："不要去深入探究你的个性，而要学习如何工作。"

我并不反对，一些个人素质在领导中重要或非常重要。我只是建议，对拥有这些个人素质的人进行进一步研究，去观察是否这些人同时具备对所从事工作的不同寻常的大量知识，去思考是否历史对知识与"性格"平衡的评判是完全成立的。以贞德⊜为例，她的领导力明显地体现于她对信念

⊖ 哈罗德 F. 戈斯内尔（Harold F. Gosnell），《普拉特老板与他的纽约机构》（*Boss Platt and His New York Machine*），p334。

⊜ 贞德，法国民族女英雄（1412—1431）。——译者注

的坚信以及她使每个人分享这种坚信的力量，而我们则被告知，她的胜利主要是因为没有一个受过训练的炮兵上尉出枪能比她快。

标准实践与"命令"

现在让我们把视角转向商务实践，在这里，我们试图发现与刻板的领导者不一致的模式。在原来的模式中，领导者是一个强势的人，他单纯地通过运用个人意志的力量来执行一切。我们找到了很多东西。首先来思考下命令这件事。"命令"一词运用得越来越少，一个人告诉我在他的工厂里，这个词已经消失 25 年了。事实上，在科学管理的工厂中，研究发现了正确的"命令"，它们很少具有这个词语的原有属性，即独裁的命令——我们现在有了方法列表以及说明文本。在一些工厂中，所谓的"工作命令"由调度总监执行。这让所有人都明白，这是工厂计划的本质工作，而不是领班的独裁命令。解答一位独裁领导者所做出的独裁命令的最佳答案是：看当前运行的商业，并观察这些命令的来源。它们源自哪里？上帝并没有把这些权力只留给高级经理。它们自工作本身中孕育，在很多场合中，下属对命令亦有贡献。

以一些工厂中对经理工作的分析为例，两种方式皆可：你可以让专家执行，或者，像其他地方所做的一样，让每一个人对自己的工作进行分析。通过这些分析，能够形成工作的规则或者命令。命令是日常活动的结果。命令来源于行动，而不是行动来源于命令。

执行工作也是同样的道理。也就是说，一些工作方法被认为是最有效的，因此这些方法被标准化，直到发现更好的方法。因此现在很多工厂不再使用命令一词，而改为标准实践。工人们遵照标准实践而不是服从独裁命令。

在一些确定标准实践的早期研究中，工人经常参与研究。如果研究和计划部门发明了新方法，但在很多例子中，没有通过单位试验就不予以执行，有时候工人有机会参与这些单位试验并提出批评。如果一个工厂有单位委员会，必须通过单位委员会的详细审批。

如果是在一个科学管理的工厂中，领班很少按照传统方式下达命令，但是领班的重要性还像以前一样甚至得到进一步的提高，不但他的地位不亚于领导者，而且他有更多领导的机会，这已逐渐被很多人接受。那是因为他能腾出时间从事更具建设性的工作。根据对他工作的更明确规定，例如关于时间、工作质量和方法等规定，他对群体绩效负有更大的责任。为了满足群体绩效的标准，他发展了与原有技术完全不同的新技术。

当今的领班不再单纯地处理困难问题，他也预测问题的发生。事实上，我们不认为领班是一个一直处理困难问题的人，我们认为如果他能很好地做好自己的工作，就不会发生太多问题。任何一个单位的领导者，不管是领班还是部门主管，他的任务是观察情况（机器和材料等）是否正常、指令是否被正确理解、员工在执行指令前是否受过训练，以及是否是按照最佳的方法执行指令。现在对领班的评估不是他有多么擅长指挥，而是他是否只需要进行最少量的指挥，因为他的下属受过训练并且他们的工作是有组织的工作。因此，正如一位部门主管自己所说的那样，我们认为领班身为领导者的工作不在于指挥他的下属，而是服务于他的下属。

事实上，一个独裁的领班有可能搬起石头砸自己的脚。一个案例中，一位反抗独裁领班的工人，发现错误的命令后，没有退回并向领班报告，而是故意执行，导致了大批材料的浪费，目的只是为了让领班因为浪费受到惩罚。因此要求别人盲目服从会对自己起反作用。

我们的领导概念处处受到沿袭的错误旧观念"服从"的桎梏，即服从必定是被动的。其实服从也具有积极的含义。服从是过程中的一个时刻，服从和被服从的人同时成就了这一时刻。作为一个规则，这是一个持续的、精细且复杂的过程。在过程中的某一个时刻，我们所称的服从得以发生，但是它依赖于同时发生的其他条件。

那么，我们怎么可能没有发现认为命令通过认同可以合法化的错误之处？认同与过程中所有的其他因素混合在一起，领导力的合法性并不基于认同，尽管它必须通过认同基础的检验。

渔船上的所有人都是共同合作的好朋友，大家都以名字而不是姓氏称呼对方，然而一个人是船长而其他人服从他，这是一种智慧、机动和自我意识的服从。

但是我看到仍然有很多人声称"服从与个性和自我表现相矛盾"。恰恰相反，服从与自我表现甚至自我导向是相互关联的。群体活动的目标应是：结合并表达期望、经验以及每一位群体成员的理想，能够实现理想，拓宽经验，深化群体成员的个体期望。服从与领导的关系只能在群体过程的这两个方面进行阐述。通过对这种过程的研究，我们发现被正确理解的领导增加了自由，从而提高了个性。

也许对于命令，理论与实践之间最大的差异在于旧理论把领导者视为能够使他人服从命令（任何命令）的人而最佳的现代实践把领导者视为一个能够体现命令是整体情境的组成部分的人。而且这样的一项命令深具分量，因为它是情境的需求。

几周之前，我在一本近期小说中看到对这种观点的认同和表达。小说的男主人公叫理查德·海牙，他是一位英国的大农场主，而且是一位非常成功的农场主。作者描述了海牙是如何最有效地用原料把火星点燃成火堆，接着说："他用同样的方式对待员工。他激发了他们的能力，而不是使用……在任何方面都严格要求。通常似乎都是情境的力量促使了决策，而不是他自己。他只是明确地告诉人们需要完成什么工作……把羊群赶离玉米地、把通知带到干草场等等似乎不是他的私人事务，他几乎不进行干预。他可能要求某人处理需要解决的问题，但这是玉米地、牲畜和这个世界的要求，而不是他的要求。"随后作者告诉我们："海牙显然认为，是工作本身对任何偶然经过的人提出要求，它使自己成为世界上最有趣和必要的东西，所以没人能够抗拒它。"

在一篇近期刊登于《新共和》的成人教育主题的文章中，哈罗德·拉斯基说道："任何教育系统的运作仅为了产生对权威的质疑……"我并不赞同这种观点。生活中的每一个情境都有它内在的权威。为此，我们服从。通过服从，我们获得自由。教育系统应该指导我们如何与领导者共同去寻找内在的权威。

总结这部分的内容：在管理日益完善的商业中，命令逐渐被视为情境需求的结果，如同信息的标准，如同方法的训练。领导者的命令之所以得到遵从，首先是因为下属真的希望能够正确处理事务，而他能告诉他们方法，其次，因为他自己也在服从。真诚是比侵略性格更重要的领导力素质。

领导旧理论的一个打击是独裁命令的逐渐消失以及对服从的真实含义和基础的更真实的理解（理解命令和服从是同一事物的两面）；理论的另一个缺陷在于认为"追随者"只需要服从，但是我们在绝大多数企业中看到很多建议来自下层。我们发现副经理尝试让上级同意对机器进行改进、运用新的化工工艺、采用增加职工激励的方案等。上级领导尝试说服总经理，而总经理尝试说服董事会。

职能领导力与性格领导力

此外，商务人士逐渐意识到存在着不同程度的领导，很多人具有一定程度的领导能力，尽管可能是最微弱的领导力。意识到这点的人试图构建一种组织形式与管理方法，能够最有效地利用这种领导能力。人们也认识到存在着不同种类的管理。我认为，不仅不同的人具有不同的领导素质，不同的情境也需要不同的知识，如果其他条件相同，在最优管理的组织中，某种情境需求下掌握该种知识的人，将成为那个时刻的领导者。

我们认为，科学管理的工厂具有职能的领导力、个性的领导力以及职位的领导力。有些人可以对高阶经理下特殊命令。仓库管理员会告诉负责采购的人什么时候购买。协调员甚至会对主管"下命令"。职能领导力源于工作本身，并受到工厂总裁的尊重。

考虑一下成本会计师有可能根据他的特殊知识施加影响力。只要关于成本会计与单位预算，成本会计师比任何人都更清楚价格变化引发的后果。他的分析和解释很有可能主导总经理的政策。

行业中有很多的例子证明，某种特殊情境产生的领导者是由于他们掌握了自己特殊职业的知识。工会主席有可能不在高层经理职位上，也有可能不具备强势性格，但是他知道如何有效地引导讨论，也就是说，他知道他的工作所需的技能。例子包括现在很多行业中的劳资关系协调员和"公平主席"——他是善于调解的人，能够熟练应用大量的精细技巧。

在指导情况中，指导者是领导者。但是一个优秀的指导员也可能是一个不称职的领班。同样，一些人能够指挥别人工作，而另一些善于服从而无法指挥别人工作。

当然职能领导力与性格领导力不能互相分离，但是如果为了讨论而把它们分离开来，我们认为在商务中，职能领导力倾向于比性格领导力更为重要。我们也认为，一个企业的成功，部分取决于组织的柔性能够支持职能领导力的自由运作，即支持具有知识和技能的人掌控整个情境。我们经常看到这样的事情发生，例如当经理对某件事情更为了解并更有经验时，总裁会听从经理的意见。

我们有一个非常有趣的例子，关于英国副秘书执行职能领导力的权力。内阁成员包括内务大臣和外交部秘书长等，每一个人都配备一位副秘书，他是终身官员，在政党迭替时负责组建内阁。这些终身秘书，由于他们对内阁事务的大量知识和持续参与，经常比内阁成员对决策事务更具影响力。他们经常制定重大决策。

然而，涉及行业的职能领导力时，我们不能忘记经常听到雇主说："我雇用的是经理人才而不是技术能力，任何人都能买到它。"或者，"我不是聘请一位机械工程师，而是聘请一个人。"针对这种态度，我们当然完全赞同，我认为不管是挑选的动机如何，当一个人真正成为企业的领导者时，他同时也学会了自己工作的技能。第二，同时发生的组织、管理方法以及雇主态度的转变，都承认了应由具备特殊知识的人进行控制这一观点。第三点，我想指出，这里所指的"经理人才"和"人"并不涵盖在"支配性特质"中。

你可能有一位优秀的"经理人才"，他在性格、地位、情境和公众中都不突出。你也许已经注意到，很多情况下领导力所归属于这样一个人，不管他的职位和个人力量如何，他能够掌握经验的本质，并且通察全局。他观察手头数据的相关重要性。为了找到解决商业问题的事实，收集事实的人会把它们按照相关重要性或者字母顺序排列，然后呈给部门总管。如果按照后者排列，部门总管可能根据他所观察的数据整体性，按照能够表现他想法的方法呈报给总裁。或者总裁也按照相同的方法递交给董事会。不管这个过程在何处发生，我们需要控制整个局势。领导权通常交给对内部关联关系最明确的那个人，也就是说，如果他能够运用这种洞察力的话。

最杰出的领导者能够看到未实现的全景。他观察到源于目前情况但尚未发生的事务。事实上，这种洞察力也就是远见，是领导的关键所在。这并不是说只有总裁需要这种远见，它对领班和部门主管而言也是必需的，唯一的区别在于，他们所需的远见的辐射范围略窄些。但是不管是多小的群体，其领导者都应该铭记，每一个群体的活动必须符合不断变化中的整体，否则会造成灾难性后果。

我非常讶异地看到一家英国的公司中，其中一位部门经理与其他经理相比，从事更多的指导工作。我首先认为这是因为他的职位，后来发现他的职位并不比其他职位拥有更多的权力。最终我得到的结论是，他获得权力的途径是通过一种罕见的对自己与组织之间复杂关系的正确评价——也就是说，他理解自己与组织的关系有两种，直接联系以及通过别人的间接联系，并且他完全优化了后者——同时他把自己与组织的关系分为两种：曾有的关系以及正在运作的关系。请注意后一种关系，我认为它相当重要。正如我所说，他似乎对在合作过程中组织分配给他的任务具有一种超常的、生动的评价。

然而，尽管我意识到这些，但是仍然经常看到领导权并不总是赋予那些最有知识、掌握本质或有远见的人，这使很多经理心怀不满。一次又一次，掌控局面的人是那些由于职位给了他决策的鞭子而他利用了这一点的人，或者那些懂得玩弄权术的人，或者其他原因。目前没有详尽的研究观察领导的不同方面之间的互相对抗或者互相联合。这篇文章的唯一主题是在一个管理逐渐完善的企业中（我认为它们只占极少数）我们看到了一种趋势，尽管只是趋势，但对我而言深具鼓舞意义，即一个特殊情境的控制权流向这样一个人，他最了解整个情境，他能够掌握并且组织要素，他领会它的整体重要性，他深具洞察力（不论深度还是广度），而不是仅仅由于独裁的性格或者组织中的地位而获得权力。

发现和协调领导的种类与程度

在讨论的过程中，我希望你能够了解，我并不是在最小化高层管理者或者总经理的工作。他们站稳自己的职位是因为他们有强大的能力。他们工作的复杂程度远超过过去，并且对资历的要求更高。如果其他人有时能够对特殊情境的相关重要性有更全面的理解，他们也能理解更大的情境。他们的责任是解决当前的问题，并且预期未来将要发生的问题。而这些问题错综复杂并且深远，解决它们不仅需要不同种类的专业知识，而且需要运用不同种类和程度的领导力。总经理发现领导者并且训练他们。他不需要服从的下属，他需要的是具有掌控能力的下属，他们能够赋予自身领导的价值和权力。

这里有一个很好的例子，显示了经理层级之下的领导者的训练和发展，也显示了我之前的一个观点——服从情境的法则而不是独裁的命令。在预算控制的运用中，有好几年我对预算管理非常感兴趣，我现在向你演示高层经理与部门主管之间的关系，其中预算被视为一种控制工具，这是最能让人理解领导力类型的例子。假设一位高层经理对一个部门的工作不满意，这通常是因为质量太低或者成本太高。过去的程序是高层经理责备部门主管，但是在有部门预算的工厂中，高层经理会让部门主管与他一同坐下来思考这个问题。预算客观化了整个情境。高层经理有可能让部门主管自己寻找问题的根源，为完成任务自己立下军令状。

根据以上所述，我已经给你上了一堂把预算作为经理控制手段的课，也许有人不会把这称为领导，不过威廉先生表达了他的观点，他认为这就是领导的本质——教育并且训练你的下属如何控制局势，帮助下属形成自己的观点而不是服从你的观点。高级管理者的工作不是为下属做出决策，而是教导他们如何自己解决问题，如何自己做出决策。

如果这就是领导的本质，我们的观念与独裁领导者相差很远。科学管理的工厂的领导者倾向于不说服别人接受他的意愿，而是告诉他们应该做些什么才能完成他们的责任———一种已经被清晰定义的责任。

如果最佳领导者在他能力范围内采用一切方法，使他的下属建立了领导地位，并让他们有机会实践它，那么他接下来最大的工作，就是将浮出水面的现代企业分支中所有不同程度不同种类的领导力结合起来。由于权力被逐渐视为一个群体的组合能力而非一个人与生俱来的能力，我们开始认为领导者不是那种能够坚持个人的意愿并得到他人追随的人，他是知道如何将群体中的不同意愿联系起来以形成持续动力的人。很多人承认，最成功的企业总裁通常不是把自己的意愿强加于经理，而是能够使经理们组成最佳团队的人。生产主管、销售主管、财务主管和人事主管———每一个人都能做出有价值的贡献，但是只有通过相互影响和相互调节，才能将这些贡献结合成企业前进的动力。

理论上来看，总裁通常被认为需要在经理之间做出仲裁，但是我知道对于那些察觉到理论缺陷的总裁而言，他尝试着不"在两者之间判决"，而是通过结合双方以及自己所能最大程度允许的，促使双方达成合作性协议。在我看来最能干的总裁甚至可以做得更多，即为经理提供实践的机会，通过与他们的单独会谈训练他们，使他们自己学会如何结合他们的经验和判断。通过这种方法，他们习惯成自然地进行整合。

但是无论采取何种方法，总裁的责任是优化所有可能的贡献，形成有组织的、巨大的整体以服从于共同目标。这是卓越的领导素质———组织一家企业中所有权力的能力。拥有这种能力的人创造了群体权力，而非展示个人权力。他们任意渗入哪怕是与权力最微妙的联系，能够利用并且是最有效地利用所有权力，以达成他们的目标。

政治领导也是同样的道理。理论上认为这是一种个人的支配力，但是通过研究政治领导者（即政党首脑），注意到通常他们获取地位的手段，是通过将对抗性格纳入和谐关系的能力，通过调和冲突利益的能力，通过将多种不同元素组成一个运营单位的能力。我在之前谈到了马克·汉纳，他是一个优秀的组织者，他的政策的不同面组成了一个整体，最终击败了反对党。

多年以来，由于我从事的工作，建立了我与坦慕尼公司之间的密切联系。我熟悉这家公司的管理者沃德老板和他的几位副手。沃德老板不是专制类型的人，但是他的副手却是。然而沃德老板是一个善于组织的人，通过运用并聚焦属下的力量，使其向某一个目标前进。

复杂的现代企业中，一切都遵从于组织能力而不是支配性特质，因为一个人很少对手头的事务足够了解而将自己的意愿强加于他人。想一下零售销售，广告部应该为广告花费多少呢？显然总裁不能武断地判断。如果某个系列的商品受到了顾客的欢迎，就不需要太多的广告。然而，如果是为了创造流行口味的尝试，那么投入广告的费用将显著增加。或者当出于某些原因不得不抬高价格时，就必须增加广告，等等。当然很多其他因素也会影响这个问题。这个例子只是为了展示，这类问题需要几个部门主管之间相互调整的判断，而总裁的任务是巩固这类判断。

然而尽管一个人有足够的知识做出所有的决策，但你不可能获得所有有利的"追随"，除非你能说服你的追随者，而说服他们的唯一方法就是允许他们分享你的经验。商业人士每一天都越来越清楚地认识到习惯和态度只随着经验改变，同时通过累积而非意愿形成，这一点完全与最近的心理学一致，但是没有受到领导旧理论的认同。有能力的领导者知道，为了巩固任何本人与其他团队成员之间的长期协议，他们必须分享他的经验。单就这种洞察力而言，它改变了我们整个的领导概念。领导者也知道，任何群体成员之间达成的长期协议只能通过他们彼此分享经验的方式达成。他必须通过这个角度认识他的企业，而使这些成为可能。

这也是促使工会作为企业管理的一部分进行扩散的原因之一。尽管时间很漫长，尽管它们通常被视为额外包袱，但是它们的价值受到越来越多的承认，这不是作为民主的一种手段（我们曾听到工会这样恳求），而是与我们的同事一起，一步一步地获取信息，将信息与过去的经验相比较，在

整个过程中形成判断并做出决策。[⊖]

几天前，我把这篇文章念给一位高层经理听，当我念到这里的时候他说："别忘了说领导者之间也要分享他们的经验。"我们当然需要铭记这一点，因为对统一的经验和明确的目标的需求，是我们目前领导概念的重要组成部分。领导者既不是群体的仲裁者，也不是群体的发言人——这是一种常见的说法。也就是说，他既不是代表也不是独裁者。

也许商业实践的性质是对领导旧理论的最尖锐挑战，我们能够在这些由职能管理产生的互相联系的部门之间找到线索。在这里，我们有明确的互相协调、互相合作的领导。我们不需要心理学家帮助我们找到富有侵略性格的人，而是需要找到不倾向于"支配"的人，他们尝试着在共同目标的基础上，找到完成这个目标的最佳方法。在当今逐渐完善管理的企业中，每一个人都为一系列的工作负责，其趋势是根据个人的领导能力来授予领导权力，不管是横向的还是纵向的等级职权越来越淡化。在一些事务上一人的权力大于另一人，而在另一些事务上则相反。

有一天我听说了一个故事，对我们可能很有启发。一个老师去一所新学校，那里有关于处置小段粉笔头或需要清洁的黑板擦的一些规矩，等等。但是由于她来自一所没有这些规矩的学校，所以就粗心地忽略了这些规矩。不久，她被楼长强制承担任务，那个楼长对她说："你明显没有在看门人手下干过。"

对于当今的工厂总裁而言，很明显职能管理必须协调各种类型和各种程度的领导。很多情况下，这些领导包括雇员代表、工会代表，或者那些在工会管理的机构中涌现出来的官员们。

如果职能管理带给总经理的任务，无法由原来只表现层级职权的旧结构图来表达，另一点对总经理而言也是同样重要的。这一点是，由于在结构最合理的现代企业中，每一个人倾向于通过他从事的特殊工作获得领导力，这点对于总裁或其他人都成立。其中显示我们与领导旧观念背道而驰的迹象在于，总经理开始从越来越具体的角度考虑他们的工作。

⊖ 奥德韦・蒂德（Ordway Tead）先生对此的阐述比谁都透彻。

想一下一个大银行的总裁，他不大插手由小银行主管管理的日常经营问题，他有自己的特殊工作。他必须具备世界局势的大量知识，他必须能够预测什么因素会迎合或阻碍大型计划，等等。或者一个蓬勃发展的制造厂的经理会花大量的时间在东方、南非等地区，开发新市场或者设立分厂，其他人可能"领导"国内的工厂。

共同目标中的领导

谈到多重领导，考虑到具有这种领导特征的企业为明确界定的目标服务时，应注意，很多企业逐渐意识到这些目标需要被所有人知道并理解。当今的领导者不再向属下隐瞒目标，他们认为领导力的最佳辅助是通过一个共同目标团结所有的追随者，包括经理或者蓝领工人。他们认为在下达命令与服从命令的背后，不管是在商店、银行或者工厂，都应对目标有共同的认识。我相信这将是推动未来产业成功的重要因素。

前年夏天，在约克郡的朗特里巧克力工厂，我听了一场至今为止最优秀的演讲。当一群女孩刚刚被工厂聘用时（一次招聘 30 人），总裁朗特里先生对她们做了一次演讲。他告诉她们工作的内容，他说，由于一个人在浸巧克力的时候很粗心，导致一个小伙了在星期六晚上送了女朋友一盒巧克力后，愤怒地说以后再也不买朗特里牌巧克力了。然后朗特里先生继续说明这种情况不仅影响了朗特里公司的利润，下降的销售意味着约克郡雇工的减少，包括青年雇工和成年雇工。他接着继续演讲，从这样一个简单的例子中，告诉她们英国产业中她们的位置。我相信所有听了演讲的人都会对朗特里公司产生一种密切关系的印象，一定程度的认同。尽管领导力依赖于信仰的深度以及由此而来的权力，但是必须同时具备与他人分享这种深度的能力。朗特里先生通过他生动的目标陈述，找到了一条让所有员工分享共同目标的途径。正是这个共同目标而不是朗特里先生本人，成了他们的领导者。而我相信在当今的社会，不管是什么理论，我们越来越多的行为基于对卡伯特博士所称的"看不见的领导者"力量的信仰。对看不见的领导者的忠诚给予我们最坚固的联合，建立了一种不是感性的同情心，而是一种动态的同情心。

共同目标不仅应被所有人分享，也应该是与所有企业的混合活动一起演变的目标。最佳领导者并不寻找个人的目标，而是一个揭示演变过程以使每个人在其中都有特殊位置的目标。当我这样说的时候，请不要认为我只是一个理想主义者，我认识一位最实际的商人，他是西部一家公司的经理，他总是在把这点称为他的第一信条。另外，我们发现另一处领导者寻找个人目标的理论的缺陷在于，最佳领导者并不相信他们的任务只是为了实现目标，他还要找到更宏伟的目标去实现，追求更本质的价值。

我多次提及这样一个理念，即我们正在获取多重领导。我们目前的历史学家和传记作家在强调这个理念，通过告诉我们，为了了解一个时代，我们必须重视很多次要的领导者。他们同时告诉我们，由于次要的领导者的数量稳定增长，因此今天我们生活的一个最显著现实是普遍扩散的领导。一些人更进一步认为，我们对未来的希望寄于进一步扩散的领导。

几周之前，我读了 H. G. 威尔士的最后一本小说，它不像一本小说，倒像是对我们当代文明的反思，在最后一章他表达了对未来的希望。这份希望基于一种预期，即有一天所有人都参与社会再生将成为一种共识。他说在过去，我们依赖于唯一的伟大领袖——佛祖、穆罕默德等。今天很多人必须参与领导。过去的时代，亚里士多德在全世界领导了科学。今天成千上万的科学家做出了自己的贡献。威尔士告诉我们，我们的未来取决于两件事：第一，不计其数的人意识到每一个人必须承担的伟大部分的必要性；第二，我们对控制的可能性完全具有信心。

被领导者在领导情境中的地位

我们现在讨论被领导者在领导环境中的地位，这对我而言至关重要，但是从来没有受到重视。除了这一点，我还想强调另外一点，即尽管被领导者也分享情境控制，我们的领导者必须知道如何给予我们分享的权力以及我们如何接受这种权力。被领导者不是简单的被动角色，他们不仅仅遵循并服从，而且必须协助领导者掌控情境。我们不要认为自己不是领导者就是一个小角色。作为一个被领导者，我们也参与了领导。

我们所讨论的所有内容都没有在这个部分中，理论与实践的差异巨大。领导者被重复定义为能够诱使他人追随的这样一个人，或者这种理解被认为是理所当然的，于是问题是："领导者使用什么技巧来管理他的追随者？"

一位非常优秀的政治学家在写作的时候，把领导作为一种取向，并讨论为什么人们遵循或不遵循，为什么他们倾向于领导或者服从，好像领导和服从就是领导力的本质。这位学者做过有价值的领导力研究，并且他对这个学科的整体思想潮流都异于传统的刻板印象，然而在这一刻，当直接讨论领导力的时候，他回归了旧观念并把领导情境描述为命令和服从。

此外，看一段从一本近期书籍中引用的一段话："人们更乐意作为群体的一部分受一位领导者的指挥，而不是单独工作……出于某种社会目标。"这句话说得没错，但是这不是仅有的选择。你不需要淹没在人群中，也不需要单独工作，你可以与领导人一起工作。

我相信，这种过程的技术是整个行业应该学习的最重要技术。我们需要领导者吗？我们需要心理学家为我们发现领导者吗？当然需要。然而更多的是，我们希望找到一种领导者和被领导者之间的联系，能够使双方都有机会对情境做出创造性的贡献。这是当今日益增长的需求。这个冬天，我曾被邀请就高校院系与学生的联系进行演讲，另一次演讲是关于高校分院院长与学生自治会的联系。在后一次的邀请中，他们希望能够讨论如何在院长与学生机构之间建立"创造性经验"。

领导者的一部分工作是使别人参与到他的领导中。最优秀的领导者知道如何使他的追随者们感受到自己的权力，而不仅仅是承认他的权力。

但是如果追随者们必须参与领导，那么这意味着领导者也必须服从。必须形成合作的服从关系。产业领导的基础是建立合作的共同工作和联合责任。

我是否降低了领导威信呢？在我看来，这增加了领导威信，那些遵循这个观点并且有能力在企业和管理中实践这个观点的人，是我们文明向前发展的唯一弄潮儿。伍德鲁·威尔逊先生[⊖]不懂得领导是历史悲剧之一。

几年之前高校流行讨论领导培训，有些高校甚至声称领导是它们培训的最终目标，但是这在现在已不可见，我们能从这个事实中找到领导观念改变的一种迹象。查尔斯 R. 曼恩博士告诉我们，通过对 250 所高校目录的搜寻，只发现 8 所提及领导是它们的目标之一。曼恩先生还告诉我们，去年秋天达特茅斯学院开学的时候，霍普金斯校长针对学生机构进行演讲，他说："关于高等教育的功能是培训领导这个观点，包括过去所说的以及我自己所想的，我对其合理性产生了怀疑。我请求对此宗旨进行修改，改为高校的首要功能是培养有用的人才。"

尽管高校目录和霍普金斯校长的演讲是一大进步，即人们不再满意于支配他人，但是在我看来仍然存在缺陷，因为这把领导与支配视为一体。根据我之前试图向你们说明的领导观念，把领导放入学院目录、作为教育的一个理想目标毫无问题。另外，根据领导观念，除非经过领导培训，否则霍普金斯校长希望培养有用人才的理想不可能实现。

有时候我想，是否去除"领导者"这一单词会更好些，因为很多时候它只指领导者与追随者的情境。但是抛弃这个单词太过可惜，而且，至少在某种程度上，领导者的确，也应该在某些方面领先，他应该通过树立榜样的力量来进行领导。如果被领导者遵守情境法则，他们必须认识到领导者也是如此。如果他们服从于看不见的领导者，即共同目标，领导者也是如此。如果每个人都在超时工作，总裁也应该愿意做同样的事。在任何方面，他都必须告诉别人，要求别人做的事他也能做。

有一个冬天，我和一群朋友去南部内陆水道乘游艇。一次我们的向导把我们带错了航线，结果一天晚上我们搁浅在卡罗来纳州的沼泽地。显然我们只能把船推出沼泽，但是船员拒绝执行，因为这个地区的沼泽地响尾蛇肆虐。游艇主人没有说一句反驳的话，只是立刻转身跳下船，然后所有的船员跟着他跳了下去。

⊖ 伍德鲁·威尔逊（Woodrow Wilson, 1856—1924），美国第 28 任总统。——译者注

你是否还记得一个故事，讲述一个宣扬新宗教的人拜访塔列朗，他全身充满了热情并告诉塔列朗他要游历整个法国去宣扬这一福音。几个月之后他垂头丧气地重新拜访了塔列朗。他没有召集到任何信徒，所以他想获得一些该如何做的建议。"噢，那非常简单，"塔列朗说，"你唯一需要做得就是死去然后在三天内重生。"在 2000 年中，耶稣是我们最伟大的领导者，用整个生命表述他所宣扬的教义。

在结束之前，我要提醒你，这篇文章的题目并不是讨论普遍意义上的领导，而是阐述领导中理论与实践矛盾的某些方面，这个题目指引了我所要讨论的一切。因此我并未涉及很多领导特质，包括首创的必要性、掌握机会的能力、能够激发自信的高度正直、沟通热情的能力、解放并明确一个群体的冲劲的能力。我没有谈及这些以及其他诸多领导特质，因为这些方面不存在分歧。

此外，我们没有谈论选举领导的必要条件。例如，当我谈及英国国会中各部门的副秘书长在自己的职责内施展影响力的时候，我们不曾停下来考虑其中很多人为什么没有当选这个职位。如果他不是一位优秀的公共发言人，就不可能当选这一重要职位。

在这篇文章中我限制了主题，但是未来我们必须说明领导如何发挥功能、领导性格及其例子、职位领导以及其他形式的领导（毕竟，也许最重要的是），人要最完全地表达符合年纪的精神，未来我们必须演示各种因素之间的关系，并且研究不同程度上进行组合的各类型领导。

最后：如果一个产业的领导者是一个充分理解、明确愿景、坚持目标的人，如果他知道为了达成目标，如何将各种可得的力量组织起来，我们必须记住他不仅在这一时刻组织各种力量，优秀的领导者具备激发力量的能力，他为了一个特定的目标而合作并建设性地利用这些力量。

威廉·詹姆斯尝试告诉我们他所称的最本质的现实与我们自己的能力之间的关系。他试图告诉我们，我们的能力与宇宙的要求相关，它们之间存在着一种深刻关系。我相信一位伟大的领导者能够向我展示这种相关性，能够激发我潜在的可能性，能够揭示我本身的新能力，能够加速并为我自身的力量指引方向。我们每个人都有能量、激情和未唤醒的生命——是领导者启发了它们。

"是什么，"詹姆斯⊖说，"唤醒了卢梭野火般的影响力？但是他确信，人类的天性与自然和谐共存，只要消除从中阻隔的腐朽习俗。康德、费希特、歌德和席勒是如何热烈地激发了他们那个时代，而无须说：'使用你全部的力量；那是宇宙唯一要求的服从？'以及卡莱尔与他对工作、事实和诚实的信仰，他如何能够感动我们，而无须说除了我们能够完成的以外宇宙对我们毫无其他要求？"

我最近看了一本书："无论一个人有多么能干……除非他能够正确地触动人们，否则他无法成为一流的领导者。"你能猜想"正确地触动人们"这个短语的含义吗？是"阿谀奉承"？是"让他们感觉良好"？领导者并不引发人们的自满情绪，而是引发他们的最佳动力，他们最强大的能力，他们最深刻的期望。我认为爱默生首先指出有一些人，他们补充了我们精神隐匿之外的新动力并且激励我们从事新的、未经尝试的活动。这远胜于模仿你的领导者。在爱默生的观点里，你从领导者那里获得的并非源自他，而是源自"隐匿的精神"。无论是谁，只要他帮助我找到了隐匿的生命之泉，只要他增强了我的生命意识，他就是我的领导者。

⊖ 威廉·詹姆斯（William James），《心理学原理》（*Principles of Psychology*），II，p315。

Follett on Management

第 9 章

工业护士的领导机遇[⊖]

⊖ 本文发表于 1928 年 5 月在康涅狄格州纽黑文的一次会议上，出版在美国工业护士协会的会议录当中。（这个协会，不管它的名称如何，原先是康涅狄格的一个地方组织，最终成为 1942 年成立的美国工业护士协会的一部分。）

我对被指定的讲座题目非常满意，因为它指出了一个非常少见的领导力概念，并且我认为它是一个必需的概念——不仅对于工业，还对于超出工业范围的人类进步而言。

原先的对领导者的定义是这样的：强势的、独裁的人，他将用纯粹的个人意志承担一切。现在有一些人开始思考领导者对工作的胜任能力。到处都能听到的应用心理学课程告诉我们，一个人会把自己的意志施加给其他人，但那些都属于陈旧的理论。明智的老师会告诉他们的学生：不要去深入探究你的个性，而要学习如何工作。

我认为，护士协会给我这个题目表明了他们意识到这个大的服务业（即工业护士）会补充工业领域，并且这将是它最终实现的时刻，原因是现在有一个日渐强烈的关于管理的评价认为，领导力会伴随工作而来，而不是伴随某种职位（因为它在组织结构图中的靠上的位置）。那就是说，人们开始认为不管是有许多不同程度的领导胜任力，还是甚至很少，都应该被利用；人们也认为，人会拥有不同的领导素质，并且在不同的情形下要求有不同种类的知识，如果一个人拥有一种情境下达到"最佳管理企业"所需要的知识，他在那一刻就将成为领导者。

对工作的领导力

我们也许会说在一个科学管理的工厂中，我们有关于职能的领导力、个性的领导力以及职位的领导力。但我们有一些人，他们可以下达实际的命令给更高级别的人。例如，负责管理库存的职员会告诉管理采购的主管何时应该行动，分销职员甚至可以对他的主管下命令，成本会计的分析与解释可能会为总经理制定政策提供依据。

我们有许多关于人在特定情形下领导的例子，因为他们懂得有关特定工作的技能。一个委员会的主席可能没有很高的官方职位，或者不是一个个性强势的人，但是他也许知道怎样去有效地引导讨论；也就是说，他懂得关于他工作的技能。或者我们去关注一个现在很多工业中出现的工业联系人，或被叫作"公平主席"（impartial chairman）。这样的人在安抚方面是拿手的。在他下命令的时候，他会有很多并且精细的有关工作的技巧。

如果是在教育领域，教师会是领导者。但是一个好的指导者可能是一个差劲的领班。再举一例，一些人能驱使别人工作，同样另一些不能驱使别人工作的人可能善于追随别人。

在现代复杂的企业中，我们也许会提出一个多重的领导力，许多问题都归功于它。我前几天听说一个故事，可能对我们有用。一个老师去一所新学校，那里有关于处置小段粉笔头或需要清洁的黑板擦的一些规矩，等等。但是由于她来自一所没有这些规矩的学校，所以就粗心地忽略了这些规矩。不久，她被楼长强制承担任务，那个楼长对她说："你明显没有在看门人手下干过。"

绝对没有必要把职能领导力、个性领导力和职位领导力分开，但是如果由于讨论的目的必须把它们分开，我也许会认为在企业中职能领导力变得比个性领导力和职位领导力越来越重要。并且我们会认为一个企业的成功，部分取决于一个组织足够的柔性，这种柔性能允许职能领导力自由地运作，允许知识和技能去控制情形。我们经常看着这些发生，看到总裁会听从于一个下属经理——当那个人有很多关于目前问题的知识和经历时。这种职能领导力是从工作那里继承的，并且会得到公司总裁的尊重。

我用了很长的篇幅强调这一点是，因为护士的领导力就是一种职能领导力。她应该知道这些，知道她通过工作技能有关的知识施加的影响。并且管理学也应该知道这一点。那就是说，管理者应该允许护士有实践领导力的机会。并且让我提醒你工业护士是一个比其他任何领导者更有利的职位。我们都意识到任何领导工作的细微性、微妙性和复杂性，但不是总有关于领导者任务的公认的技能。可是，工业护士有很大的优势，这些优势就是她们具有医疗和工业心理学两个方面的科学技能。同样可以肯定的是，与我们期望的一样，很多工业护士在使用心理学知识，这些知识使很多人从中受益，并且使工业护士的工作更加有效。我认为应该更有效地使她们的工作对个人、对她们所在的工厂以及社区有更大的帮助，这确实是一个工业护士所面临的很大的机遇。

心理学方面

让我们从心理学的角度考虑一下工业护士应该包括哪些工作。如果你询问著名工业心理学家埃尔顿・梅奥博士工业护士的职责是什么，他会回答："去听，不要说，只是听。"这说明梅奥博士相信，那些去诊所的人常常是带着精神疾病而不是心理问题。可是一次又一次的头疼以及其他一些抱怨，是由于工作条件、居住条件或其他个人因素造成的焦虑。一个护士告诉我："一个人也许会手上带着夹板 50 次并且自己把它摘下。如果他第 51 次走进诊所，可能就是因为他的心理上有什么问题并且想说出来。"这个明智的护士知道一个人很少为了夹板或头疼感冒之类的事情来，他来的时候一定是遇到了困难。在那个时刻，护士会为她拥有的同情心、建议或鼓励所能发挥的任何力量而谢天谢地，因为她知道他们的头脑已经填满了。

聪明的护士也知道，通常不会通过直接的问题发现是什么在困扰着到她面前来的人。如果她彻底地询问那些她不能经常听到的想知道的东西，她将会得到一个千篇一律的答案。因此，当说了一些倾向于提问的话的时候，她应该及时停止，因为她完全可以在不引起对方警觉的情境下得到问题的答案。自信心不能被强加，单纯地跟随经常是不中肯的。当务之急是她总是落后于她所面对的人，她必须听出在表面话语背后的暗示。她不能尝试，正如一个非常有能力的工业护士告诉我的一样，为了得到思考过程的最终结果，她必须得到整个过程。正是思考过程给她带来了解决问题的办法。

更进一步说，如果她不想试着比较快地达到最终结果，如果她谈论关于衣着、戏剧以及其他任何想谈论的，她会发现他们的兴趣，这对工业护士来说是很重要的。同时，采取间接的方法并不总是必需的，因为对护士的信心是人的天性。当人们遇到困难时，反抗程度也会下降。一个好的聆听者才能是一个好的护士，但是当我们说这些的时候，我们已经假定了她是拥有这些优点：好的智力、洞察力以及能谨慎地运用她所听到的。

她怎样运用这些优点呢？这涉及来到她面前求助的人，涉及领班，涉及人事经理，涉及主管甚至高层。

运用护士获得的知识

首先，是对求助的人自身。当她发现焦虑或低落士气的原因时，她经常可以自己解决这一问题。外部的焦虑一次次的出现，它是低绩效工作的原因。如果工业护士能找到克服这些焦虑的办法，工厂的产量会增加，同时也使工作的人感到快乐。

举例来说，一个领班想解雇一个工人，因为这个工人请病假的次数太多。护士发现真正的原因是他对刚刚生下第二个孩子的妻子的恢复情况很担心。护士告诉他应该对他的妻子做些什么。在妻子好转之后，工人再也没有请更多的病假，领班对他的工作也很满意。

另一个例子中，某家工厂中一个20岁的年轻小伙子经常因为反胃而去诊所，有时甚至一天两次。护士用一般的方法进行检查，但并没有假定这种反胃必然是一个生理疾病，她发现这个男孩和一个教师保持了10年的关系，这个教师想嫁给他，但是他并不想娶那个教师。护士运用了很多熟练的机智之后，情况开始好转，结果是那个工人再也没有反胃。

求助的典型案例

另外一个引起我注意的例子是关于一个与她的领班产生了一些麻烦的女孩。她与护士交谈了2个小时，告诉护士领班说过的话、老板说过的话、她自己说过的话以及她回家之后母亲对她说的话。可是，最终护士发现那个女孩在事发前一天与父亲不和，并且这彻底打击了她。但那个充满同情心的聪明护士却站在了父亲一边，问那个女孩是不是只要一味地责备自己就够了，那个女孩终于向父亲道了歉。结果是不再有困扰她的家庭问题，她用令领班满意的方式工作。对护士来说，无限的耐心对这些结果的到来是必需的，并且她也真正付出了耐心，为了这个女孩和她所在的公司而付出。

护士总是在一大堆不相关的事情中寻找叫作碰撞点的东西，因为这是她的任务之一。提到这个，我把护士和所有的领导者联系起来。福尔摩斯先生曾指出这是一切艺术最本质的东西。他说："碰撞点是一个规则，是男孩缩回手指的地方，是机械不起作用的地方。"

我认为护士必须聆听，必须听到人们说的话并从中得到一些东西。但她发现这些并不总是一个问题。她可以经常和人们一起工作，仅仅让他们说出他们正在想什么。我相信一个好的工业护士仅通过这些就可以为工业节约时间。当然，麻烦经常是身体上的，虽然如此也可能不是一个疾病。一个工人的工作绩效低的原因可能是他没有吃足够的早餐或者因为他总体上营养不良。当这些被矫正，他的产出就会上去。可是，要让这样一个条件改善，需要精巧的机智。

我曾经提到过外界条件的影响，也有工厂内部条件的影响。护士可以经常建议一些改进。一句提醒领班那个女孩需要半天休息的话可以避免一场危机。我知道一个例子，关于因受伤去诊所频率很高的一个工人，其频率远大于从工作性质和自身效率出发的可能值。有一天他终于告诉了护士实情："我的领班要把我逼疯了。"我不知道领班的错误是不是比这个工人还要大，但是很明显除了包扎手指以外还应该再做些什么。

机智和同情是根本

在工厂里没有其他职位比护士需要更多的机智和同情心。尤其是护士不能使用简单的评价，她必须告诉那些来到她这里的人他们的缺点，却不能责备他们。那些人会告诉护士很多他们不会告诉领班或其他任何人的事情，因为他们觉得在这里不会受到责备；他们知道不会因此而使他们的工作变得危险。我肯定你们中的一些人听到过一个女孩怎么说她的领班："他会炒我鱿鱼。"

作为护士，当她走进诊所的时候，会把她所有的责备抛到脑后，所以也要把那些从别人那里听到的议论抛到脑后。假设 A 到了护士面前，并且护士曾经从 B 那里听说 A 的一些闲话，但她不能相信这些，她必须聆听。护士还应该表现并且感受诚恳的友善。一个工厂里的男孩感到不舒服，护士想赢得他的信心来找到解决问题的方法。护士和那个男孩一起为他的女友买了礼物，并且在那以后他们继续保持联系以便于帮助他。

一个非常成功的护士告诉我，她从工厂里走过并且看望那些正在工作的曾到过她诊所的人。这看起来很好。她也应该继续关注那些她试图帮助的工人的休息时间。一个低于标准的环境就意味着工厂的低产出，意味着个人的晋升障碍甚至丢失现有职位，而它可能来自不健康的娱乐活动或休息太晚。这是一个护士可以经常利用的机会。

在所有这些当中，她工作的方方面面确实需要与社会生活保持联系。护士不应该对她单独在诊所甚至整个工厂工作而顾虑。她应该试着去了解社会，把自己和社会紧密地联系起来。她应该去和一些社区的社会工作者保持联系。举例说明，在小镇上可能有对工厂抵制的气氛，这也许不是一个工厂的问题，而是一个社会问题。

我在本讲的第一部分除了说护士与求助者的关系，还提到了护士与领班、人事经理和主管的关系。这就说明了医疗服务应该是对企业的一种整合。护士的职责是让这种想法成为现实并得到理解和承认。她必须使领班准确地认识到她在做什么，因为大多数领班并不赞成工业护士的工作。领班主要并且仅仅对生产感兴趣，他自然会害怕任何可能减少生产的事。但护士可以发挥自己的聪明才智来自我推销，通常可以让领班明确地看到她的工作实际上是在增加生产。

可以肯定，护士经常用很多手法来确保领班在她有足够的时间把事情做好之前保持安静，因为领班不会中肯地看待她的方法和手段。护士必须记下一些工人以及他的领班都忽略的一些事实。正如一个领班对护士讲的："为什么你和他们那样讲话？"

我们也必须记住，护士也必须把她听到的和领班告诉她的联系起来。这就要求在领班和护士之间要有持续的合作。但即使有这样的合作，作为一个沟通的桥梁，护士的作用仍然很显著，不管对领班还是工人都会节约精力。

护士和人事部之间也有紧密的联系，例如通过交换记录。没有人事经理能得到护士所得到的东西。

护士确实与工厂中的很多人保持着富有成效的联系。例如，如果在工厂里有工业心理学家进行疲劳研究，她能用以下的方法帮助那个心理学家：她应该给工人一些建议，让他们用能减轻疲劳的方法工作；她还应该做管理实验，例如，对关于休息时间的实验；她应该能对桌椅、姿势以及灯光等提出建议。你们都应该知道有这样做的机会。

护士与高层经理的联系

最终，护士和高层经理之间会发生直接的联系。护士会认识到她们不应该迷失在管理中。她应该和高层经理联系；如果是一个小厂，就应该和主管联系。她将是管理者和工人之间不能忽略的中介。这表明管理者应该理解工业护士可能发挥的作用，应该懂得护士与工业之间的重要联系，应该意识到她的战略地位，以及她的预期机遇，至少应该了解她们的工作能增加生产。通过对企业管理的研究，我发现工人的兴趣和管理者的兴趣越来越不一致，许多人也支持这一观点。这在工业护士的例子中是十分明显的，因为工业护士帮助工人和管理同步。

工业护士帮助增加产量的事实是如此重要，以至于我要列举一些这样做的方法，尽管其中一些已经讲过了。工业护士可以这样做来增加产出：①用她对伤病的治疗以及对其中一些人进行进一步治疗的建议；②进行保健和饮食的宣传教育，因为只有工人健康，工作才能进行，事故才能减少；③尽量减少人员疲劳，通过对工人以及管理者的建议来做到；④帮助工人克服困难、焦虑以及其他一些阻碍他们工作的事。

第五点就是通过改变工作形式来解决不适以及改变部门结构来解决工人与领班之间的不同，以此来减少周转率。当护士发现工作是不能引起兴趣的，就会建议进行部门间的调动。或者，如果她发现工人不胜任工作并因此造成了紧张和压力，那时调动或培训就应该被考虑。她确实能经常发现工作的低绩效不是由于能力或个性缺陷，而是培训不够。

第六点，工业护士可以经常为工人解释管理，同时向管理者解释工人。

在谈到疾病时，工人不仅提到了外界引来的焦虑，而且也会揭露出工作条件的不足或工厂的不足。护士不站在任何一边，但处于一个对双方都有利的位置。她拥有许多机会可以代表一方向另一方解释。可是，如果公司不能使护士理解公司的目标的话，公司便不能从护士的纽带作用中受益更多，而且这还取决于护士理解公司目标的能力。当管理者胜任的同时，护士也应该在工作中发现公司的目标。

与工人的私人关系

某一家企业的高层官员认为，工业护士对工业有很大的价值，目睹那个护士一次又一次地贡献，他对我说："在我们的工厂，护士实际做了很多事。她估计糟糕的情况，清除不必要的障碍，减少事故，控制工厂的环境，看机器有没有防护，看地板是不是清洁和光滑。她也建立了一个才智型的公司，她赢得了合作，更赢得了下属，她让工人相信管理者对他们很感兴趣。"这个人继续说护士会取代老雇主的地位，那些老雇主曾经拥有一个小得可以了解所有员工的工厂。如果约翰·史密斯的夫人病了，他想知道夫人每天的情况。我的朋友认为护士有可能为工厂做这些事，为管理而建立私人关系，让工人感到管理者真正关注他们和他们的家庭。

这个人告诉我一个能证明他关于工业护士说法的例子。工会领导在他的一个工厂发起一次罢工。立即有大批工人来到工会办公室把代表证扔在桌上并对那个工会领导说："请取消这次罢工。"我的朋友把这归功于护士为这家工厂带来的精神。

联络工作有哪些要求呢？当然，不用说护士一定要有自信。并且，她必须绝对公正，也要有公正的名誉。她必须懂得一方面迎合管理层，另一方面热爱工人，否则她们会被认为是在放纵工人而不考虑管理层的关注。同时，她必须赢得工人的信任；工人不能认为护士站在管理层一边，护士也要这样定位自己。一旦她认为自己站在了管理层一边，即使她没做任何过分的事，她也会失去对工人的影响力，因此这样的结果是护士对管理的价值会降低很多。

如果护士可以满足这些要求，她也许在许多例子中可以成为一个安慰者，或提供有价值的服务。她在调解方面的努力是间接的、附带的，因此不会造成冲突，她在这里就是去安抚各个方面。

工业护士促进生产

如果管理层知道以上所有这些，并且引入护士，而不是一个福利工人，护士的付出不仅仅是取悦保险公司，不仅仅是修补，不仅仅是处理小事故，也不仅仅做急救。

如果以下三个条件满足，工业护士将促进生产：①管理层认识到了护士的存在和作用；②选择了合适的人做护士；③认识到机会，向能够利用机会的护士充分授权。管理层应该让员工感到护士是一个有责任的岗位。一家公司的官员对我说："我让每一个人相信格林小姐是一个人物。"同样是这个人告诉我："从赚钱的标准来说，我们的护士取得了巨大的成功。"

我说过合适的人选是非常重要的。必须记住，好的私人护士并不一定是好的工业护士，进入工业领域的护士必须经过特殊的培训。还有一点也必须记住，如果需求高，供给也会相应增加，也就是说如果管理者对工业护士有某种要求，也就必须对她们进行相应的培训来达到这些要求。

我也提到过工业护士应该被授权以便抓住机遇。但这不仅仅是一个授权的问题。整个组织的目标，整个组织的日常管理方法应该能让肩负越来越大责任的护士找到用武之地。现在有一些总经理认识到了我曾经说过的多重领导力，这些人都知道他们企业的成功，很大程度上取决于他们对这些领导力进行实践的机遇。更进一步，他们中的一些人已经意识到护士应该包括在多重领导力当中。

有一个思考的趋势能让我们赞成护士在工业中的重要地位。今天，在工业当中对人力要素的关注越来越强烈。事故预防也成为机械学中研究的重要课题。现在从人力的角度出发看待环境，或从某种环境下的个人情况出发，可以预防事故。我们现在继续讨论事故的敏感性。

工业中的人力要素

逐渐增长的对人力要素的关注已经到了重新认识工业护士的边缘。

用如下的词句来概括我的文章：从护士那里能得到管理上的什么机遇，怎样去抓住这些机遇。护士从管理层那里应该分享什么，即使是多重领导力中的小部分，而多重领导力需要持续的合作并用它来整合和增强领导力。

我想到了结束时应说的话。虽然我夸大了护士所带来的领导力的机遇，毕竟这些机遇相对于工厂中数量众多的其他人员多面对的机遇来说是小的，可是，无论如何，都不应该忽视。这些护士不应该认为自己面对的领导力的机遇太小而厌烦。我们必须利用哪怕是一点已经掌握在我们手上的领导力。一个辨别的标志是我们的时代也许是比以前的领导力更加分散的时代，今天，有更多的人对领导力做出贡献。过去，亚里士多德在科学上领导世界。今天，更多的科学家做出他们各自的贡献。未来，韦尔斯告诉我们，很大程度上取决于无数的人对他们扮演的重要角色的觉醒。工业护士将对她们自身发挥领导力的机遇觉醒，对自己肩负的领导责任觉醒。

第 10 章

师 生 关 系⊖

⊖ 本文没有确切的发表时间和刊登记录。内部资料显示写作时间大概在 1928 年。

我曾经被邀请去从领导能力方面谈谈师生关系。任何关于这个主题的讨论因为我们对领导能力的定义而显得丰富多彩，并且目前有一个关于获取领导能力的观点与我们旧的概念有所不同。昨天我试图向你们讲述这个领导能力的概念。这是一个与领导者－听从者关系截然不同的概念。依据领导者－听从者关系的概念，你不得不选择成为领导者和听从者其中的一个。但是，目前我们的思考似乎越来越少地局限在这样的选择边界之内。这是一种反向的领导能力，是在听从过程中的合作关系，使听从于目标——这个无形的领导。组织内其他成员与领导者的关系不再是一种被动的关系。我认为教师应该比其他人更清楚地看到这种关系，因此他们在教学过程中的行为远远超出了教学。他们帮助去发展一种基本的人际关系概念。

我想在一开始就告诉你们为什么我参与这个话题的讨论。因为我的书和文章是关注总体上的人际关系而不是某一个方面。我曾经被邀请去给各种不同的企业做讲座，但是，从中我发现自己与之交谈的是商人和老师。我本不该做这样的并列，因为通常他们是两类非常不同的人。但是并列放在一起的原因是这两类人每天都在进行着人际关系的实践，并且这两类人都抱着尝试的想法。当我与另外一些人群谈话的时候，例如想着他们的主题而不是教学学者的身份，他们似乎试图去思考我所说的在某种程度上是否是一篇好论文。他们中有的会说"那是篇好论文"，我猜想他们中另外一些会说"那不是一篇好论文"，但我不会理会这些。但无论他们说什么，事情似乎就在此时结束了。然而，我注意到，当我和商人谈话的时候他们不会想这是否是一篇好论文或者他们是否赞同此观点，他们倾向于说："我会尝试着做做看并且看看是否有意义。"他们知道他们自己可以证实是否正确，他们拥有最好的学习人际关系的图书馆。目前许多商人的这种尝试的心态是时代的积极象征，并且我在许多教师当中也发现了这种心态。因此，在我看来迄今为止有两类截然不同的人群因为以下两个方面的特性而联系起来：①他们寻求处理人际关系的最有成效的方式；②他们愿意尝试。

现在言归正传谈谈我们的讨论主题，教师在领导能力方面有着怎样的机遇？他们的领导能力具备哪些性质？

如果领导能力不是意味着任何形式的强迫，不是意味着控制、保护或者开发，那它意味着什么？我认为，领导能力意味着自由。教师所能提供给学生的最好的服务是增加他们的自由，即活动、思考的自由和他们的控制权。

然而，我不想我的这个观点与有些人所提出的孩子要学会表达自己的观点相混淆。在一些艺术学校，学生被告知不必顾及绘画的基础，尽管去表达他们自己。几年前，一个教师让全班男孩们用黏土做成模型来表达他们自己。于是这些孩子互相扔黏土。这是很贴切的做法，这是小男孩用黏土表现他们自己的自然方式。

杜威教授在他的最后一本书里写道："没有任何人或者任何思想因为被孤立而得到解放。消除形式的局限只是消极的状况；积极的自由不是一种状态，而是涉及控制状况的方法、工具的一种行为。"

那么，如果领导者的任务是给予自由并且自由是调节的结果，那么从某种观点上讲与人一起工作的主要问题就是调节。这也是商务经理、医生、精神病医师、法官、立法委员、管理者以及国际联盟的主要问题。同样，这也是教师的问题。他们的职责是将个体调节得适应生活。这个职责指导着课程或学习计划的相关决策。教师当然能够判断课程是否合适，但他们可以任意使用自己的判断，而超出原本应该使用的程度。如果教师的主要目标不是提供信息而是调节个体以适应生活，他不得不先对个体应该适应的生活做充分的了解。因为，如果不做这样的了解，他就可能不能使学生适应现实情况，而是想象中的或者说过去的情况。威尔士（H. G. Wells）在他所写的《一位卓越校长的故事》（*Story of a Great Schoolmaster*）一书中提到："曾经有一位校长，英国一所公立学校的校长，他意识到世界是在不断前进的。如果这是真的似乎就太好了。"

但是在美国，我们的教师清楚地知道世界是在不断前进的。他们中的绝大多数不是只搞学术而远离生活。现在，教授有时会周期性地休息，他们不是待在图书馆而是在工厂或者能够掌握政府或社会问题的一手资料的地方。或者，如果这些主题都不能引起他们的兴趣，他们有时会参与市民委员会或者部分社区活动。

如今人们更多地被按照大学学位而划分，例如工程师、商人、医生和编辑等，我们能够在大学院系里找到很多这类的专业。

这被许多人所提倡，而且是相当具有说服力的提倡，我想，牧师应该只花一部分时间做牧师的工作，剩余的时间他们可以做其他事情，以日常商务或事务这类方式与他人建立联系。可能某一天，教师也被提倡这么做。引用霍姆斯大法官关于职业而不是他自己的一句话：教师应该有一个具有弹力和有空间的思想，并在四季不同的日常工作中不断发展。

换句话说，教师应该获取超出专业、超出生活的一些掌控权。

学生时常不得不成为过去的智慧与现在的智慧之间的联系人，目前教学的最明显的特征之一是由老师来完成这一任务。老师不是曾经生活着的人，学生不是将来要生活的人，两者都是现在正在生活的人，对现在而言，应该是新鲜的生活遇到了新鲜的生活。把教师看作过去的智慧和把学生看成现在的经历是错误的二分法。

但是，如果教师意识到他们应该理解学生现在所生活的环境，那么更多的人应该像教师这样去看待问题，每个领导者应该知道当前时代的精神和深层次的精神革命趋势。这一直是伟大的领导者和渺小的领导者之间，以及永久地影响他们思想的人与只是在有限的模具里面浇注黏土模型的人之间的个人差异吗？我们在俾斯麦和林肯之间看到了这种差异。俾斯麦较少地注意到西方文化，曾经的、现在的以及文化中那些会阻挡和颠覆发展进程的元素。俾斯麦将他的意愿强加给德国，并处于绝对的领导地位。但他所获得不是时代的成功，就是因为他没有看见和理解欧洲文化最深层次的东西。而林肯理解了美国的宗教，尽管确实有些表面的东西会误导他，他还是看到了美国过去一贯的精神路径。

然而林肯还拥有伟大领导者所必需的另一个品质，一个连威尔逊都不具备的品质。我相信，威尔逊的理想世界与20世纪发展意识相一致。然而他失败了，因为他没有让美国人民看到这一点。俾斯麦可以让德国人民照着他所想的去做，但他的眼力不够好。威尔逊，从另一方面讲，有眼力但没能够让其他人看到。林肯是世界上最伟大的领导者之一，因为他在有眼力的同时可以同其他人一同分享。因此，林肯的成功是永久的。这是基础，其他事情都建立在此之上。

可能只有在我们这个时代，教师才有着通过理解时代真正趋势而产生持久影响的机遇。你们知道什么在反对着年轻的一代吗，我没有必要给出这样的控告，但我们知道这只是浪花上的泡沫和浮垢。我们相信，在年轻一代的直接和胆识中，在他们的无所畏惧中，在他们对真理的寻求中，甚至在不够智慧的尝试中，他们有着一种教师应该合作的精神，而不是仅凭表面处理，不是耗尽所有的力量去与之争斗，可能之后他们自己都会觉得没有必要如此争斗。

我认为，教师中的领导者是那些认识到20世纪年轻一代的深层次精神、年轻一代的要求、疑问以及在那些微不足道的表象下展现伟大的人，是可以像林肯看到美国人的真正精神并与之共同工作一样与这些伟大共同工作的人。

这似乎让我觉得师生关系的核心是连续性，一种不被打破的教师的生活、理解、渴望与学生的生活、理解、渴望之间的连续性。我们的年轻人不应该这么说："我们的大学老师总是这样想那样想，但他们已经过时了，我们应该把他们的想法全部改变。"对师生关系的测量是这样的：学生是否在老师工作、思考、目标的基础上继续下去。教师应该引导（在这里，我认为用引导这一个词比较合适）学生去理解美和正义，以使学生随着每年的经历增长而不断认识并理解美和正义。老师应该引入他这一代的理解给下一代。威尔士在他所写的《一位卓越校长的故事》一书中提到："将一种新的声音传入到男人或者女人的灵魂，需要一个新时代以及它的所有变化的关系和生活的冒险奇遇。"这就是我为什么相信我们得将上面所有那些新的关系和生活的新冒险展现给学生。但是我们的表述还不够好。我们可以告诉他们时代之间的不同，但我们必须告诉他们比这更多的东西，我们要告诉他们即使我们两个时代很接近，但是我们的冒险并不是他们的。一个新的声音传入他们的耳朵，他们必须倾听并使之进入到他们的王国与他们的冒险相遇。

　　然而我们不能为学生做这些，除非我们对学生有承诺。但我们相信人的潜能是有很大可能的。我们时刻都在边远感受到这种潜在的可能。想想我们在长城上的体会和感受。太可怕了，不可想象在何种重负下完成，同时我们很高兴地感觉到当人们清醒地对人类友谊产生了新的伟大的理解，我们的时代就已经到来了。我们可以克服对这场战争的所有恐惧，因为我们可以展望未来。我们曾经非常失望，但承诺仍在，我一直相信人们的心里有着对人类生活的最强的呼唤。并且如果这种呼唤在所有人的心里，当然它也会在教师心中萌芽并盛开为花朵。教师清楚他们这个年代的失败，踏实地继续地工作，一直有着这样的决心：下一代会作为一个景象来认识他所看到的。这就是教师对学生的动态承诺（dynamic faith）。

　　那么，教师认识到这种承诺需要哪些步骤呢？

　　我认为现在大多数教师觉得教师的主要任务是向学生展示如何面对环境、处理情况、解决生活中的日常问题。持有旧观念的老师会说："那么，我们就不能期待学生能记住多少在大学所学的知识，我们只能希望。"但是现在我们希望的并不是学生记住这个或那个作者，或者这个或那个主题，而是他们能够更好地了解如何面对生活的情况。因为每个情况都是新的，我们不能列出面对某些情况时的某些行为，我们只能教授面对可能出现的情况的办法。

　　我们将采取哪些步骤呢？第一，教师要教学生如何将自己与自己的经历联系起来，教学生怎么去评价和利用他们自己的经历。（请记住我说的主要是社会科学方面的教师）这第一步是使得学生具有经历意识，让他们意识到哪些是能够在生活中持续有意义的事情。

　　要具有经历意识就要知道暂时和审美欣赏开始之间的区别。巴雷特·温德尔说过，如果我们能够在和昨天同一的时间站在哈佛的桥上并看着同样的日出，即使这样是可能做到的，但已经是和昨天不一样的经历了，因为我自己已经不同了，我们已经年长了一天。没有任何经历可以重复，而事实上我们发现生活的所有策略以及因之获得的荣誉，是难以抑制的。这一基本原则的道理我想每个教师都应该传授给学生。

另外也非常重要的是，学生应该有一种尝试的心态去面对生活，也就是通过经验来观察，如果同时他知道经验能够为他带来什么的话。威廉·奥斯勒爵士过去常常对他的学生说："不要想，试试看。"他告诉我们这个问题产生于某天与他的学生的讨论，加热之后，钉子上会留下槽纹，从根部到边缘需要花多少时间。大多数学生表示没有兴趣，也不想再思考这个问题，少数在书里寻求答案。然而有两个学生，在钉子的根部用硝酸银做上标记，几个月后找到了令人满意的答案。

第二，在学生具有经验意识之后，他们应该被教导去寻找经验中的意义。许多信息经过我们的大脑时没有被特别留意，因为我们只从全神贯注中摄取，却从没被教导要去关注意义。教师的任务不是让学生思考大事，而是大大地思考所有事情。我们可以从某种观点上讲，师生关系的一大本质是联合寻求经验所包含的含义。

或者我们说教师的任务是教给学生如何将经验变为行动。上个月佩里院长在波士顿的一次演讲中提到："偷懒的人不是他所寻找的。我们说我们想要经验，我们到处游走去获得经验，但是，我们需要更多的经验，是因为比起曾经用到的已转化为行动和品格的，我们已经拥有了很多经验。"这已经预见了教师的任务，那就是训练他的学生将经验转化为日后的行动和品格。

这项任务不能直接完成，但应该在教师的思想中成为实施技巧以完成任务的目标。

我说从某种观点上讲，师生关系的一大本质是联合寻求经验所包含的含义，但复杂的含义从来不能从一个孤立的经验中找到，而只能从相关的许多经验中得出。这就将我们带到了第三步，学生应该被教导如何去组织这些经验，如何将不同的部分关联起来找到其含义。这一点在最近的一篇文章中有所阐述："没有任何事情是孤立的，它和其他事情整合在一起，它描绘了所有的生活并且继承了生活，反映了真实。"

我们可以在某种比例程度上控制我们的生活，如同可以去组织我们的经验，因为经验已经发生，显得对我们来说没有太大的用处。松散的敲打、万花筒式的敲打都没有力量。经过组织的经验所具备的强大力量正是学生们更需要学习的。如同教师试着将他一生的经历和知识进行整合一样，无论是过去的还是现在的，将他们组织起来变成有效的整体来控制他们的生活，他对学生的责任也就在于教会他们如何将经验转换成力量。

我前面说过教师在重要的调节过程中的任务首先是教会学生变得有经验意识，第二是从经验中找到意义所在，第三是组织这些经验。另外有两件事情我们一直试图帮助学生理解他们的经验。当我们谈到面临某些情况时，我们知道说的是真正面临情况的时候，有两件事情会发生。

有时我会受到一些艺术界朋友的烦扰，他们习惯于用不同于其他人的观点看待生活。我喜欢他们的生活态度，但我不明白我们为什么不能和他们一起分享这种观点。在对《波士顿先驱报》的访谈中，比较艺术家和商人的活动和目的，塞西莉亚·波士说："商人的目标是成功……艺术家抱着他的观点直到保佑了他，就如同天使保佑。"

我认为不仅仅是艺术家才这样，商人或职业人，职员或工人，我们中的每个人，我想都会希望在遇到的各种情况之前能够得到祝福，换句话说，我们希望新的生活环境能够给予我们启迪和力量。我们希望得到这些，如果得不到就会沮丧失意。这也许是教师最重要的职责，训练学生，以使他们在遇到各种新情况之前就得到祝福。

我前面提到有两件事情我们一直试图帮助学生理解他们的经验。第二件就是我们面对一种情况的方式将决定我们接着将面临的情况。有一种思考的方式，它认为生活将给个体带来接连不断的事情，它认为教师是试图训练学生面对生活带来的所有。但是学生也应承担他在创造情况过程中自己的部分，就如同我们一样，最常见的生活态度是在我们外表形成一个力量的整体。理解这个事实极大地丰富了我们的生活也使得生活变得尊贵，包括对我们创造作用的认识，不是伟大的发明而是日常生活的行动，对我们的责任的认识，这种责任时刻都在被重新创造。

教师的作用是训练学生去寻求含义、组织含义，可能创造了新的含义，并且以增强他生活的能力，不仅仅是和谐并且是有效地与伙伴相处。

威廉·坦普尔博士他自己就有作为大学老师和公立学校校长的实践经历，他将教育定义为进入社会生活的指引，并说："无论我们打算在世上做什么我们都将不得不和其他人一起做。"的确如此，并需要停下来去思考而不是看似需要的简单的声明。如果我们不能达到赫胥黎教授对教育的著名定义的要求，即应该给予朝气蓬勃的意愿、爱美之心、个人生活和活力，但这仍然是我们的目标，而不是只教书，还要注重个性发展、建立品格、教导男孩和女孩如何和睦相处。

我们每天听到的越来越多的是有效处理人际关系的必要性。近些年来我们已经谈论了许多产业内的人际关系。它变成了世界范围的习语，我们现在同时也有了一个国际化的组织。今年春天一个新的人际关系学研究主席席位在波士顿麻省理工学院建立，为的就是系统地筹备处理商务和行业内的人际关系问题。

我们可以通过三种方式来教授人际关系：①通过我们的课程；②通过班级的分组活动；③通过让学生参与外界的组织活动去试验、发现，并回到课堂做汇报。

第一种方式：通过课程。我们不仅仅运用课程本身，还包括处理它的方法。组织材料的过程不像组织经历时所需的过程。第一步是选择，从大量材料中选取潜在有用的。对学生完成大学功课来讲同样重要，他们面对许多材料，各式各样的类型对他们来说没有比这更好的训练了。商人的成功部分也归功于他的选择能力，医生也如此（想象大量的病人家属与他的关系），律师等等也是如此。

然后，在做了选择之后，我们发现有些事显得尤其重要。第二步是辨别价值，把价值相对较小的列为次要位置，从整体上考虑而不是将各部分脱离，为每个部分在总体上找到位置。我想我们都希望我们的学生能够获得这样的能力，如同一个常规的、综合的思想上的习惯，一种能让学生总是试着寻找部分和整体关系的方法。当他学会了这个，就可以在遇到其他新的经历时同样运用这样的过程。方法是一样的，找到其内涵，并把价值相对较小的列为次要位置。我看到过相关说明说，价值在多数语境下是一个词，不被古代人所熟知，首次是被画家用来描述光照和阴影在风景画中的价值，等等。我不知道是否如此，但在古代的大多数情况下，价值对教师来说都是一个重要的词。

但除了我们可以通过课程来直接教给学生之外，课堂本身可以成为一个共同思考的训练基地。而且那可能是我们最需要去学习的，因为共同思考正在变成我们日程生活的法则。越来越多的商人引入了局部的政府委员会体系，一个内部封锁的委员会体系。一个商务人士不仅得学会如何做出明智的判断，而且还要学会怎么在合作形式的判断中占据他的份额。多重劳资关系的判断通过会议决定。同样在政府，会议的方法迅速传播。你知道胡佛先生在商务部就职时做了多少工作？越来越多的权利给了管理委员会，国际会议也不断召开。

所有这些使得我们认识到，如何参与共同思考成为必需。这与分开思考再加总或者达成权衡合约完全不同。我们在国际事务中可以看得更清楚更明白。我们可以带着自己所代表的一方的观点走进国际会议，我们可以改变、提出和获取，我们可以尝试地联合他们，但学会如何国际化地思考非常困难。课堂为老师提供了一个机会去训练学生国际化地思考。

此外，我们的目标、我们的兴趣、我们的希望和满意程度通常在与其他人进行结合而产生新的内容时实现。群体生活使得我们从个人平衡中得以释放。同样，通过协同思考我们不是纯粹地把你的和我的想法加在一起，而实际上是增加了精神能量和视野的总和。

并且通过这样共同思考的过程，我们学会了如何去统一我们的目标，这对我们来说很有必要。我学会了去认识到我生活的意义与他们的生活意义密切相关，然而我可能深信我的目标，可能相信它来源于我自身的深处，但不是由我单独做的。它从它与目标的关系中获得意义，这种关系由其他人表达出来。从大多数情况来讲，没有相互联系的目标注定要失败。

直到我们学会如何统一目标，我们才能知道无论是工业和平还是国际和平，我们的个人生活都不能达到最大效益。直到我们学了这门课，我们就可以试试各种权宜之计。想想仲裁，就像我们现在评价它如此伟大公正一样，它对我们来说有时显得很幼稚。计划你的生活以至于将来发生辛酸和不可避免的冲突时有人可以来仲裁。许多人清楚地知道这个方法的不恰当。我们能做的是学会如何在冲突出现在两种相互排斥的选择之前结合我们的目标。

但为了教导学生统一思想和目标的过程，我们得学会课程会议这种方法技术。越来越多的大学老师在课堂上用这种讨论的方式以提高兴趣，并为学生创造思考的氛围。这是正确的，但这还不够。我认识一个大学老师在他休假期间去看他的同事如何上课，以从他们身上学到一些方法。我问他谁教得最好，他立即说这个那个教授。他向我描述了对那个课堂的强烈的兴趣、活泼的讨论，并以这样的描述结尾"史密斯拍着桌子大喊大叫，而其他人也拍着桌子大喊大叫，这是多么生动的课堂讨论。"现在看来，无论是这位观察者还是这位教师本身，都对这些噪声、过程的活泼而深感满意。但我知道在这些案例中教师并没有偏离第一步太远。他们想让学生变得灵活，想让他们思考，因此引入了讨论的方式，但他们没有尝试去尽可能地发挥这个方法的作用。因此一大批人提出了讨论的方法技术，使其能够成为在商务、政务、委员会等（只要不是我们自己孤立存在的）各种环境下引导共同思考的讨论。这些技术我们没有时间做出总结，只能说我相信教师的主要职责之一是教导学生学习这些技术是什么，以及如何运用这些技术。并且我认为这是因为我骄傲地认为人类不是任性、邪恶到深深地忽略如何与他的同伴相处。我们的教育应该成为：有导航的航海、员工参与的会议、国际会议、司法委员会、评委会、医生的商量切磋，任何有两个人参与的场合，每一方都有着为了这个场合做最大屈服的意愿。如果我们能够教授这些，我们的学生可以学到比课程更广泛的社会价值的知识。

我们只能说到这里，去提醒我们自己一些已经知道的东西，即在任何人学会成为有价值的、高效的社会成员之前，在他能够参与社会整合之前，他必须学习整合自己不同的意向。更多需要做的是通过课程讨论去帮助学生更进一步，每种新的人性的融合都意味着新的目标方向，或者增强了目的性。

我认为我们的从心理学家和精神病医师那里学来的对人性罪恶的划分，对于教师来说是十分有用的。在社会中没有一个人能成为社会和谐的元素，除非他能够使自己与社会一致，或者是处于对自身的不一致因素的一致化过程中。在我看来，只要时间许可，教师应该把人性的融合看成自身工作的一部分。我们谈论培养学生的能力时必须记得能力必须在培养的同时使其和谐化。我谈到我们对心理学的困惑。一个心理学家把这些事情能够非常令人信服地告诉我们。坦普尔博士告诉我们：人类能够通过"培养其灵魂内部的和谐性"来达到自由，同时教育应该教会人们如何来做到这一点，这样教育才能够成为整个和谐社会中的重要基石。当一个人的能力发展和和谐性到达一定程度，他能够达到一生所追求的完美的精神自由状态。

虽然我经常使用课堂讨论为例谈论教学方法，但是我并不认为我们已经非常有效地使用课堂来进行教学了。以决策行为为例，经营者每天都要做大量的决策以及对这些决策行为的判断，我们每个人也都要做决策。目前这个主题并没有得到很好的研究。我们告诉人们在做决策时不要有偏见，尽可能地收集一切信息，等等——这些都是很好的规则。但是在实际决策过程中需要的不仅仅是这些很好的规则。一种决策的技术应该被研究出来，同时在课堂上教会学生。

在课堂上，有太多额外的特定活动与特定观点的训练。例如，对教师而言，一项最主要的工作就是了解他的学生是否对正确的事物产生了正确的看法。而这种看法会主导他们的生活观点和影响他周围的人。这项工作从来没有像今天那样被重视过。

让我再举个例子。教师要对学生的观点负责。对事实的尊重可能是每个教师想让学生获得的第一条理念。同样重要的是，与我们思想层次相关的概念——自由。由于自由的概念在很多地方都被误解了——当我们假设其他组织的时候有一部分自由被牺牲了所以教师有一项真正的工作。生产者希望在介绍其雇员责任的时候牺牲他们部分的自由，同样的情况出现在农民加入到合作社和国家加入到国家联盟的时候。但是在上述的几个例子中，自由并没有失去，反而增加了。他们并没有意识到个人的自由是在服从组织法规的前提下获得的。在当今复杂的国际关系中，我们只有在加入其他国家的联盟时才能满足我们自己的欲望。合作是自由的基础，而并非是牺牲自由。赫伯特·斯宾塞认为教育法限制了个人的自由，但是今天没有人会认为如此。但是我最近看到了关于一个人应该被赋予多少自由的一个讨论——一个奇特的表达方式。事实上，人们已经被赋予了全部的自由，但是这种自由是通过在组织中的自我认识和对组织贡献的过程中获得的。这一点在某种程度上能够通过课堂训练中来教会人们。

我没有更多的时间来举例子了，你们可以想象到利用课堂训练来让学生获得社会所需的技能的各种方式。教师必须对自己的职业有责任感。在这个部分的开头，我讲过教师可以通过三种机会来教会学生一些人际的关系：首先通过主题，其次通过课堂训练，再次通过课堂以外的团队训练。我想在将来，第三种方式将会被更多地利用，甚至是在校园生活中。沟通有很多不同的方式，与学生的互动理解对教师来说可能是一种经验，对于这一部分的解释需要提到我的另外一篇文章了。但是请允许我在这里给出一个例子。考虑到主题描述，人际间的双向的关系是非常有意思的。从描述的来源到描述的接受者，学生应该在学校的活动中就学会了这些，而且在学校的活动中他们能学到更多关于这个主题的知识。

在所有的这些机会中，教师成为"影响"学生的真正的领航者还有多远呢？

很多学校认为教师与学生的关系是领导者和追随者的关系。这样的观念让我感到非常失望。他们认为他们的工作是一种机会，试图将他们自己对社会的认识灌输到学生的思想中。在大部分的学校中，他们用最好的方式来训练学生，使其达到他们所认为的状态。

我们必须牢记，我们给学生的是对他们将来有用的知识和经验。如果我们这样做的话，那么我们将来看到的将不会是我们最初所给予的知识和经验，而是这些知识和经验的存在形式。所有的这些将不断地发展和进步。如果我们给予学生的是具有生命的东西的话，那么它们就很容易在我们认知之外成长。

我们仅仅讨论平常的领导力是很难考虑到教师对学生的"影响"的。今天，真正起作用的并不是我们用语言所传递的知识。我们所谈论的大多领导力是基于领导－追随关系的，但是在拥有最好领导的组织团体中，团队成员并不是在追随他们的领导者。我被要求在不久之后写一篇主题为"在旧框架下解释新经验的困难"的文章。我还没有开始写，但是我对这个主题非常感兴趣。在很多地方，我发现我们的语言表达工具跟不上我们实际的行为。这导致可怜的后果是我们一次又一次地在语言界限面前后退了。曾经有人说过："我们活在现在，但是却思考过去。"但是有时候我们生活和思考在现在，却用过去的谈论方式——这是非常让人困惑的。

让我们来看看一些经常被用来联系学生与教师的词来说明这个现象吧。

"劝说"曾经是个褒义词，它是"强制"的反面，强制别人是错误的，你应该劝说别人。现在我们倾向于认为"劝说"是一种强制力。我们认为"确信"比"劝说"更好。一个人可能被"劝说"违反他的判断，违反他自身理念，但是如果你使他"确信"那就是另一回事了。"劝说"是压制两种不同观点的一种，当压力消失的时候，另外一种观点会重新出现。"确信"是使两种不同的观点统一了。教师应该寻求使不同观点统一的方式，而不应该把矛盾的观点留在学生心中。然而我们却经常这么做。

由于我们并没有按照词义去做，经常导致一些词无用。我们没有使用这些词是因为我们将不再这么做。我们指出错误并努力教育人们，这样他们将避免将来再犯这些错误。

我说过，"劝说"正从一个褒义词变成不是完全"好"的词，同时也有一些贬义词在逐渐变"好"。我们通常认为"打扰"是一个贬义词，我们都不想别人打扰自己。几年前我听到一个经理人说："我不允许任何职员打扰我"。但是去年春季，一家大工厂的部门主管说："我鼓励我的员工打扰我哦，我并不想失去那些对我有用的意见和批评。"他认为员工的打扰实际上是增加了自己的领导力。这是一个典型的例子。

同时，也不仅仅是词汇的意思发生了转变，思想的分类也正在被遗弃。

一个当红的作者说，假设所有人都同意他"反抗对处于下层位置的人来说是一个自然的本能。"这忽视了一个事实，我们正努力在教师与学生，家长和孩子，雇主和雇员之间建立一种不存在自然反抗的关系。

拿另外一个影响教师与学生关系的词来分析——"建议"。我想用精神病医师的问题来讲。他们认为建议者和接受者的关系的基础是观念的转移。一个深入研究过心理分析的企业顾问告诉我，无论什么时候做工业分析的时候，他都是用这个技术的。如果你假设建议者的建议应该被接受者完全接受的话，是可以的。如果转移观念假设建议者是上帝，在病理学的案例中是可以的，但在普通的案例中不可以。

教师的工作之一是处理关系。在所有的人类关系中，我们摒弃了主流的理念，弗洛伊德的男权主义。我们趋向于认为每个人类的关系在人们生活和成长中都得到了加强。

我曾经说过在这些之上，教师的责任之一就是为下一代指出需要他们去解决的新任务。教师需要找出和我们现在一致的语言来完成这个责任。例如，我们所经常谈论到的劳动、工作，我们所谈论的困难和斗争，但是某一天这些事情都会有它们很美丽的名字，这些名字将意味着信任和热心以及对新生活的追求。这是教师给学生带来的最伟大的礼物之一——这些美丽和能力的名字。

在一起的享受可能是教师和学生关系中最美好的部分，并不是为了学生毕业后对自己工作的回报，而是对现在真心的享受。这个就是威廉·奥斯勒先生所提到的友谊，记得他所说的话"在伟大的社会中，你有那么多的兄弟"。

我称教师和学生的关系是一种互利的关系，教师从学生身上并不是一无所获的。没有必要谈论问题的这些方面，因为我们全部都知道这点。每个教师都认识到自己对学生的亏欠。

然而，我并不同情那些认为自己从学生身上获得的比自己给予学生的要多的老师。这对我来说是有一些伤感的。我认为，教师之所以在他的岗位上，是因为他能够给予学生更多。但是我也认同互利的这种关系，并不是机械式的单向的压迫。我被要求来讲教师和学生的关系，我比较喜欢通过术语来思考，就像关系。教师和学生的关系就像家长和孩子、雇员和雇主、朋友之间等，是人类关系的核心之一。适用于任何关系的一种测试是：它能带来新的东西，一种精神力量的增长吗？它能够积累吗？它能够持续吗？

这在我忽略的主题中占很大的一个部分。威廉·布莱克说："真正的教育在于想象力的培养。"的确如此，教育在于想象的加速，同情的扩散和情感的培育。我坚信，我们的情感正在正确地影响我们的生活和思想，但是它也需要正确的培养。有人说过："读一本书，对我们来说只是一个小时的时间，但是对书的作者来说是一生的时间。"其实并不是真的。我们对一本书的认识并不是一个小时而已，同样也需要一生的时间。

这个是我另一个没有展开的主题。当我们把领导力和师生关系联系在一起的时候，首先进入我们思考的是那些伟大的教师所拥有的个人影响力。我们想到英国的阿诺德，在我们自己的国家也有很多。哈佛的舍勒就是其中之一，在很多年轻人的心目中其具有很大的影响力。我估计忽略了关于这种领导力的任何考虑，因为只有非常非常少的教师能够得到这种力量。我认为自己是拥有每个教师都能应该拥有而且都有能力拥有的领导力的教师。

我把这种领导力称为教师的职业领导力。教师在和学生的关系中处在的特殊位置。由于他的这种特殊地位，在教师和学生的关系中，能够自然地获得尊重。当我们考虑作为教师的领导力时，它依附在这个职业中。我们可以清楚地看到这种领导力的存在。教师可以每天都获得领导力或者每天都失去它。

总的来说，在这篇文章中最基础的部分是教师从他与学生的关系中所获得的领导力。他应该向全世界展示这种关系。我们经常听到意识的控制的措辞，就像梅纳德·凯恩斯用的一样。从很多地方我们可以听到人们坚信我们可以控制自己的生活。我也认为这是我们这一代人所能够遗留给后代的遗产。我认为教师对学生的主要责任就是让他们感觉到自己充满了"一种精神的力量"，这种力量能够对抗一切无序力量。

同时，我坚信我们不是到现在才认识到教师对学生的这种力量。但是现在中学教师告诉我们，并不是仅仅男生不想在工场里制作自己所需的东西，而且他们也停止了为自己母亲制作物品的欲望；他们喜欢为社团做一些事情。对所有年龄的人来说这可能都是事实，这也可能成为教师对支持自己完成这项艰苦工作的最大的激励。

教师在师生关系中展示自己的时候，他能够有机会帮助学生选择人生的目标。由于树立人生目标是一件非常私人的事情，所以这个机会本来不应该属于教师的。教师能够通过展示自己来帮助学生选择自己的人生目标，通常有两种影响学生选择的因素：自身的倾向和如何能够最好地为自己的生活做贡献。更进一步，教师能够为学生展示自己的目标、教师自己的日常行为以及能够使学生理解的所有关系。教师通常能够为学生的思想或行为找到更好的环境，更高的起点。如果我们相信"人类的智慧回答了宇宙的所有智慧"，那么所有教育的目标就是让这句话在学生的生活中体现出来。科学家用自己的方式展示它，教师用另外一种方式。托尼为我们展示了他自己对这句话的理解，当他漠视我们成为工业组织的时候，就需要把它理解成为人类向完美进步的一个阶段的这种理解能力。当你认为它是我们向完美进步的一个阶段时，我认为包括科学家、社会学家、历史学家、经济学家、教师在内的所有机构，都是值得尊敬的，并不仅仅是我们教师的机构。每一个平凡的行为组成了我们的日常生活，同时它们都是伟大的生命长河中的一部分。

但是毕竟我们现在讲的是教师和学生的关系，所有的这些都能够很容易地用词语表示，但是很难表达是什么使这种关系像科学的研究方法一样艺术化。对艺术的很好定义就是通过这种关系中的某些部分所创造出来的活力。在这里，我们有极端的现实生活——敏感、优雅的微妙平衡，在这种平衡中我们能够找到哥特式的教堂、燕子的影子和伟大的诗歌。所有的这些伟大的成就都依赖于基础和微妙的关系。

如果关系活力所给予的艺术性是真实的，那么这种关系的形式也是正确的。由于他自己所选择的专业性的实践，教师也许能够洞察师生关系中他自己的特殊意义。

Follett on Management

第三部分

论　心　理

Follett on Management

第 11 章

关系：循环反应[⊖]

⊖ 这篇论文再版于《创造性经验》（纽约：Longmans, Green 出版公司，1924 年）第 3 章和第 4 章。

法理学家和经济学家还没有充分认可和实践利益的统一，政治学家也没有完全认同权力的整合。尽管许多政治学家、经济学家、政客和劳工仲裁人都坚持利益以及权力的平衡，但是它们仍然脱离于我们的生活，因为一旦前进，我们就会失去平衡。

这一观点对社会情境（social situations）所进行的每一次新研究都在持续冲击人们的眼球，它由最新的心理学理论所支持，给予我们的不仅是事实，还意味着政治学、经济学和法律的重大变革。相关的两项活动之间存在着某种关系：相互的影响、由此而产生的价值，这是整合（integration）的核心思想。本章将对该点进行阐述，或者说对心理学的贡献进行论述；后面将有单独的一章论述社会情境对整合的启示。

我认为先进的经验取决于关系（relating）。执着探寻客观现实是崇尚事实者的主要任务，但它并非生活的全部，因为仅凭客观一项并不能代表事实全貌。我们所看到的哲学矛盾无所不在地反映了这一点。由于主观主义者过分强调主观、现实主义、客观，所以，一些历史学家否认"经济决定论"（economic determinism），而另一些则推崇它；一些经济学家谈论"人民的意志"，另一些则抵触这种"空泛的意志"，将"客观情境"作为尺度；一些法理学家夸大了抽象的概念，另一些则在"社会现实"中看到了全部真相。在艺术方面尤其在绘画上，"主观"与"客观"的摆动尤为明显。在心理学领域，则存在自省主义者以及行动主义者。

人们或主观或客观地看待现实，我不知道如何避免这些相反的倾向；我也不知道应如何迅速进行思维的转换，看到真相。但最近的心理学研究应用最古老的哲学思想，在这一点上取得了跨越性的进步。霍尔特⊖向我们展示了事实存在于联系以及双方的活动⊜之中，这一点他比其他任何作家阐述

⊖ 埃德温 B. 霍尔特（Edwin B. Holt）：《弗洛伊德的愿望》（*The Freudian Wish*），《幻觉在现实世界中的地位》（*The Place of Illusory Experience in a Realistic World*）（《新现实主义》（*The New Realism*）的研究之一），《意识的概念》（*The concept of Consciousness*）。我曾经拜读过霍尔特先生一些未经发表的演讲，它们是由学生记下来的。无疑，对于本书中的许多观点，霍尔特先生可能并不同意，他也许会认为有些推论是错误的，但我已写出了他的观点对我的启发。

⊜ 在《新现实主义》的第 366 页中，他把现实定义为"全面的体系，包容了各种关系"。之后他更加积极地表达过这一点，但从未指出这是对现实的定义。事实上，"现实"一词现在很少使用，它并不适合我们当前的思维模式。

的都更为清晰。他认为主观与客观在"行为—过程"中同等重要，事实存在于双方的联系及其无止境的演化之中。从亚里士多德至今，即便是造诣最深的思想家都对这一点深信不疑。当然，客观不是由人们的理解所产生；与一颗虔诚的心相比，主观也不过是"单纯的反射"；主观与客观都不是生命的"产品"。一个世纪以来，宽泛地讲，客观主义已经表明了它最内在的事实，即存在是经验的归一，通过分析，它将自身分解为两大部分，包括主观和客观。目前，生理学家和心理学家对反应的认识都接近这一观点。

目前心理学强调反应的"总体情境"，这表明了外界客观性或情境的重要性，而它们是行为过程的组成部分，这些对于从事社会调查的学生尤为新颖。正如霍尔特在其规则以及其他场合提出和阐明的一样，如果把演变中的情境纳入总体情境，那么你将对社会科学做出一项极大的贡献。这一规则将行为定义为环境的函数，并通过该函数确认思想（目的、意愿）。函数形式的使用有许多启发式的意义。例如，对行为的定义反映了主观与客观之间可能存在相互影响，而其耗费了作者余下的研究时光；或者利用数学进行类推，其反映了该规则的变量可能是相互依赖的，一个变量也许是其他变量的函数。[⊖]他确实曾经说过环境总是自变量，[⊜]这使得他的规则对我们所见到的大多数社会情境都是不适用的；当工会的行为影响产业状况时，后者也在影响前者。尽管霍尔特一直都在提及"客观性"或"环境的客观性"，但他也常常使用"情境""事件""过程"，这些词的使用明显反映了当"主观"被"客观"影响时，"客观"也受"主观"的影响。此外，他举了一个例子，讲的是一个女演员在不同的剧本中进行挑选，他认为她的选

⊖ 也许一个例子就会让这一点更加清晰，尽管它很粗糙。以欧洲的形势和美国的金矿为例，欧洲的形势和运出金矿的金子数量是两个相互依赖的变量，每一个都可以当做另外一个的函数。欧洲的形势也许会根据运出的金子数量而变化，即它"取决于"后者，反之亦然，运出的金子数量将在一定程度上取决于欧洲的形势。欧洲的生产率上升，就会有更多的金子运出金矿。然而，如果我们不说运出金矿的金子实际数量，而只指明每吨石英的含金量，情况将完全不同。欧洲的形势受该百分比的影响，但后者却独立于前者；欧洲的生产率上升并不会提高每吨金矿的含金量。于是我们不再有两个相互依赖的变量；每吨的含金量是自变量，而欧洲的形势是它的函数。

⊜ 《弗洛伊德的愿望》，p95。

择影响了"机构本身的合理发展"。在此，剧院不是自变量，而是两个相互依赖的变量之一。因此，当我们运用该规则时，对于手头上的案例，我们需要断定环境是自变量还是两个相互依赖的变量之一——在每个案例中都要对此进行观察。

演变的情境存在不同的因素相互交织，这些发生得如此之快以至于过程看起来很不起眼。有一年，在工资理事会上，我们合力反对一个有趣的情况：价格和失业率在下降，而同时在该行业中人们要求更高的工资。基于对理事会想将工资提高到何种程度的预测，一些雇主就会解雇效率低的员工。我们不得不每周都要问清这方面的变化；这些变化出自我们的打算，但是我们的打算也深受这些变化的影响。我们可以看到最低工资过高对雇主和员工而言都不好，因为有证据表明这将意味着相当程度的失业，而非威胁。

演变情境中的相互影响对于政治学、经济学以及法理学而言很基本，如果将思想、目的、意愿换成思考、打算、需要，从而对行为过程进行描述，这一点将更加清晰。沃森所写的不是关于思想，而是思考，如果有人将思考看作一个过程，这一点是必然的。只要我们使用思想一词，就会倾向于认为体力活动是思想的表达和器官，尽管它们也是思想，或者更确切地说，它们是思考。此外，人们倾向于把思想看作思考后留下的东西，或者是思考的产物。所有静态的表达都应避免。集成的有机体（integrated organism，一名心理学家称之为"完全集成的有机体"）是不恰当的，因为有机体是自我组织、自我维持的持续活动。我们需要警惕"动作的完成"，因为它们导致了"整体"、错误的整体、"整体对部分的影响"，等等。在行为主义者的作品中可以看到诸如"协调的整体"之类的表达，但是如果没有解释，它们正像是行为学派所代表的观点。"动作的完成"是思想的停滞，如果人们不能做更进一步的思考，后果将很危险。对于许多民族和个体而言，上帝都是人们所求助的对象，正如思想常常是"无知的避难所"。

回到我们对行为过程的探讨上来，霍尔特利用两条规律清晰地阐述了自己的规则：一条来自生理学，一条来自物理学。首先，他展示了生理学规律的重要性。当肌肉收缩时，⊖感觉器官受到刺激，立刻产生神经冲动并传回中枢，从而产生了循环反射。因此，肌肉的收缩只在一定程度上由刺激所"引起"；肌肉活动本身在一定程度上产生了刺激，从而"引起"肌肉活动。霍尔特1917年在哈佛的演讲反映了他对循环反射价值的估计，也许更早之前他就讲过这一点，由于它们没有出版成文，所以我引用了伯克的观点，尽管伯克的文章在之后才出现。我引用得相当详尽，因为我希望在后文对政治过程的讨论中，把循环反射当作一条参考规律，大量观察已经表明其存在于个体以下、个体以及社会层面。

"个体自身起作用后，接受刺激的路径就是反射弧……该观点不是源自感受器的作用，而是源自效应器的作用，这乍听起来有些怪异，因为我们习惯于把效应器的活动看作感受器反应的结果……对于可见的刺激，动物一定有所反应，其改变该可见的刺激……换句话说，其使得针对该刺激的态度发生了具体的改变。因此，反射—反应必然改变对于反射—刺激的认知；换句话说，它必定改变动物与该刺激的关系，它必定对该刺激做出'反应'。"⊜

当我们在社会心理学中使用以上规则时，这一点对于相互依赖的变量很有启发，不论人们将其看作类推还是同一规律在不同层面的应用。个体的活动只在一定程度上由情境的刺激因素引起，因为活动本身也推动了情境，后者又引发了个体的活动。换句话说，行为并非与"主观"或"客观"有关，而是与两者同时相关。在对行为过程的讨论中，我们需要抛弃"作用于"一词（主观作用于客观，客观作用于主观）；⊜在该过程中，首要事实是两种活动交汇和相互贯穿。反应对引发反应的活动做出改变，这是其

⊖ 感觉器官受到刺激，刺激的力量转化为神经力量，后者通过导入神经传递到中枢神经系统，然后通过导出神经传递到肌肉，再度转化使得肌肉收缩。

⊜ 伯克（S. T. Bok），《反射–循环》（The Reflex-Circle），在 Psychiatrische enNeurologische Bladen 当中，阿姆斯特丹，7～8月，1917年。也可见詹姆斯，《心理学原理》，Ⅱ，p582，以及鲍尔温的《儿童和种族的智力发展》（Mental Development in the Child and the Race），第2版，p133，p263，p374。

⊜ 对于心理学这很重要，因为只要想到一些东西"受到作用"，我们就不可避免地在一定程度上想到"感官试验"，等等。动态心理学把环境和我们自身看作一项活动，有一些含义仍未被揭露。

部分性质，生理学和心理学现在告诉了我们这一点，也就是说，我们永远都捕捉不到引发刺激的刺激因素以及反应中的反应。这一点的重要性不能高估。刺激因素不是原因，反应也不是结果。一些作者尽管准确地谈论了行为过程，但他们仍然使用结果一词（过程的结果），然而过程不存在结果，只存在时点。反应不仅是某一刺激因素所引发的活动，而且其反过来也会影响该活动；因为反应影响活动是其意义的一部分。原因和结果、主观与客观、刺激与反应：这些都被赋予了新的意义。我们现在对神经系统可能的联系进行了一定的猜想，更精确地说是通过巴甫洛夫、别赫捷列夫等人的工作掌握了一些证据，而这一看待反应的方式对它们有了新的启发。如果我们认为情境中的时点独立于整个过程，那么，在社会层面，就应用原因和结果描述它们。

　　在行为过程中，我们看到刺激和反应的相互锁定（interlocking），这是一个独立的过程。在此其并没有受到心理学谬误的影响。该谬误解剖式地对待经验，剥离掉主观性与客观性，并让它们成为构成元素，我们完全脱离了这种谬误。个体进行一定的活动后，接受刺激的路径就是反射弧，这是该观点最有价值的部分。经验赋予我们自我创造的一致性。

　　观察和分析人际关系（human relation）、社会情境时，我们经常可以看到循环反应（circular response）或循环行为。⊖在欧洲会议（the European conference）中，我们可以清晰地看到它们，因为那里显然不存在静态的情境；此外，如果单纯地看待刺激和反应，我们显然理解不了欧洲的情况。劳工冲突是另一个例子，当情境发展时，如果雇主和工人的意图保持不变，那么这一情况将大大简化，但它们是变化的。在生活中我们看到同样的事情：进行某一活动时，我们的想法发生了改变，而其又改变了我们的活动。或者当我们做一件需要勇气的事情时，我们会变得更加勇敢，从而完成一件需要更大勇气的事。领导与群体之间的关系是反射循环的范例。友善的

⊖　尽管循环反应的感知方对其形成很必要，但它在多大程度上对循环反应的持续作用具备必要性，生理学家还没有确定。进行社会调查的学生看到了生理上的循环反射与循环反应之间的相似性，如果我试图确定这一点，这些问题对我们将很重要，但我希望人们知道这种相似性不是有意为之。

辩论是另一个。国家和个人或者"人与时间"也是。但我们不需要走得更远，只要在两个人的见面中就可以看到这一规律。你说："跟 × 先生说话时，他总是刺激我。"× 先生会刺激到每个人，这一点也许并非事实；也许是你自身引起了他的这一反应。之前我说过应该抛弃"作用于"的用法，例如客观作用于主观，等等，这就是原因所在。引用伯克的话，我们在此没有看到"被未来的反射—反应所引发、现实化或改变的刺激路径吗？"通过循环反应，我们一直都在相互创造。这一点很明显，以致无须提及，但它在何处得到了充分的考虑呢？勒庞是最有影响力的社会学家之一，他的观点大多关于群体和个人，但却没有揭示个体之间创造性会晤的过程。

对此进行总结：反应（response）总是针对一种关系（relation），这是最基本的观点。伯克在神经－肌肉系统中发现了这一点。集成心理学认为生命体总是对环境加上生命体做出反应。正如我所讲，这一点在人际关系中也很明显：我不是对你做出反应，而是对你和自身做出反应；或者更准确地说，我和你对你和我做出反应。"我"不能影响"你"，因为你已经影响到我；也就是说，在见面的过程中，通过该过程，我们都变得有些不同。它甚至发生在我们见面之前，也许是在对见面的预期中。在会议上我们清楚地看到这一点。有人想找到改变产生的地方吗？他永远都找不到。我们所进行的每一次活动都由上千种反射弧组成，这些反射弧的组织在我们出生前就已经开始了。这一规律在生理学、心理学、社会学层面运行得很好：反应总是针对一种关系。准确地讲，即使使用上述的话：我和你遇到你和我，这一状况也不能得到很好的阐释。我和你之间遇到你和你我之间，依次反复，也许更为恰当。如果我们运用数学的手法处理这一点，最终结果应该会到 N 次方。[⊖]

这一富有意义的真理（反应总是针对一种关系，其存在于反应与反应对象之间）需要进一步的讨论，因为这是所有自然科学的基本真理。让我们考虑这一结论的意义，尽管这会带来一些重复。首先，行动的改变是对

⊖ 如果能够利用数学阐明这一点，那么我们将得到一个不同的等式或者一系列等式，后者需要进行整合。以上是我个人的意见。

一项变化的行动的反应；并且其部分是由关联方行动的改变所引起的，反之亦然。反应不是针对过去的停滞，也不是针对见面时的瞬间；行动的时候，环境由于行动也发生了改变，行为是对新情境的反应，后者部分是由我创造的。因此我们看到了第三点，即反应不仅是针对其他的行动，而且是针对自身的行动与其他行动之间的关系。心理学家使用算术为我们打开了思路，不同的算法所得出的关系的原理帮助我们清楚了解生活中的这一原理。让我们找一个范例（其来自最普通的日常生活经历），看一看数学观点能帮我们什么忙。一个男孩去上学，他不仅对学校做出反应，也对自己的反应做出反应。也就是说，上学也许会大大地刺激到他，让他比在家和妈妈在一起时表现得更好；在他和学校之间存在一种行动，他的行动即是该行动的函数。学校也受到这种相互行动的影响；通过他或他父母的要求，学校会改善自身的教学方法。如此一来，这种相互交织的关系持续下去：学校越多地改变了男孩，男孩也越有可能改变了学校。这种情境反映了算术的存在，因为如果上学刺激了男孩，让他更加努力，他的表现就一直会被这种行为所改变。因此两者之间的函数关系不能仅仅根据男孩和学校来解释，还应包括交互的行动。

因此该关系包括一种增量，其只能以复利的形式衡量。在复利中，部分增长是建立在之前的增长之上的。这与有机增长同理。如果存在简单反应，那么其将类似于单利——如果后者也存在。在有机世界中不存在诸如单利的事物；有机增长的规律即是复利的规律。有机增长呈等比级数，这也是社会关系的规律。法国和德国之间的相互"影响"必定不是通过单利，而是复利。我们总是拥有增量的增量。

从此出发考察社会现象之前，我们需要记住两点：第一点，客观情境是行为过程的组成部分；第二点，内因（internal conditioning）和外因（external conditioning）同样重要。这两点对社会调查都很重要。例如，我们常常看到一家工厂的总经理解决某一问题时，只研究他的工人，而非同时考虑工人和该问题，以及两者之间的相互作用。就第二点而言，心理学家注意到神经－肌肉的相互作用，并使用每一种可能的仪器让其更加明显；

他会考虑包含在机制中的因素，其维持和调节的功能。因此社会学家要仔细注意内因以及外因，把其看作因果进程的一部分。当然，我们要记住蕴含在该机制内部的事物也来自整合。当生命体感受到某种缺失时，其神经系统会扰乱，从而激发它从环境中获取缺失的东西。这些对外部环境的反应由不自主运动引起，其与内部的刺激因素整合在一起，不自主运动就变成了具体的行为。因此"行为"产生了，并且总是来自行动之和。在一次讲座中，霍尔特对此进行了这样的阐述："在新陈代谢的驱使下，我们的神经系统受到打扰，该系统对环境做出反应，使得环境送给神经系统所需的东西。"⊖这里，相互关联的功效更加明显。过去的心理学没有充分地注意到内部刺激与神经、肌肉与腺反应的相互交织。只在最近我才惊讶地听到一名心理学家问道："行为是内部的要求还是外部的？"机体内外的刺激因素不仅同等重要，而且绑定在一起，它们需要同时被考虑。我们现在拥有一种动态的心理学。在一些作家（只有一些）的笔下，行为主义者的神经－肌肉机制（neuro-muscular mechanisms）是静态的，就像陈旧的"精神状态"。行为"模式"是语言的体现，并不总是好的。如果不够仔细，我们将在行为主义者的"模式"上遇到麻烦，正如行为主义者在以往心理学家的"思想"上遇到的一样多。

内因和外因在社会学上是平行的。没有人能够理解劳工运动、农场主运动、国际环境，除非他观察到内部刺激、所感受的缺失与由此所引起的对环境的反应的整合。此外，所谓的储存刺激对社会学家与对心理学家同等重要；在每一个案例中，社会学家都需要考虑人们的所作所为多大程度上来自目前的刺激，以及多大程度上来自已经存在的动作模式（action patterns）。让我们来看一个范例，它包括了目前为止所提到的所有要点。

工人对以下事项做出反应：

1. 雇主——包括工资、分红或对管理的参与、工厂的条件，等等。

⊖ 见肯普夫（Kempf），"只要自主器官受到干扰，它就强迫感觉运动器官调整环境中的感受器，取得刺激，在自主器官中进行姿势的重新调整"。爱德华J. 肯普夫，《自主功能和个性》（*The Autonomic Functions and the Personality*），p1。

2. 一般条件——包括生活成本，等等。

3. 自己的需求、渴望、生活标准，等等。

4. 自己的反应与以上的关系。

在此需要特别注意到以下要点：首先，工人既对自身起反应，也对外界起反应；例如，战争造成了生活的动荡（甚至包括国外旅行），从而使得许多人居无定所；战争创造的利润能够满足无节制的开支，从而引起了需求的改变，等等。在 1914 年的工人的内部条件中，这些都应成为其构成要素。其次，工人的反应是针对自己的反应与环境之间的关系。最后，所有相关的因素都是变化的，因此需要在自身变化的联系中进行研究。我们正在考虑对行为的定义，通过算术的使用，我们立刻到达了每一情境的核心：处于联系中的事物在变化，从而使得联系也在变化。切克出租车公司本周下调了费率，因为其生意额有所增加；这样它就把生意额看成了自变量。另一方面，当福特为了提高生意额而降低汽车的售价时，他把费率当成了自变量。但是两者的相同之处在于：他们把一个变化的事物与另一个变化的事物联系起来进行衡量，认为两者互相影响。

因此，在社会学中，我们需要想出方法，去观察变化中的行动，它们与其他变化的行动相关联。我们不能先观察罢工者，再观察工厂主。我们也不能先观察法国，再观察德国。工厂主的行动在随时改变着罢工者的行动，罢工者的行动也在随时影响着工厂主的行动，我们都知道这一点；但除此之外还存在比较微妙的地方，在此我想进行强调，工厂主与罢工者之间的行动也会改变他们各自的行动。我们不仅需要研究变化中的法国，它与变化中的德国相关联，还要研究这样一个变化中的法国，它的改变部分由自身的变化与德国的变化之间的关系所引起。也就是说，法国并非对德国做出反应，而是对自己与德国之间的关系做出反应。使用规则的语言表述即法国的行为不是德国行为的函数，而是法德两国交互作用（interweaving）的函数。交互作用既改变了双方的要素，又持续创造了新情境，它应是社会学学生的研究对象。目前，工会主义不是对资本主义做出反应，而是对自身与资本主义之间的关系做出反应。我们要时刻记在心中，这一点尤为重要。在社会学中引入循环反应的观点后，责任这一概念有了全新的含义。农场主的反映对象既不是中间商，也不是中间商加上经济状况，甚至不是中间商加上经济状况再加上自己的需求，而是自身与整体环境的关系，更准确地说，该关系是整体环境的另一因素。

第 1 章的主题是"事实"与社会进程（social process）的关系，这些观点已经给了它很多启示。我们不能研究工人的"心理"、雇主的"心理"以及情境"事实"，而这些通常是调查的过程。我们应该研究工人和雇主，他们处在与事实的关联中——从而使得事实和"整体情境"的其他部分一样活跃。如果不考虑演变中的情境，我们就不能理解整体情境。当一个情境发生了变化，我们拥有的不是老事实下的新变化，而是一个新事实。

一位哲学教授说跟我谈话会让他头晕，因为他喜欢把变化的事物与固定的事物做比较。但是，如果没有人提醒他速度与燃料消耗的关系，并决定换油的频率，这名哲学家将无法在暑假中经济地到达欧洲。假设一名上学的小男孩跟他的算术老师说："你让我头晕；如果你不给我一些固定的东西，我将无法做比较。"他的老师所能做的唯一回答将是："你不能这样做，我们常常碰到变化的事物，它们又与其他变化有关，因此我们需要在这种状态下思考。"也就是说，在算术中，如果我们用一个变化的行动衡量另一变化的行动，如果这里涉及变化的速度，以及变化速度的变化速度，那么我们的生活也是一样。但心理学有时提炼自生活。例如，一名行为主义者说如果一个人漠视铁路交叉口的红旗，并且在火车前面穿过，他会被罚款或者送到监狱，自此红旗对他而言将"意味"着更多。如果他截肢或者害死了车子的所有者，红旗对他而言也意味着更多。尽管是一项提炼，这也是事实；即使这些都发生，这也是事实。这一范例忽略了铁路公司同时会采取行动，这个人第二次也许没等遇到红旗就会想起它的寓意——遇到铁路交叉口的大门。

孩子和蜡烛是一个经典而重要的例子。它假设蜡烛是固定的，换句话说，蜡烛代表着一种"寓意"（meaning），这并非总是如此。孩子烧了自己的手。母亲也许会说"托儿所应该使用电"或者"托儿所里不应有火"。引用这一例子的心理学家并没有忽略这一可能性，因为他们谈到母亲牵着儿子的手远离火苗，而非教他一些关于火的知识。因此，我不是质疑这个例子，只是想指出一点，如果红旗和蜡烛赋予自身更多的"寓意"，教育对我们而言将更加容易；在该例中，我们应该学会如何向第一个目标采取行动，接下来是第二个，直到我们达到了教育的目的。这确实是教育的一大部分，尤其在幼年和青年时期，但是当我们长大，它所占的比例却越来越小。我们从一段经历里学到一些东西，但却不能把它应用到下一阶段里，因为下一段经历是不一样的。此外，通常是我们自己让下一段经历变得不一样。男孩烧到了自己，也许下一次当他伸出手时，他会发现一些不同的地方。当我们想起孩子需要学习的关于火的所有知识（辨别暴露的火与封闭的火，导电的物体与不导电的物体，辨别火的发亮、发热和燃烧状态），我们会看到情况是多么复杂。但是不论你使用多少括弧来丰富方程式，表明变量关系的条件方程式仍然不变。行为不是环境的函数，而是行为与环境关系的函数，如果人们理解和接受我所引用的规则中蕴含的这一点，该公式对社会学将非常有用。

在我看来，这是近年来研究社会现象最有意义的观点。霍尔特的规则没有直接阐明这一点，但是他对循环反应的看法做到了，包括他对反射弧组织和行为的函数形式重要性的强调以及进化"关键"时刻的"新"事物，还有他坚持认为行为不是直接刺激的函数，他还使用因果关系的函数理论。我们现在认为行为不是环境的函数，而是其自身与环境关系的函数。行动是其自身与另一行动交互作用的函数，它又是后者的函数。之前提到切克出租车公司下调了费率，费率并非总是交易额的函数，但是由于费率的变化提高了交易额，因此它是自身与交易额之间相互关系的函数。规则要适合演化的情境，我们要确保这一点。

人们也许认为我在本文中太过刻意地使用数学语言，但我使用这类语言出于以下原因：首先，为了揭示函数与变量的含义，我在对行为的定义中使用了它们；其次，我发现算术语言能够激发自己对这一主题的思维，我希望别人也能感受到这一点；最后，现在人们广泛而随意地使用函数一词，我认为我们最好追本溯源，确保正确地使用它。

现在需要进行总结，有三条基本原则引导我们在社会情境中进行研究：①人们的反应不是针对一个严格静态的环境，而是针对一个变化的环境；②这个环境之所以变化，是因为它和人们之间的互动；③函数也许通过自身进行持续的调整，也就是说，男孩上学也许会改变他的这一行动。或者可以这样说：反应总是针对一种关系，变化的事物必须与变化的事物进行对比，等比级数是有机增长的规律，函数关联（functional relating）总会带来附加值（a plus value）。社会学必须学会处理这种附加——认真处理它。动态的心理学给予我们附加物（plusvalents），而非等价物。我们在每一情境中都要找到这些。在心理学进化的"关键"时刻中，这些是其新颖的地方。我们不可能过分强调这一点，它意味着社会学的一种新方法：在农场主与中间商的矛盾中，找到附加物；在法国与德国的情境中，找到附加物；让每一个政治家和外交家、每一个立法者和法官都找到附加物；对于政治或产业或国家关系或日常琐事，这是唯一可能的方法。每一层面上的进步经验都意味着附加物的产生。

物理学中也能找到关系附加值的对应，这些对应很有趣，尽管性质不完全一致。在化学中，化学物质 X 分解成 Y 的速度与 X 未分解的量成比例；同时，在逆反应中，Y 分解成 X 的速度与 Y 现有的量成比例。X 持续影响 Y，同时 Y 也持续影响 X。

在工程学中，我们拥有所谓"再造"。在接收到的电磁波中，收音机接收装置仅仅吸收了少量的能量，但这是为了控制能量的产出。在一些装置中，后者的一部分又返回给前者，使得前者得以强化，产出得以增加；该过程反复地进行，使得该装置的效用增加了千倍。这一"再造"行为发生在许多物理和化学过程中，被工程师用于设计机械仪器、电力仪器等。

动态物理学研究活动（activity），而非质量（mass）；它根据活动对事物进行定义，而非根据质量。当代物理学告诉我们活动改变的速度也许并非与活动物体的质量成正比，而是与该物体的活动成正比。直到这一观点出现，动态物理学才得以产生。在有机增长中，给定时间内有机体的增量与其本身大小成正比，人们习惯性地都这么认为。现在，如果把"有机体"看作一项活动，我们需要使用另外一些词来形容它们，包括活动的大小与强度。

对本章进行总结：同一思想在不同领域和不同层面都有所对应，我认为这是近期思想界最有意义的事情。哲学长久以来一直都在传授我们经验的统一。如果愿意，你可以把它分解，找到主观和客观、刺激和反应，或者——你也可以拒绝这样去做；你可以把它看作各种力量在相互影响，自我创造的一致性在起作用。意识是自我产生内部的相互作用。或者说，意识是无数自我产生活动的相互作用，它们的产生也是出自相互作用。没有一种思维形式可以作为模具铸造出所有思想，但却存在自我产生的持久形式，这是一条统一的永恒规律，所有自由的活动都甘愿服从这一规律，在此，规律和自由相辅相成。我认为这是哲学最基本的原理。对社会情境的研究揭示了这一原理。在心理学和生理学领域，我们也发现一些结论，它们会引导我们这样思考：每一层面的经验都是相互关联的，关联方的活动也许会改变关联的期限以及关联本身。政治、产业、法律需要这一观点的推动。以往社会学的理论是有害的，它坚持国家之间权力的平衡、资方和劳方之间的调整。它给予我们的总是等价物；最近的观点则告诉我们如何产生附加物。在关于"经验即创造"[⊖]的讨论中，这一点将得到进一步的阐述。

由于函数一词正日益增多地用于描述关系，对此需要进行一些必要的提醒。首先，我们不能借助函数一词逃脱对社会情境的研究；最近我已经数次看到过这种情况。一个短语也许是说明的合理缩减，但它并不意味着调查的缩减。其次，我们不要把表示关系的函数与表示数量的函数混淆。对我们而言，函数不是关系结束后留下的数量，函数是关系，它是应用，而非结果。函数总是在起作用，我们对它的兴趣也在于此。最后，自变量只

⊖ 附加值没有表达出我的观点，因为我所反对的正是附加的关系（plus-relation）、反复的联系，而非整合。但我一定要反对"极好"一词，它已被人们建议使用，因为整合的新事物并非高于、多于、大于部分之和，这些都是错误的宣称。对于附加值，我所参考的并非部分之间的相加，而是认为整合给予我们另外的价值，并不一定是更大或极好的价值，我认为自己的观点是成立的。

在某一等式中独立，而等式一直在变。一个变量在同一结论中是常量，只在另一结论中变化，另一变量在同一结论中就在变化，我们不应把这两个变量混淆。在社会心理学中记住这一点很重要。一个情境中的常量也许很可能在另一情境中就不是常量。在研究任一情境时，我们把数量看作常量，同时对数量变化的相互影响进行研究；两件事实或两个人，或者说两项活动，在任一情境中相互适应；如果改变情境，它们可能会换一种方式互相适应。

以经济上的"供给需求定律"为例。根据该规律，价格是需求的函数：当需求增加，价格上涨；当需求下降，价格下降。只有当以下假设成立时，该规律才成立：供给是固定的，存在一定的供给。投机者总想让这个假设成为现实，但是一般在合法的经济操作中，它很少成立，除了某一特定情境以外。需求可能增加了交易额，从而降低了生产成本，前提是原材料的获得不受限制。因此，事实上，需求的增加意味着其他因素最终降低了价格。因此适用于某一情境的函数不能再应用于另一情境。价格处在变化之中；它取决于各种因素的交互；它不是一个自变量的函数，而是自身与自变量之间关系的函数。因此，除非对某一特定的情境，否则需求提高价格是一种错误的说法。用数学语言对此进行阐释（对于我们目前的观点，它的应用最为合适），错误就是对于一个绝对常数，让变量维持恒定。给定商品任一时刻的数量，把需求看作自变量，价格是其函数，但是情境发生变化时，供给也会发生改变。经济学家在此没有犯错；现在有很多人不够谨慎地使用函数一词，他们有时会犯这种错误。使用函数一词时，情境的改变是我们一直都要记住的。

近期心理学的经验：整合行为

通过使用反射循环（reflex circle）和因果函数论，霍尔特清楚地表明了思想的动态性，之前我已提到过这一点。"每个物理定律都是一段过程或事物与另一过程或事物之间的函数关系。"霍尔特把该理论作为其研究心理学的基本原理之一。因果关系的"串珠"学说曾经在物理学领域风靡一时，"它试图根据连续的'状态'描述因果过程，此刻一个物体的'状态'是下一刻'状态'和位置的起因，"他认为这些观点对于心理学以及物理学而言是至关重要的。对于社会学也是如此。政治家和外交家常常依据该理论试图解决国家和世界的问题，然而却失败了。没有哪个层面的行为是直接由刺激引起的。随着与行为有关的反射数目在增加，直接刺激日益不再被当作重要因素，⊖心理学家和社会学家都注意到了这一点。刺激成了总体情境，总体行为是其函数。心理学家发现蜜蜂真正做的是把蜂蜜放在自己的巢内，它从花上采蜜只是附带的行为。研究社会关系时，当行为是情境的函数，我们发现该情境通常非常复杂。我们必须把每一次行为都看作一个整体；研究社会情境时不能遗忘这一点。下一章我们会讨论完全形态这一概念，这是一个关于整体的概念，它已经应用很久了，一些心理学家认为它对我们的影响比其他概念都要大。前面曾提到，行为是对复杂刺激的反应，总体环境在调整概念中具有一定的重要性，我们会把两者联系起来进行讨论。

这一对"总体行为"的评价把我们带回到规则：人或群体的意愿或目的总是体现在活动中，后者是常数函数，或者是这些函数的联合，或者是环境某些方面的联合。有机体与环境之间相互作用，行为是它们的函数，该规则对行为做了以上的定义，我曾提过这对社会学而言是一种新方法。这样说的时候，我并没有忘记我们已经看到应用这一方法的许多征兆。厄尔·霍华德是一位劳工经理，当工人提出任何抱怨或要求时，他问自己的第一个问题是："在工厂或产业中，在总体生活条件下，哪些引起了工人这样的态度？"有一个厂商告诉我，如果工人向他提出抱怨，他总是会派人去研究那个人的心理，这两者之间很不同。我们几乎不能评估霍华德先生的方法会让产业关系产生何种差异。目前心理学所提倡的方法与该方法之间存在一定的相似性，在我看来这很有意义。霍华德先生研究与其他变化相关的变化；他也考虑"总体情境"的所有因素。政治或产业、工会或厂商协

⊖　见肯普夫，"从反射行动到高度组织的行为，刺激与有机体之间的联系越来越不直接，与此同时，有机体与反应对象之间的联系越来越突出"。

会的原则正是霍华德对工人的原则："研究他的行为，直到我们发现行为是目标、情境、过程（也许是关联）的常数函数。"现在的美国工人既不对斗争后的高工资做出反应，也不对其对资方的怨恨做出反应。这些和其他因素是情境的构成部分，工人只对该情境做出反应。

然而，当我谈到社会学的"新"方法时，需要记住的是我所指的是有意识地使用方法。人际关系的成功即使不是有意，至少也是无意地使用当前心理学的原理，但是现在我们正更多地进行社会分析和使用某些基本原理。

我们需要在过程中发现目的，这一点很清晰。我们把经验看作各种力量的相互作用，正如一种关系通过新关系导致了一项新活动，而非从目的到行为、行为到目的，其中总是存在一定的距离，就像生活的前进仿佛就是机器玩具的运动，似乎存在外部的操纵者，或者是一股神秘的精神力量。我们所拥有的总是创造了新的满意感。只有当满足需要的可能性存在，需要才能出现。这一过程不存在距离。汽车不仅满足需要，它还创造需要；这是我们的规则对于社会学的意义。汽车的发明并非为了解决农场主的问题。眼前的目的总是误导我们。心理学现在让我们学会把结果看作是过程中的一个时点。⊖

在"迄今为止"的整合行为（integrated behavior）中，社会学家也在寻找目的。我们被鞭子所驱动，而非奖赏。我们的目的蕴含在神经－肌肉机制中。没有魔棒能够改变这一点，它是一个过程。许多心理学家会说"朝目标前进"，但缺少的东西才能引起迫切的需求。当我们为了满足它尝试了一个又一个手段，目标也随着改变。对于工人来说，正常的生活条件是他们迫切需要的。为了改善生活条件，他们尝试了一个又一个方法：缩短工时、提高工资、分红、共同控制、产业国有化，等等，他们的目标也年复一年地改变。我们需要仔细观察预想结局与补增结局之间的关系，它们都

⊖ 见肯普夫，"我们的行动是为了获得静态的'结局'，这一点并非事实；有些行为很必要，但与更加重要的行为相比，它们又是附属的。真正的对比不是发生在行为或手段与思想或结局之间，而是在部分行为与整体行为之间。""关于愿望的学说告诉我们生活不是为了结局。生活是一个过程……它向前运动；然而它的动力不是源自前方（'结局'），而是来自后面，即我们自身的愿望"。

促成了改变，它们也都发生了改变。在协调目的之前，要先拓展目的，两者属于同一过程。有人想让工人参与工厂目标的实现，但他们没有意识到这也涉及共同制定工厂的目标。一位著名的德育老师说道："公民应促进一定目的的实现，后者是国家存在的原因。"公民也应共同制定目标。

这一点可以这样来说，目的（purpose）总是统一力量的表现，是对多样性的统筹归一，它既是手段又是结局。

之前提到过预想与实际结局之间的差异，我已给过例子。在日常的所见所闻中，我们可以发现这些差异。我们不可能找到一成不变的目的，甚至可以把盐放在欧洲人的目的上——如果能这样做的话。当考虑社会进程时，我们会对目的犯两个错误：在情境中，我们试图找到一个唯智主义的目的；或者，当目的源自行动，我们会认为那是一直推动我们的目的。但是我们和同事打交道不应如此不同于和自然环境打交道。去年夏天，在牧场上，我发现了一种奇怪的植物。我不知道它是什么，脑海中也没有印象它开什么花、结什么果实，但我在它的周围进行挖掘，让泥土松动，使得雨水能够渗入它的根部；清除了缠绕它的蓟，使得它能够伸展枝叶；剪掉了小枫树的低矮部分，让它能够见到阳光。换句话说，我让它获得了自由。如果友谊没有得到此种待遇，它一定会受到摧残；人际交往中不应带有事先的意图。每一种关系都应是自由的，"目的"随之逐渐产生。我们不应刻意追求任何东西，这是警示。

但是，当花和果实出现的时候，人们通常犯的错误是说，"这（花或果实）是我想要的。"我们应该警惕后实际目的（post facto purposes）。当执行一项政策时，我们都会对它进行一定的调整。当立法制定了一项政策时，人们通常会任命一个委员会，由其制定具体的制度条款，从而确保政策的实施。该立法通常建立在一定的目的之上，而由此出发。委员会通常会提出一个不同的目的，然后试图修改政策，使得新的或实际的目的得以体现。行动不仅反映目的，它还使得目的演化。随着这一事实被广泛接受，政治学和法学的部分需要重写。如果历史从一刻跳跃到另一刻，那么它就伪造了当时的情境；历史应是持续演进的，正如锅里的水蒸气，不论它增加得多快，但都是逐渐地增加。

此外，在对结局的分析中，我们应该记住所谓结局通常都是手段。以一家股份公司为例，它为了修建铁路而成立。在买股票的人中，可能没有一个对这家公司的"目的"感兴趣：开通一条新交通路线。有些想投资，有些想投机，有些想控制交通走向，还有一些想影响路线的选择，从而使得房地产价值上升，⊖这些才是他们所关心的。

对于目的、利益、需要的问题，我们要进行很多实证研究，当然也包括对自身的研究；当前心理学已经指明了社会学最重要的概念之一，对此我只能给出一个最简洁的例子。

在有机体迄今为止的整合行为中，我们都在寻找其目的性，之前我已说过这一点。在法律和政治一章中，我还要提到这一点。政治领袖不能劝服人们接受自己的目的，法律命令也不能下达目的；在迄今为止人们的整合行为中，我们发现了这些。此外，当我们把结局看作过程的一部分，而非空泛的意愿时，我们看到自己不能"选择"结局，这会让我们选择一个"原因"去坚持。我们现在的责任更重大，道德更高尚，除了更大的自由，生活要远比这些丰富。人们并没有放弃选择，只是让它在过程中退后了一步。如果我们不理解这一点，后果将很严重，因为正如不能任意选择一样，我们也不能推迟选择；我们不能在未来弥补过去的时刻。选择在过程中有自己的位置，我们必须知道这个位置在哪里，并且根据其行事。如果我们想在"脑海"中做出选择，尽管另一个已经存在于我们的神经-肌肉系统中了，我们仍会走进死胡同。我们不如换一种方式处理问题；我们需要着手去改变自身的发动机构。

通过对人际关系的观察，通过对心理学的传授，我们知道行动本身能够产生推动自己的力量和指导。经验是发电站；在此产生意愿和目的。进一步讲，它还能产生一定的标准，评判意愿和目的，这很重要。男人常常会说他们依靠妻子的直觉，但是现在妻子们倾向于出去自己观察事实，而非待在家中产生直觉。一段时间以来，在标准与社会过程的关系上，我们有

⊖ 参考耶林（Jhering），《法律是通向结局的手段》（*Law as Means to an End*），p32。

一些误入歧途。例如，我们长期以来认为自己是一群理想家，拥有绝妙的想法，并且努力去实现它们。但是以新英格兰的中等城镇为例：它充斥着人们对生活的麻木；一些人挺身而出，建议要做些什么。美国人拥有动手去做的天赋；他们去做，然后在做的过程中找到灵感。有人向一个新英格兰村庄提议，建立一个社会福利部门；居民们不知道它是什么、目的何在，但是他们成立了这个部门，并且很好地运行了它，然后他们告诉邻近的城镇本来的目的（注意这里的时态）：人们本来以为他们一直渴望的生活是拥有社会服务部门。

我们的理想体现在行动上。过去的 15 或 20 年里，新闻和公共场所充斥着"聚集在一起"的讨论，以此为例。人们认为生活太过孤立，这一点要得到纠正。事实并非如此。在我们已经住在一起，城市、工厂和煤矿都很拥挤，整个群体和谐地相处之后，我们才听到建议，让我们停止单独地生活，"聚集在一起"。但是在此之前我们从未听说过聚集的责任，直到它已成为既定事实，然后却把它视为一项目标——在事情发生之后！这是群集本能吗？是基督信徒之间的兄弟情谊吗？不，为了让现实更加理想，这是不可避免的趋势。我们的整个产业和商业体系建立在信用、信任、合作之上，尽管我们大声呼喊，回避现实，"让我们学习那些友爱的蚂蚁和蜜蜂，把联合和合作带进日常生活"，但是它们一直都存在于我们的日常生活之中，所以我们才会想到它们。商界的合作并非仿效蜜蜂和海狸，正如有些生物学家劝告我们去做的一样。随着环境的改变，整合一个又一个地产生，行为模式随之构建。

我们没有让自己的行动适应眼前的结局或者背后的原理。

我并不是指自己希望这些有所不同。从日常生活中提炼理想和文化意味着它们具备充满生机的力量，又能应用于生活。许多人羞于提到我们的"机械岁月"（mechanical age），就把它装饰起来，就像衣服上的纽扣，不起纽扣的作用，只是为了装饰；但是我们应该意识到日常生活本身就是艺术，我们也许会在商业中找到文化，在产业中找到理想主义，在商业体系中发现美，在机器中发现道德——车床的规范就是相当基本的一种。人们说道"当艺术的精神传播得足够深远时，我们要洗刷掉当代文明的污点。"但是成年人不能把苹果放在树上，再摘下它们。只有当艺术的精神产生自机械岁月深处，它才能"恢复我们的文明"。我们把精神生活与日常活动相分离，这是一种极度糟糕的二元论。我们不是要忽视自己的产业、商业等，在别处寻找精神上的进步；另一方面，我们在这些领域找不到它，只有通过恒久的影响和溯流。如果我们满意地指向物质进步，这只是因为它有力的表现和生机勃勃，后者能够进行富有成效的交互作用。来自它的力量和其他力量联合在一起，从而创造出新人、新环境。

在许多缩短工时的争论中，这一点被遗忘，我们持有的是时间救助论（time-theory of salvation）：保持产业对工时影响的降低，以教育的方式雇用他人，如果竞赛非常紧张，精神力量将会胜出。但是我们不能这样分裂自己，8 小时将会继续影响休闲的时间；我们需要处理的是这 8 小时的影响。

然而，对于行动与思想之间的关系，我们并没有意识到，这一点经常可以见到。我们为什么要让工程师担任大学校长？为什么"社会工程"变成人们所膜拜的词汇？因为我们需要的是实干家——思想者。

对本章进行总结：特定反应的关系、关联以及关联的演变，我想指出这些是对心理社会学的主要贡献。此类心理学的本质是"释放"与整合为同一过程，这一点对道德、生理学或心理学同等重要；对于社会学它的价值是无法估量的。

当一些行为主义者认为"知识存在于肌肉中"，看起来他们忽略了持续活动的根本事实。在此我只对"知识"一词提出异议。我认为它作为动词使用会更好，名词的价值主要是总结教训。在《反应与认知》⊖中，霍尔特讲述了他所传授内容的一个基本部分：了解包括了解者和被了解者。《反应与认知》所做的不是去解释知识，而是剔除——根据是认识、活动、过程，过程包括了解者和被了解者，但它们从不换位思考。了解者取得对被了解者的认识（一个活跃的动词）；事实存在于认识的过程中。

通过宣称人们能根据过程对角色进行定义，我们可以进行不同的表达，

⊖ 《弗洛伊德的愿望》的增补。

这是我们所意识到的深刻事实。现代的剧作家开始看到这一点。有一些作者也持有此种观点，对于他们创作的剧本和小说，我们越来越欣赏。以往的英雄一个人主导大局，我们并不非常在意他征服了什么，鼓舞我们的是这一征服行为。我们也不对征服与击败之间的差异进行分析，而这确实是一个微妙的问题，它潜伏在表象之下。但是，我们目前并不认为英雄只有一个或者战胜了敌人才是英雄——事实上我们也可以在被降伏的敌人中找到英雄——生活存在繁复的关系，我们对他在其中的表现进行评判；人生存在很多有意义的事情，我们可以对他在其中的成就进行评判。

我们现在可以回顾一下规则，看一下它对行为是环境的函数的定义，拓展它的意义。针对社会心理学，我想对它做如下阐述：思想（意愿、目的）把相互依赖的变量、个体和情境联系在一起，从而让它们更新，让它们之间的关系更新，最终使得情境得以演变。

以下是应记住的要点：

1. 行为具备内因和外因。

2. 有机体与环境之间相互交织，行为是它们的函数，也就是说，反应是针对关系的。

3. 通过这一相互锁定的行动，个体和情境都得以更新。

4. 关系也得以更新。

5. 情境得以演变。

以上显然不是在认可所谓的行为主义，⊖因为行为主义者作为后来的机械论者仍存在许多不足。但是在我看来，霍尔特走得更远，更有识别力。对于社会学而言，这一点很重要，也很有意义，因为它让我们根据过程而非"片断"思考问题。作者所讲述的自我维持过程是人类活动的基本规律。心理学既是挑战也是奖赏：一方面，它持有旅行所使用的指南针；另一方面，当经历苦痛后，它能给予我们唯一的礼物，即经历更大的苦痛、更艰难的事情。我们投身于自己的任务当中，它会增多，同时难度也加大。所有行动的奖赏是数量更多、难度更大的行动。

⊖ 尽管我想好好答谢沃森对我的恩惠。

生活是一个过程，对此的认可让我们越来越远离过去的争论。我试图指明的观点既非理想主义也非现实主义。它既非机械论也非生机论：在其范围内，我们认为机械论是成立的；我们把生命活力（仍是一个自在之物）看作深刻事实的预示。现在我们可以逃脱这些片面观点的局限，因为我们拥有了新的思维方式和行动方式。

Follett on Management

第 12 章

控制心理学[⊖]

⊖ 本文发表于 1927 年 3 月，与本书第 7, 13, 14 章一起，再版于《企业管理的心理学基础》（*Psychological Foundations of Business Management*），亨利 C. 梅特卡夫编，A. W. Shaw 公司（即现在的麦格劳 – 希尔出版公司），1927 年。

去年夏天在英国，我对两位主教写给《伦敦时报》的两封信产生了兴趣，它们与煤矿罢工有关。一位主教说我们不能混淆经济和道德问题，煤矿罢工纯粹是一个经济问题，因此要按经济问题来对待。几周之后，另一位主教给《伦敦时报》写信，他并没有回应第一位主教的观点，而是独立提出：煤矿罢工不是经济问题而是道德问题，如果人们认识不到这一点，那么煤矿罢工将难以解决。

不划界思考：强调将整体作为一个研究单位

我之所以对这些信很感兴趣，是因为我越来越意识到我们不能以这种方式划界思考，我们不能单独考虑经济和伦理原理，而应变换思维，找到某一原理，它应适用于所有问题。

我们来看另一个例子。一家商店的老板把一款女士长裤的价格从每双 1 美元降到 87 美分，因为他认为过去的价格太高了。他的儿子认为降价影响了销售额，因为客户认为产品降价一定是出了什么问题；他们还是想要过去那种"1 美元的长裤"。我不知道故事最后如何，但那个儿子很现代，他讲到了消费者"心理学"，而他的父亲成长在不谈心理学的年代，作为一名正直而负责的商人，他总是在考虑所谓的"经济"价格。在这里我想再次问：难道这个问题不能由某一原理解决，该原理部分是心理学部分是经济学吗？我还要问，难道我们不能不对思考进行划界吗？我认为我们应该这么做（不划界思考），去考虑每个遇到的问题。在本次谈话结束前，我会谈论自己对长裤分歧的想法。我不认为我们碰到了心理、伦理和经济的问题，而是碰到了伴随心理、伦理、经济以及法律的人的问题。一位女士让女仆从房间的一个地方搬一大盆蕨类植物到另一个地方。女仆回答说女士比她强壮，应该让她去搬。在这里你看到了一个伴随经济、心理和伦理方面的问题。单单用这些理论之一是不能令人满意地解决这个问题的。

我们必须不去划界思考，并且开始认真考虑所有社会科学的基本理论、所有生命过程的基本原理，当然，我们必须这样做，特别是为了本文的主题。组织工程的目标是通过有效的统一体进行控制。因此，如果我们想了解控制，就应该从理解统一体的性质开始，近些年来这个主题已经被其他领域的思想所极大地丰富，我想简要地说一下我们从生物学家、心理学家、哲学家那里学到的东西。亨德森教授是一位生物化学家，他认为我们应该把一个整体作为整体来研究，而非只是对其要素进行分解。他说："古代生理学家描述了血液循环、心跳或胃液特性，他们能告诉你分离的事实，但不能把这些事实联系起来，从而形成一幅令人满意的生命体的图像。"他又说，"生理学家远没有把生物体看作一个整体，但我们能把氧气和二氧化碳的运输、血液的酸碱度联系起来，看看它们在一个过程中是什么角色。我们可以研究这些整合部分如何让自己融入角色。"亨德森教授总是把整体的作用看作是部分的适应和集成。（难道这不是组织工程师首要的工作吗？）他做这些阐述，就是为了要说明，医生过去常常研究单一的疾病，但现在倾向于把人作为一个整体来研究——这可能是一门新科学的开始，即人类生物科学。

我们在许多地方看到这种把整体作为研究单位的强调。坎农博士的生理学是整合的生物体生理学，而非只分析部分。J. B. S. 霍尔丹指出，有机体内部的新陈代谢活动是一个"整体"活动，它的各个方面是密不可分的，而传统观点则认为这是独立的物理或化学过程。有些人一直在研究神经系统集成活动，他们的整体观给人以启示。谢林顿给我们展示了令人信服的结论，过去人们认为简单的反射活动是一项孤立的功能，这其实是一个虚假的概念，神经系统功能应该是一个整体。肯普夫是一名精神生物学家，他处理了所谓的"整体个性"。他为我们讲述了整合的统一体和功能整体。现在，许多心理学家正在把"组织""整合""个体的全部活动"作为研究的关键点（这些单词和习语是我们在企业管理中非常熟悉的）。格式塔学派提出了明确的整体学说，它否定了物理、精神或社会情境是由部分的正正相加组成。他们认为整体不仅由要素组成，也由它们之间的相互关系所决定。这不是一门新学说，但作为整个心理学派最重要的特点，它有很深远的影响。

此外，从事个性研究的人也深受格式塔学派的影响，他们通过人事主管、招工经理、产业心理学家对产业产生直接的影响。他们对统一体的性质拥有全面的理解，这已经影响了雇用、晋升和解雇，整体而非部分的观点正指导我们研究个体。我们过去用一连串特征来描述人们——他是自私的，他是这样的。但现在我们知道这种描述不能勾勒出他的客观形象。我们知道这些特征是相关的，它们构成了一个人的个性。罗斯福[⊖]的好斗可能不同于其他人的好斗。随着对这一点的认识深入，我们可以断定未来的传记写作将会与过去有明显的不同。

再者，考虑我们现在进行智力测试的方式。这里有一张列表："推理能力、想象能力、非文字记忆、无意学习、判断能力、特殊领域的知识学习。"过去，人们常常认为可以得到各个部分的百分比。现在我们要问它们如何相互修正。如果一个人过分自信（或过分谨慎）可能影响他的推理能力，那么在测评推理能力的方式下，他的判断能力可能没有期望的好。

所有这些都在产业的安排或晋升上有所反映，雇主发现技能在产业价值中总是被高估。他们问（如果员工胜任他们的工作）那个人对工作中的哪些地方感兴趣，它如何影响技能。他们还问到他在群体中工作或与领班相处的能力，以及这些如何影响技能。反之亦然，技能可能影响一个人其他的素质。举个例子，他可能对工作很有兴趣，从而抵消了对领班或其他工人的不满。

西里尔·波特在他的《职业指导研究》一书中，指出关注不同因素相对意义的重要性，约卡姆博士在人事管理局会议上也提出了同样的观点。他讲述了另一种需要考虑的统一体。人事经理不得不思考人员的效率等级、工作分析、公司的晋升政策、生产和规模数据；今天，一些最好的人事经理认为工作的症结就在于理解这些因素的关系。

让我们从产业心理学角度给出更多阐释。疲劳研究过去常常考虑任务的单调以及它对个体的影响。现在的研究包括一般情况下个体的各种能量支出模型。换句话说，我们常常研究总体情境。梅奥博士一直坚持的"总

⊖ 西奥多·罗斯福，美国总统。

体情境"对自己的工作做出了很有价值的贡献,所有产业心理学家都认识到这一点。我们不仅要试图看到影响情境的每个因素,而且还要看到它们的相互关系。

这是今天最重要的思考趋势。在某一医院,有一个咨询诊所专治不太严重的病人。只要花费 10 美元,病人就可以接受许多专家的检查。但没有一位医生去综合所有专家的意见,得出总体上的结论。神经专家的、放射专家的以及其他人的报告被送到一位医生那里,正是他把病人送进医院的,他说:"这究竟代表什么?这合起来代表什么?"但有些医生希望矫正这些缺陷,这暗示了人们逐渐认识到整体的价值。

我们几乎在每一个研究领域都能看到这一点。威廉·莫顿·惠勒教授在《科学》上发表了一篇文章,其中提到了"新兴演化和社会",他是一位杰出的动物学家,曾经发表过关于动物社会生活的著述。在那篇文章中,我认为他的结论没有足够的基础,但文章的第一部分陈述了我们在此所讨论的原理,这让人很感兴趣。

以下又是一个来自动物学的例子,《哺乳动物学》上有一篇关于野老鼠的文章,指出它们的分布不是由任何单一的物理环境因素控制——气候条件,食物或水的供应,或种群间的对抗,筑巢材料——而是由老鼠与生物群体的关系控制,后者是一个整体,而老鼠是它的一员。"动物行为对环境复杂性"的关系标志了不同思考领域的有趣对应。这与梅奥博士"总体情境"的意义很相似。

在人类学领域,马林诺夫斯基说文化是整体,如果不产生改变整体的反响,那你就不能改变任何特征。

在哲学领域,最伟大的思想家给予我们的远多于统一体带来的启示。在活着的哲学家中,对于我们对这一事实的理解,我认为怀特海教授做出的贡献最大。

转到社会科学领域,我们在对政府的研究中发现了相同的事实——统一体不仅由要素构成,而且由它们之间的关系所决定。举个例子,我们看到国家间的再结盟如何改变了每个国家。正如生物学家告诉我们每个有机体都有自己的形式或结构，它由要素在其中的排列方式所决定，我们在社会层面上也发现了这一点，再结盟不仅仅是结盟，它还改变了被安排事物的特征。欧盟的重组对其中的每个国家都产生了影响。

在政府研究中，我们看到了许多例子，它们都对统一体有所启示——真正的统一体、伪统一体、尝试性的统一体。我们没有时间一一讨论它们，但国家联盟却值得一提。人们可能指出南欧独裁者似乎逐渐步入正轨。我认为原因在于这些国家发现：统一是必须的，但他们还没有找到一种更好的实现方式，或者说更加接近真实统一体的方式。

一些政治学家犯了这样的错误，他们认为协调和平衡是同义的。大多数政治多元主义者都这样认为。基尔特社会主义者的协调结果是一项公断或者带有法院性质的诉求，以保持自治体间的平衡。根据我所阐释的学说，"协调自治体"是不可能实现的。你不能协调自治体，因为正是协调构建了职能整体。

对于我们正在讨论的原理，政府也开始意识到了它的价值。以下是它的一个有趣表现。在英格兰，政府正致力于职能化各部门，并构建部门间的交叉联系，后者会促进整体更紧密、更有效，形成一个职能整体，而非一个基于宪法或法律的专断、华而不实的整体。

以政府的另一事例为证，许多人认为民主意味着参与。如果它只意味着这一点，那么我将不再信任民主。我们想要的是有效的联系、部分之间的互动以及协同功能。我们必须为这些互动提供必要的组织，还要认识和控制现有的组织。否定它们的存在是一个本质的错误。杜威教授认为公众在政府中的角色（我使用了他的原话）就是干预，这种干预不是持续进行的，而是只施加于某些节点。他认为公众拥有自己的生活，其以工作和娱乐为主，这样，他就对"非持续性"做出了解释。我认为杜威教授的言论缺少证据。我们有自己的工作？作为一位佛蒙特州的农民，我外出修剪羊

⊖ 参看《创造性经验》，"尽管谈及利益的牺牲时，人们都很情绪化，但在统一的过程中还存在一个必要的部分，即对利益的再评估。对于个人和国家，这都是一项进步。当利益的再评估告诉我们加入国家联盟是有利的，我们会乐意这样做"。

⊖ 参看《新国家》，第 28 ~ 32 章，其中有对政治多元化的充分讨论。

毛，但在华盛顿，他们对羊毛的进口征收关税——正如我所期望的。我的娱乐？我去电影院，同时政府搜查它们——这使我害怕。但我不应再深入这些问题。之所以对此进行讨论，是因为我想让大家明白一点：理解政治学的基础与理解企业管理的基础是一样的，即整合统一体。

在经济学领域，我们发现同样的思想也在形成。10 或 15 年前，我们从某些经济学家那里听到许多关于本能的讨论；一种本能要这样来满足，另一种则要凭借其他的手段。今天，我不知道是否有经济学家以这种方式来思考。他们看到本能在相互作用，而结果取决于它们作用的方式。

我们也从经济学家和心理学家那里听到所谓的"需求系统"，它指的是我们不能依次满足自己的需求或要求，不同要求是相互作用的，需求系统整体并非单个需求的累加。"系统"一词的使用很有意义。它具备生物学以及有组织活动的意义。"动力"或需求以及它们之间的关系都对我们的生活进行了控制，但前者的程度远不及后者。

我认为对于需求系统的一般认知将消除大量不必要的讨论。亚瑟·裴是英国最能干的工会领袖之一（有些人认为是最能干的），今年夏天对我说："工人追求的不是更多的报酬，而是地位的提升。"我认为他的本意并非如此，但他强调了地位在需求系统中的重要性。我们知道工人想要很多东西——工作安全、令他们感兴趣的工作、性格相适的共事者、对其能力的赏识、体面的工作环境等。现在，这些需求之间存在相互联系；用我们的话来说，它们形成了一个结构、模式、整体、统一体。

在其他领域，精神病学家寻求一个复杂而非单一的原因。精神病学在这一方面已经取得了显著的进步。

同样的，缓刑监督官也意识到整体的存在，或者用动物学家的话来说，即环境的复杂性。他看到不只是一些事影响了男孩的一生，他还试图理解他们相互影响的方式。

举一个社会工作者的例子。她遇到了一个女孩，这个女孩性情暴躁，有一个挑剔的继母、一份不合适的工作、不健康的晚间娱乐习惯。最成功的社会工作者并非一个接一个地处理问题，而是搞清楚它们相互之间的关系。一份更适合的工作可能改变所有其他问题，从而改变全部。

尽管人们现在习惯于讨论"总体情境"，但对许多人而言，它仅仅意味着处理问题时要考虑进所有的因素，所以我再次对关系做出强调。举个例子，使用该词的产业心理学家告诉我们，当一名工人对领班很粗鲁时，我们不能立刻判定他脾气不好或者是领班让人很恼火；原因可能在于他早餐时与妻子发生口角。也就是说，这些心理学家警告我们需要考虑所有因素。我所强调的不仅是情境总体，而是总体的性质。

我想对统一体的性质做一些讨论，因为如果统一体是生物学、心理学、哲学的关键词，那么对于组织工程师或企业经理所处理的问题而言，协调肯定是症结所在。与英国和美国的组织工程师谈论时，他们总是说协调是他们最重要也是最困难的问题。他们开始理解协调组成了"整合统一体"（肯普夫的表述）。企业的各部分应该通过相互协调走到一起，形成运转的统一体，而非零散的堆加。如果两个单元没有和谐共存，协调也就不存在。它们需要形成一个统一体，你才能说协调是存在的。通过统一体的日益演化，我们才能前进，生物学家、心理学家和哲学家也意识到了这一点。

在企业管理中，反映这些基本原理的例子数不胜数。对于任何企业问题而言，你不仅需要考虑某一情境下的所有因素，还要考虑它们之间的关系。这意味着，当一个情境增加或减少一个因素时，我们得到的并非单纯增加或减少一个因素的情境，因为其他的因素都被改变了。在董事会中你也能看到这一情况。当一个人离开，剩下的人就会不同。董事会的影响不同于失去此人后的影响，因为他的离去轻微改变了其他人，使整体有所不同。公司总经理与一个董事会的关系可能不同于他与另一董事会的关系，每个商人都知道这一点。

一家企业的某一部门没有与其余部门保持同步发展，为了查明原因，人们向一名组织顾问咨询，他认为问题的解决不在于改变该部门的一些事情，尽管董事会希望他这样做。他建议对该部门各部分之间的关系做出改变。

某一情境包括了信用状况、顾客需求、产能以及工人态度，以此为例。它们通过彼此的关系组成了某一情境。如果其中一项被改变，即使不是全部，部分剩余因素也会发生改变。

几天前，当我开始写作本文时，一家大公司的老板对我说了一些话，我对它们很感兴趣。我会引用他的话，同时，也请大家思考格式塔学派对统一体的讨论，即它不是部分之间的简单相加。他说：

"如果部门主管说他对部门 D 和部门 E 进行了协调，而我发现部门 D 和部门 E 与原来一样，我就知道他没有说实话；它们没有得到协调。如果它们得到了协调，部分将会发生改变，也就是说，在某些方面，部门 D 的实践将不同于协调前。"

该陈述包含了非常深刻的真理，但它是出自一名企业实践者，而非哲学家。

整体决定部分、部分也决定整体，人们可能认为该陈述表明了这一观点，但它不够严谨。同一活动也决定了部分和整体。

部分之间的相互作用不仅会改变自己，也创造了统一体，这一原理适用于各个研究领域，我希望自己阐明了这一点。这是本文的第一个观点。

创造统一体的相互活动的性质

我的第二个观点与相互作用的性质有关。如果能够发现这一点，我认为我们已经走到了一些非常关键的地方。假设你有两个因素，或者我更喜欢说成是两项活动 A 和 B，它们相互影响。问题关键在于相互影响指的是什么。它指的是 A 影响 B 或者 B 影响 A 的所有方式吗？它的含义远多于此。它意味着：A 影响 B，B 受 A 的影响，有所变化，然后 B 又影响 A，从而使得 A 自身的活动也成了引发它最终活动的动因。这类似于生理学中所谓的循环反应，荷兰生理学家博克很好地揭示了后者的重要性。在每一情境下，自身的活动引发了我们最终的活动。我们对动因做出反应，而后者在我们的促使下形成。资本主义的反应不是针对工会，而是针对自身与工会之间的关系。[⊖]只要以类似情况为例，我们就会

⊖　参看《创造性经验》，"让我们对迄今为止的所有观点进行总结，即工人对以下因素做出反应：①雇主，包括工资、管理或利润分享，工厂条件等；②总体条件，包括生活成本等；③自己的愿望，渴望，生活标准等；④自身的反应和以上情况的关系"。

发现，不考虑这个事实是很不充分的。在对冲突的研究中，它是最重要的一点。我不是与你进行斗争，而是与你和我自己，或者更正确地讲是你和我的关系。法国不仅仅在对德国做出反应，因为很多德国的行动是由法国引起的。法国的行为不是德国行为的函数，而是两者结合的函数。我们要看到任何人类活动都蕴含着该规律。对历史、法学、经济学和企业管理而言，它都很关键。

我们也要注意这一点：当我们说法国的行为是法国与德国结合的函数时，我们认为统一体不是结合的结果，而是结合本身。统一体是一个过程，而非结果。除非我们根据过程来进行思考，否则我所做的陈述将失去意义。在这种观点下，当我们说法国的行为是法国和德国结合的函数时，我们的所指不仅仅在于部分之间相互改变；更在于整体改变了部分。

请注意我们正进一步展开观点。我已说过整体不仅由要素决定，还由它们相互之间的关系决定。我现在要说整体还由它与部分之间的关系决定。我们能够在企业管理中最清晰地看到这一点。生产政策、销售政策、财务政策、人事政策相互影响，总体政策由它们结合创建，但总体政策一直在影响生产、销售、财务和人事政策，甚至在形成中也是如此。或者反过来讲——在构成总体政策的同时，部门政策也受其影响。这听起来自相矛盾，但却是最真实的。企业整合必须被当作一个过程，而非一个产品。我们要具备过程意识。我相信这是理解企业组织的第一要点。一些问题在讨论是总体政策指示部门政策，还是部门政策贡献总体政策。一个更深刻的事实蕴含于此，我也试图向你们展示它——让整体和部分同时形成的活动。我们从来没有"把部分聚集在一起"，即使当我们自认为如此的时候。我们看到部分一起行动，它们一起行动的方式就是整体。我使用"部分"一词，人们常常说总体中的"因素"或"要素"，但无论使用哪一个词，我们都在谈论活动，这一点要记住。

这些基本原理也作用于个人层面，我希望有时间来展示这一点，但我们通常注意到：尽管构成个性的不同特征一直都在相互影响（我很自私，但部分程度上，我自私的程度和种类又由其他特征决定），但同时，它们也受个性的影响。我的个性影响了我的自私、好斗，明年，如果我的个性有所变化，它将影响不同的组成特征。

企业统一体也是如此。我刚举了一个例子，它反映了总体政策对部门政策的影响，但如果一家工厂不存在这一现象，它也就失去了意义。如果两名部门主管组成一个好的工作团队，该团队会影响他们各自的活动。同时，他们各自的活动又彼此相连，形成整体。以自己和隔壁房间的琼斯为例，你很容易理解这一点，这是我们最深刻的哲学原理。以自己和琼斯为例，它很容易被理解，然而，当关系变复杂时，事情就没那么容易了。当我们完全理解它时，企业组织也就前进了一大步。

无论在社会层面还是在个人层面，我对该观点的阐释都可能过分简化。为了避免这一点，让我们举一些真实的例子，并简要带过。供销合作协会经常与成员就违约问题产生冲突，我想以此为例，并且根据要求来描述冲突。

供销合作者想要	农场主想要
1. 得到足够的棉花或烟草或商品，从而控制市场 2. 得到足够的资金去支付管理费用 3. 与农场主友善相处，这样他们不仅仅是出于责任而履行此次合约，而且还会续签	1. 更高的价格和更稳定的市场 2. 更容易获得贷款 3. 避免产品卖不出去的灾难性后果

左边三项结合，右边三项结合，然后两个统一体合并，统一体的形成过程并非如此，这是我的主要观点。这一过程太漫长了，因为当每一边的三项整合时，左边和右边之间的结合也在进行，此外，它也对每一边的整合产生了极大的影响。如果对社会情境的研究不考虑这一点，那么它将是不全面的。

互动组成了统一体，我所讨论的正是它的性质。尽管我们没有时间深入该过程，但我想指出它的一个特征，它被我称为激发，即一方从另一方那里唤起一些东西，释放一些东西，解放一些东西，为潜在的能力和可能性开辟道路。在企业管理中，这是非常重要的一点，因为在统一人们的能力之前，你需要在组织中唤醒它们。激发、释放是协调的基础。换句话说，你要抓到一只野兔，才能去煮它。

由于这一必要性，我们强调要对工厂中的工人和管理者进行教育。受教育对大家都好，它并非因为这一模糊的观点，而是出于把协调作为组织的中心思想的考虑，我们问自己：对于我们将要联合的东西，它的品质如何？这是第一步——首先去寻找协调对象。

综合的出现

我们现在来看本文的第三个观点。每一个社会过程有三个方面：互动、统一、新兴。但我们对互动的考虑表明互动和统一是一体的。现在考虑新兴吗？我们已经这样做了。因为新兴也是同一过程的一部分。当我把它说成是过程的一部分时，我仍没有准确的表达自己。这三个（互动、统一、新兴）不是一个过程的三步。它们同时发生，组成了该过程的不同方面。

科学家越来越多地使用"新兴"一词来描述新意。例如摩根的突发进化、斯波汀的创造性综合、布罗德的新兴活力论。"新兴"和"新兴的"似乎是最常用的词。它们意味着过程中出现了一些新东西，反映了过程的进步性。新兴模式、复杂的新兴整体由组成因素的互相作用和关联形成，哲学家和科学家也同意这一点。我们在日常的企业管理中也能看到这一点。在一个又一个情况中，当产生一个进步而成功的政策时，我们发现它来自科学家所谓的"交互积累"，我将其称之为整合。

然而，我首先想说的是，当我使用科学家的表述时，如交互积累、新兴以及其他，我并不是想用学术的形式向你们阐述日常道理。使用它们的原因在于我对以下情况很感兴趣（比对任何其他都感兴趣），即科学家、哲学家和企业经理之间思想的一致，因为在我看来，它们强烈暗示了我们走在正确的方向上。研究关系的人从完全不同的角度得出了一样的结论，这有很大的意义。

我要举一个整合的例子。一名采购人建议买一种质量稍次的原材料，它也能满足使用要求，并且价格要低一些。生产部主管认为它不能带来满意的结果。采购人应该怎么办？也许这一不同观点促使他去仔细寻找另一原材料，它的价格更低，并且能为生产经理提供满意的结果。这就是整合。大家要注意，整合通常有三种结果：双方都很满意；情况得到改善，即产品的成本降低，而质量并未下降；当该原材料因此在整个产业得到普及时，它会为消费者带来更广泛、更一致的价值，从而最终降低消费者的支付水平。

　　之前我曾举过一个例子，它是一场发生在父子之间的争论，焦点是某一款袜子是卖 87 美分还是 1 美元，当时我说之后会给出一个可能的解决方案。这个争论反映了定价的不规律、不一致、无计划性。假设父亲和儿子认识到这一点，假设他们开创了先河，动员零售商、批发商和制造商共同发现定价的恰当基础，并找到教育公众的手段，让他们理解定价的基础。在该例中，儿子对心理的关注和父亲对经济的考虑最终得到了满足；除此之外，它还产生了一种新兴的价值，即更好的企业政策、更好的社会政策。

　　以下是对第三点的说明，也是对前面的总结：我的第一个观点与总体情境有关；第二个是关于相互作用的性质，它决定了总体情境；第三个则是关于进化中的情境。我们开始意识到相互调整并不仅仅是调整；它还带来了心理学家所谓的"新事物"、"进化的关键时刻"。从事建设性活动的人都在寻求自身活动的正面价值。正如人们对有机体、统一体感兴趣一样（生物学家、哲学家、社会学家或其他），他们也对所谓的新兴、溢出、进化、新价值的出现很感兴趣：怀特海教授的哲学主要基于"不同价值的相互影响"和"新兴价值"，在企业管理中，我们也发现同一原理。职能关联的价值超越了各部分之和。真正的结合或渗透通过改变双方进行，它创造了新情境。回顾对于部门协调，那位工厂总经理所说的话——在一定程度上，真正的协调改变了被协调的双方。职能关联是自我创造一致的持续性过程。我的大多数哲学理念都包含于此。这句话能用于测试企业组织或企业管理的任何部分。如果拥有恰当的职能关联种类，你将拥有这样一个过程，它能创造一个统一体，后者又会创造更多的统一体——自我创造迭进。

　　解决劳工争议时，对此的理解很重要。如果我们希望问题的解决带来进步和更大的成功，我们应该试图满足双方的价值，这将为我们带来更大的价值，它多于双方价值之和，也会带来新兴价值。当思维局限于非此即

彼的观点中，我们的视野变得狭隘，成功的机会也大大减少。我们不要让
自己被非此即彼吓倒。我们想了解如何让人际关系更有效。相互影响和互
动行为都包括了发展的情境，它们对企业管理很基本，对政治经济学、法
学和伦理学也是如此。

在进入第二部分对控制进行讨论之前，让我们在另一个领域对之前提
过的一致性进行探讨，因为我不能过分强调同一原理在人类活动的每一领
域的重要性。我们在艺术（建筑、绘画、诗歌、音乐）中发现基本原理是
组织、关联性。19世纪的最后10年间，人们对希腊艺术的研究采取了数学
分析方法，它建立在关系的基础上，我对其很感兴趣。在最近的一本关于
诗歌的书中，我读到："只要诗歌是一个有机的整体，它就可以改变自身的
含义，这也是它一直持续的原因。"对于音乐，一位朋友上周所说的话让我
很惊叹：尽管我们认为管弦乐队的每个人都知道自己的角色，指挥家也把
整个过程当作整合的统一体，但只有当指挥家跟大家分享他的内在思想时，
大家才会有最好的表现，我们需要了解这一点。我认为它相当微妙。

我们的原理在艺术上表现出一定的趣味和意义，除了关注这一点之外，
不同的人对关系展现出不同的敏感度，我对此也很感兴趣。一名生物学家
让助手中的一个日本人为他画画，他画的鱼呈现出曲线，既代表运动，也
暗示水的存在。他和其他年轻人做得并不一样，后者画的只是一条鱼。

与日常工作相比，我们对美术上的关系更敏感。坐在火车上时，一系
列景色掠过你的眼前。你看到溪边的花，草地上的牛，松树下的大石头。
一天下来，你并不会只想到土地、岩石、溪流、树木。我认为这种对关系
的敏感性将是我们在企业管理中拥有的最大财富。

控制的性质：取决于对统一体的理解

控制与本文的标题有什么关系？为什么我如此多地讲到统一体的性
质？因为不理解统一体，我们就无法理解控制。我说过组织工程师的首要
问题是协调。这意味着如果没有统一体，他就不能进行控制。让我们用日

常工作中最朴实的语言来阐明这一点。为了控制某种情境，你需要与相关的经理进行合作。你要统一他们与自身的观点，控制的程度部分取决于统一的进展。

在研究的每个层面上，我都发现了该规律。我在文中提到过一些生物学家、心理学家、哲学家，他们最基本的思想与整合的统一体有关，他们认为有机体具备自我调节、自我指挥的特点。他们认为组织活动就是指挥活动。互动就是控制，一些论述政府管理和工商管理的作家，其作品中关键的弱点在于没有提出控制。没有肌肉的协调，人早上就不能起床，也不能走路去上班，这就是控制。运动员有更多的此类协调，因此也就更多的控制。在个人层面上，当协调自身的不同趋向时，我也在越来越多地对自己进行控制。这里有两个观点很有趣：它不仅展示了同一规律在不同层面上的运作，而且越来越多地用于协调产业中的个体以及获得有效的团体活动。事实上，这两者的联系比人们所想要更加紧密。当两个人之间出现冲突或者不同的观点时（如雇主和雇员，或两名经理，或两名董事会成员）我们的任务不仅是调和他们，而需要对每个人进行研究，看其是否存在相互对立的趋向，因为可能正是这种内部冲突阻碍了个体之间的冲突得到满意的解决。此外，我们要知道采取什么措施能调和这些对立的趋向，解决内部冲突，从而让他们形成有效的联系。但我们必须记住，这不是一个先行的过程，人们有时会忘记这一点；两种整合是同时进行的。A 和 B 的冲突、或者 A 和 B 的整合可能帮助 A 融合了自身不一致的趋向，也同样帮助了 B。这不是两个过程，而是一个；如果一个人生活在自己的世界里，那么他不能整合自己的个性。我在供销合作的阐释中提到了双重过程，这与之一致。

不是所有涉足产业的精神病学家都会花费足够的时间关注这一点。他们将调整个体，但"调整"一词表明这个人要对一些事情做出调整、内外的同时调整以及它们之间的相互影响应该被充分认识到。

我已经说过在生物学层面，成长是通过简单明确反应的持续整合进行的。我们看到同一规律在个人层面上运作；不同的趋向被统一成新的行动模式。之前两个人的例子属于社会层面，我们也是通过有效的整合进行控制。职权应该在统一的过程中产生。每一过程受到自身职权的支配，也就是说，职权演化于或者包含在过程之中，所以社会控制由过程本身产生。或者说，自我创建的一致就是控制。我们在国际关系中清楚地看到这一点。我们不能制定一个国际解决方案，并且设定权力去实施它；解决方案必须提供自身的动力机制。一名政治学家在最近的一本书上说到职权协调人们的经验。事实并非如此，而是与之相反。合法的职权来自协调，而非协调来自职权。这一点体现在我所论及的每一件事上。合法的职权是相关经验的相互交织。

我认为英国工党的知识分子正在犯一个严重的错误，他们不接受这一基本原理。他们以斗争的方式看待整个劳方问题。沃里克女士为一家劳工学院赞助发行《劳工》杂志，该杂志提倡伊斯顿·洛奇的思想，G. D. H. 科尔在上面发表了一篇充满激情的文章，他这样结尾："教育……会让年轻工人产生对权力的渴望……它会带我们走向胜利。"

你们可以看到科尔以斗争的方式进行思考，但既然我们对此种方式已经尝试了数千年甚至百万年，而且它不是非常成功，为什么不换一种方式？另一种方式告诉我们，一个部分不能长期凌驾于另一部分之上，但你可以通过整合的统一体来自我指挥。当雇主和雇员愿意坐下来，一起解决问题，而非依据谁拥有更强的经济实力进行谈判，我们将走上解决"劳方问题"的正确道路。在构建整合统一体的过程中，真正的职权自发地形成，这应是职工代表制讨论的焦点，而非工人的"权利"，后者仅仅缓和了员工的处境。

我谈到了英国工党。控制是统一体基本特性的一部分，我们在许多地方看到了对此的漠视。在消费者联盟中，许多人过分强调与制造商"斗争"；而只有与制造商联合时，他们才能在对情境的控制中享受到充分的利益。我最近从消费者联盟收到一封信，信中说道："让消费者获得平等的权力。"我希望自己不用停下来，解释为什么这是完全错误的。"权力的平衡"是我在国际争端、在产业分歧中听到的习语，现在它却出现在消费者对制造商的抵制中。本文告诉我们，共同发展的权力意味着创建新价值的可能性，这一过程完全不同于无结果的平衡。

我已经谈论了政府、国际关系、资方与劳方、生产者与消费者。在对企业组织的研究中，我们认为职权并非高高在上，它伴随着职能，我们在企业组织中试图寻找获取累积职权的方法，它融合了所有职能角色的经验。

如果控制在统一的过程中产生，统一体整合的程度越高，我们的指挥权也越大，这一点要注意。当银行家、制造商、工人和消费者学习到如何形成整合的统一体时，我们将获得更大程度的社会控制。

我对去年夏天在英国发生的小插曲很感兴趣，在我看来，它很有意义。我摔坏了自己的手表，它不走了。由于第二天就要离开伦敦，我希望能立刻修好它，因为我没有带其他的表。我把它拿到邦德大街一家珠宝店的维修部，他们说需要 10 天才能修好。我知道按照惯例，它要被送往维修店，然后排队等候。于是我解释了情况的紧急性，问他们是否可以给我维修者的地址。他们的答复是不知道任何维修者的地址。然后，我沿着邦德街走，凡是橱窗里有表的商店我都走进去问了同样的问题。他们的回答都是一样的，他们不知道，但都可以给我修。现在我不相信美国会发生此类情况。我认为英国销售商的团体意识还没有建立起来。在英国的时候，我得知美国的零售状况比英国好，我想自己知道原因之一。在邦德大街销售手表的人只看到了修表所带来的几先令的利益；而没有意识到，只有在长期内充分利用销售团体的优势，才能建立起购买者的信心。这里缺少统一体的意识，因此到目前为止，零售业缺少控制。美国的零售业比英国先进，这一现象存在很多原因，以上可能是其中之一。

以下总结了到目前为止我对控制的讨论：控制是过程的一部分，我们可以在生物体、个人、社会层面看到这一过程。有意的控制是生物学家上升到意识高度的自我调节。有意的控制是 20 世纪的主导思想。越来越多的经济学家、法学家、历史学家和社会学家都在谈论它。这是我们这一代对世界的主要贡献。我们通过协调进行控制。

通过有效的统一体可以获得控制，我还没有涉及它的实现方法，因为它是管理的整体问题，需要一系列的讨论而非一次讨论。举个例子，由于缺少对相关部门的协调，过度销售反映了控制的缺乏，你可以举出一百个这样的例子。在统一行动之前，我们必须统一政策，这一点要记住。假设企业中有一个部门正在研究消费者需求。如果它与销售部的基本政策不一致，我们将无法成功地协调这两个部门。

总结：获取控制的步骤

如果没有时间在细节上考虑控制问题，我们至少要在普遍意义上，关注获取控制所采用的步骤，其中要采用本文的术语。我以此来总结全文。作为总结，这里会有些重复。

第一步是看到控制的范畴。在任何情况下，总体是复杂的而不是单一的。让我们来看现在的意大利。一个人可以在情境中占据如此重要的地位，这是最有趣的现象之一，然而为了理解意大利的状况，我们需要汇集起所有的影响因素以及赋予墨索里尼权力的因素。找到组成控制范畴的因素是一方面，但我们要超越这一点。我们应该把控制的范畴看作整合的统一体，也就是说，我们要意识到它不仅由单一因素组成，还包括相互的活动。

如果理解问题的第一步是把控制看作整合的统一体，那么第二步是从一个控制领域转移到其他控制领域。当到达这一点时，我们已经处于问题的核心，以至于我希望讨论才刚刚开始。如果我对这一点进行阐释，它可以沿着我所提过的新兴这一思路进行。在此我只能说，当我们理解了这一过程，预期将不仅仅是预期，它意味着更多。它不仅意味着看到接下来的情境；还意味着形成接下来的情境。米兰最大的制造商之一说，去年7月，他和其他的意大利制造商一起学习美国的科学管理方法，以便当墨索里尼退出时，他们已为将面临的产业情境做好准备。用我们今晚的话来说，这意味着，当一个控制领域破碎时，他们将有能力构建下一个。

历史学家认为研究历史可以帮助我们预测情境，我不完全同意这一观点；它所能做的要多于此，它应该帮助我们创造情境。

这在企业管理中很重要。许多雇主被告知，他们应该研究工人的心理，以便下次罢工时获取胜利。我认为他们的目标不应是预见一次罢工，而是让罢工更少发生。再者，考虑商业周期。过去人们常常认为商业周期是不可摆脱的。为了满足需求定期地波动，商人开始对它进行研究。下一步是阻止波动。比如，如果足够的制造商看到繁荣时期不是扩张时期（引入新产品线、新设备等），那么企业也许就不会面临繁荣与衰退的交替。今年秋天，在牛津大学的一次会议上，我谈到企业管理，⊖其中一篇文章是关于预期的，它很新颖也很有趣，但在接下来的讨论中，我发现一个有趣的事实：人们都把预期仅仅看作预期，几乎没有人超越这一观点。在美国，许多商人试图让周期消失，这也是胡佛所提倡的。

如何从一种情境转向另一种，这是我们最需要弄明白的一点；我们现在要对此进行研究。生物学家、哲学家、心理学家已经大量讨论了统一体或整体情境如何来构建；我们对一个统一体转向另一个了解的不多，或者用格式塔心理学派的话来说，既如何产生多产的结构。我的一个朋友是政治学家，他说自己把这一点当作政治学家的主要问题。例如，德国的社会民主党需要加入一个联盟吗？那会产生多产的结构吗？它会产生有效的总体情境吗？我们不知道是否如此，我们也不知道如何去发现这些。尽管政治学家没有想出任何令人满意的测试或思维技巧，但他们正在致力于解决这一问题，许多人也对同一问题感兴趣，在我看来，这些事实都带来了希望。企业管理有两个基本问题：第一，定义总体情境的基本性质；第二，如何从一个总体情境转向另一个。我认为我们已经令人满意地回答了第一个问题，它并非单独包含在一个职能关联中，而是与之相关的。我们还没回答出第二个，但问题的提出离问题的解决还有很长的路要走，许多人正试图针对控制提出问题。

⊖　朗特里演讲会议，牛津大学贝列尔学院举办，1926 年 10 月。

认同与参与的心理特征

在前面我们探讨了一些人际关系的基本原则。我希望能以这些原则检验我在本次会议系列[⊖]中接下来应邀演讲的主题——关系，包括认同的关系、参与的关系、仲裁者和调解者与群体之间的关系，以及领导者与专家之间的关系。

被统治者的"认同"并非民主的恰当表现

首先我们考察被统治者的认同学说[⊜]。我并不认为它能经得起我们当前的检验。单一的认同与空洞的认同，仅仅告知了我们那些为了获得认同而提出议案的人的想法，它没有给予我们他人所能贡献的一切。

当我们的晚间活动中心在波士顿开放时（在校区内为成人提供教育、娱乐、公民集会以及类似活动），我被选为学校委员会的咨询委员会主席。我希望这些中心一开始就或多或少以民主为基础，将附近社区的居民纳入各个社团，规划并启动居民自己的活动；并且尽可能地指导他们。因此，在最初的几个月中，我花了大量的时间与各个中心的主管就此进行沟通。一天晚上，在参观其中一个中心时，主管微笑着走过来对我说："在本中心我们正在做你想让我们做的事。我们会在 9:50 集合成员（10 点钟关门）然后对问题进行投票。"然而这根本不是我所想要的。我想要的是在考虑问题的过程中体现全部的教育与责任，同时毫无疑问地引发更大的兴趣；我对单一的投票不感兴趣。在我看来，这就是最空洞的认同。单一的投票只是形式而不是实质意义的认同（agreement）。我们在一张选票上所获得的真实同意并不比"宣告"和平来得多，后者正是（第一次世界大战）盟军在凡尔赛试图达成的。他们试图宣告和平而不是通过扫清障碍的方式实现和平。他们没有清晰地看到和平既是一个过程也是一个结果。与此相同，真实的同意是一个交织着各种活动的漫长进程的组成部分，它不是认同，而是参与。

很多人在思想上已经超越了"被统治者的认同"这个阶段，但是一些

    ⊖　本文发表于 1927 年 3 月。

    ⊜　参见《创造性经验》第 11 章"'认同'并非被统治者的技术"。

政治科学家仍在鼓吹这一观点。事实上，拥有被统治者的认同总比没有的好。在那些落后国家中，这正是我们需要推广的，因为我们把它视为第一步。但是现在我们也承认它仅仅是第一步，只有参与而非认同才是任何社会关系的合理基础。⊖

顺便提一下，我想指出，在当代的商务环境中我们通常所见的是统治者的认同，这对被统治者的认同理论而言是一个冲击。一位普通职员制订计划并上报部门主管以获取认同，部门主管制订计划并上报总裁以获取认同，一家美国最具影响力企业之一的总裁曾告诉我，他的大部分时间花在认同经理的计划上面。

什么是参与

假如我们相信参与而非认同，那么接下来就应该定义参与。仅仅参与是不够的。你可以把所有机器零件收集在一起，但是只有当你将它们正确联系起来时你才拥有了一台机器。一个组织的首要任务是如何联系各个部分以形成一个运营的整体，然后你才能获得有效的参与。我们在前文中总结到，民主并不仅指所有人的参与，民主应该意味着组织，即相互联系的各方的合作，不是吗？这就是参与的定义。在会议中，我们通过相关的思考而非单一的投票进行参与，后者仅仅是对已形成的观点的记录。马萨诸塞州的最低工资法有一条明智的规定：寻找达成协议方法的过程优先于单一的投票。有一次我参加了最低工资的听证会，当时工会成员试图提早投票，听证会秘书不得不向他们指出，工会来此的目的不是记录已成型的观点，而是讨论工会代表、雇主代表和公众代表之间是否存在某些无法达成一致的意见。我发现这也是英国工会运营的原则。我将在接下来的篇幅里更深入地探讨这个问题。

⊖ 参见《创造性经验》，"认同理论完全基于思想与行为能够相互分离的知识谬论上。认同理论假设我们通过'头脑'思考，但我们不是。人们认为，政治领导者在我们头脑中放置了某些会使头脑做出反应的东西。然而我们经常看到一些例子，即我们无法通过最谨慎的推理来说服别人按其他方式思考。但是之后，通过给予他们参加某种活动的机会，他们的'头脑'由此改变"。

另一个说明参与必须融合各个相关团体的观点的例子如下，一位地位重要的经理没有参加会议而是派人传达他对某件事的看法，他在做出决策之前没有给对方发表意见的机会，对此，一位工厂的工人代表发动工会对其行为进行抗议。这位工人代表理解我们在"控制"讨论中考虑的其中一条基本原则，即互动在过程中的优势，它使各方都从对方中受益。

让我们再来看福尔河造船工厂的例子，工会计划举行单独的工人代表例会，但是在三个月的试验期后，职工们认为单独例会只是浪费时间，只有全体例会才能有效地为制定决策收集所有必要的证据，因此解散了单独例会。

获取参与

如果参与意味着每一个人根据自己的能力，加入一个由相关活动组成的单位中，那么接下来的问题是如何获取参与。有三种方法可供选择：通过组织的设置、通过认知并遵循参与原则的日常管理机制以及通过一种解决分歧的方法，或者一种解决由不同性格、训练和修养的人形成的多元贡献的方法。与我们对一般组织或管理问题的掌握程度相比，这需要更多的时间和篇幅，因此我在本文中只阐述第三种方法。

这里有三种方法解决分歧：专制、妥协与整合。专制只使一方获得它所要的，妥协使双方都失去它们所要的，而通过整合，我们找到了让双方都得到它们想要的途径。你是否还记得前文中所举的例子，即采购方和生产经理的整合将可能降低工厂甚至整个行业的成本？对于经理之间的分歧，我们的目标从来不是和平，而是进步。当我们找到涵盖所有对立双方或对立多方的观点的整合途径时，我们取得了进步。但这需要深入的思考、独创性和灵活性。我们不应该认为整合是一个定论，它是一个成就。

参与的整个组成，或融合人们的各种贡献的方法，在今天的商业中具有超出以往的重要性，这是因为我们有更多的知识和经验可以分享。一家英国大工厂的劳资关系部门主管曾经告诉我，他处理升职和辞退问题的主要困难在于，如何把领班的意见和心理学家的发现结合起来。这可不像把桌子和椅子相加一样容易。他正试图设计一种精密的数学评分系统，以使这两种不同的知识和经验结合使用。

再来设想这样的一个场景：一位负责机器保养的员工告诉领班，某台机器需要检修，但是领班不同意。这是我们每天都会遇到的问题。一个地区的销售人员声称不可能卖出更高的价钱，而另一位员工去了该区认为他能卖得更高。销售人员说："我当然比刚来的家伙更了解我的客户。"那位员工则说："他的客户老是打击他，他当然不能像局外人那样看得透彻。"如何整合这两种观点？这样的问题在当今的管理形态中随处可见。这使得"参与"这个主题比以往更加复杂。同时，它又引发了非常有意思的问题。

我曾指出三种处理分歧的方法。其中专制最为常用，并作为准则得到大多数人的认可。政客们鼓吹它，包括那些劳资纠纷的仲裁者。但是我注意到，越来越多的管理者开始努力地尝试采用比妥协更好的方法，以获取双方观点的优势。当我们妥协时，一些东西永远失去了。我们希望用自己想要的方式做事，用自己认为对的方式做事。通过向他人强加自己的意愿或者把他人与自己的意愿整合起来，都是按照自己的方式做事。把自己的意愿强加于人显得太过粗鲁，很少有人愿意承认这种做法，但是假设我赞成专制并承认这点，那么，从长远来看，它能是最成功的方法吗？我并不这样认为，因为这次我把自己的意愿强加于我的经理同事，下次他会试图把他的意愿强加于我。我认为整合原理是经得起时间考验的深刻哲理，而且它又明显地符合我们的长期利益。

附带提一句，我惊奇地发现这个夏天我在英国很受关注。两个人曾在不同的时间都对我说："您在美国'从长远来看'的表述很受我们这里关注。"我非常吃惊，因为我不知道一个国家竟然没有相同或类似的表述。当然，英国人像我们一样关注未来，然而我仍然为我们"从长远来看"的表述能够吸引他们的眼球而感到不可思议。如果美国管理理念由于认可了"长远"而声明远扬，那么整合理应是这套理念的组成部分，因为新兴价值观通过前文的表述，最终得以整合。雷普利教授告诫我们应将注意力集中于生活的真实之处，即那些未来将会发生的东西。整合保障了未来。

接受整合的理念意味着在一定程度上改变目前很多人持有的牺牲观点。我把专制和牺牲放在一起，因为它们犯了同样的错误。如果我对你采取专制，我得到我所要的。如果我为你牺牲了自己的利益，你得到你所要的。我看不出这两种方法孰优孰劣。只有我们都得到自己想要的那才是赢局。正如我在之前强调的，整合有三种含义：我和你都得到自己想要的；整个局势得到提升；过程通常产生社会效益。因此我不认为我的任何社会参与是个人的自我牺牲，相反，这是个人贡献。

雇员代表制的优势之一在于，在很多执行雇员代表制的工厂中，雇主和雇员双方逐渐意识到，很多决策不仅仅只使单方的雇主或雇员受益，而是平衡地使双方受益。一个工人曾这样对我说："我有时在委员会会议中感受到双重责任，这是对双方的一种责任。"这种感受是整体（unity）意识的初级阶段，而当你具有整体意识时，自利是一件好事，因为它会延伸到你识别自己的群体的利益中。一个工人加入工会并将他的自我利益等同于工会利益，尽管一场罢工的发生有可能损害了他的直接或个人利益。下一步是工会与管理层联合解决产业问题。在这里，自利行为又一次产生了延伸含义。当今全英国的雇主和雇员们都迫切需要更好的管理。这种现象本身就是对雇主和雇员之间的连锁利益的承认。为什么位于日内瓦的国际劳工局是创立国际科学管理协会的三个机构之一？这是因为它意识到科学管理将同时使工人和雇主受益。

1926 年 11 月份皮草行业委员会的主席，在决议中正式承认集体利益优于个人利益。争论的焦点为是否在淡季降低工资。公平主席认为这不仅违背了皮草生产商联合会与皮草工会的协议，即使它使个人受惠，也违背了工会和雇主协会的最优利益。他说："一个公司希望通过降低工资与其他生产商在商品销售上竞价；一个工人希望与其他工人竞价。这两种观点都违背了行业的普遍利益，也违背了雇主协会和工会的利益。"他接着说："当组织的需求与单个成员或员工的期望冲突时，毫无疑问，组织的权利大于并优先于个人的权利。"他也许会说，而且一定在他的脑子里，组织利益与个人利益并不会冲突，因为从长远来看，组织的优势将成为个人的优势。

我认为人们通常将自己与集体利益视为一体，有意识地认识到最终集体利益将演变为个人利益。有一次我和一位朋友一起乘船，在夏日的中午穿越科摩湖。我们都是体形较大的人，而那天又极其炎热，船夫马上成为我所见过出汗最多的人。我努力地用意大利语为他承受酷暑表示同情。他吃惊地看着我说："但是这对葡萄树是好事。"他自己可能并没有葡萄树，但是他将自身利益等同于社会利益。这并不是说他愿意为集体利益做出牺牲，但是他把自己的个人利益包含在集体利益中，尽管他并不知道如何用言语表达。

这听上去好像我在说人们只会做满足自利的事，我希望在这点上不要误解我的意思。我并不是把理想主义和功利主义对立起来。我认为，我的自利观是一种理想主义。我曾听说过在任何一个集体中，都需要一位理想主义者和一位功利主义者，综合双方的观点就能得到全面的看法。但是我不赞同这样的观点。它所面临的困境无异于一位父亲有可能提升为主教的神父之女一样。一位友人去她家通知这个消息，神父的女儿接待了他。他问女儿她家是否要接受这个职位，女儿回答："我不知道。神父在他的书房祈祷主的指引，修女在楼上整理行李。"

现在你显然已经认识到我并不认为自利是一个贬义词。爱国主义就是自利行为的最崇高体现。我们为国家而战是因为国家代表了更巨大的自我。我们经常听到一个人试图表示他是"无私"的，也经常听到"这对我没有什么"这句话。但是为什么会对他没有什么呢？在我看来，认为一个人是"无私的"不是对他的赞扬，正好相反，这是对他严厉的谴责。成长和发展，意味着我们有所需求——并且要实现这些需求。可以肯定，如果一个人的无私是指在面对公共利益的时候不会寻求私人回报，那么我们应该衷心赞美。但是我所敦促的是，当我们有能力把自己作为最高整体的成员来定位自己时，我们应该尽可能地有利益、有私利。

我们还需要注意同情心的问题，即定位的同情心与自外而生的同情心是截然不同的两种概念。我提到这点，是因为存在一种普遍观点，认为职工代表制度团结了雇主和员工，能使两个阵营之间产生相互的同情心。我认同这一观点，同时我认为一旦双方统一了目标，那么它们能以最快的速度产生最佳的同情心。目前大多心理学家对同情心的定义是一种身有同感而不是为其所感。一位当今的作家，也是一位心理学家，举了一个失去妻子的鳏夫的例子。他说，一位同样失去妻子的朋友会对鳏夫产生同感，一位害怕了一段时间或即将失去妻子的朋友会产生少一点的同感，一位从没考虑过这种可能性的朋友的同感还更少一点，一位从未结过婚的朋友的同感更少。换句话而言，这位心理学家认为同情心取决于相似的经历。尽管同情心的产生可能来自想象力，尽管具有相似经历并不意味着总是能产生同情心，但是我认为，一般而言，当雇主和员工的目标紧密结合以至于融合成统一目标时，最真实、最重要的同情心就产生了——那是一种同感而不是所感。

信心也是同样的道理。在英国的任何一个地方，人们告诉我平息煤矿罢工的主要困难在于双方的不信任，问题已经严重到当一方以最具诚意的方式行动时，另一方通常表示怀疑并认为对方有着卑劣的动机。我不认为信心能够建立，除非把雇主和员工的目标结合成一体。这里有一个缺乏信心的有趣故事。一位在全英国为改善员工条件而享有声望的人物，本身也是一家公司的老板，一天他接到了一位工人领袖的电话。在谈话之中，他向工人领袖谈及了他对劳工的一些想法、可以做的事和他正在做的事。会谈结束，当他正要起身离开时，那位工人领袖说："很高兴遇见你，B 先生。这次谈话令我很开心，希望下次你来哈德斯东的时候能够来我家——我的爱好是瓷器。"

如果参与意味着在整体中做好分内的事，如果我们希望能够获得每个人理应贡献的那部分，那么我们应该以哪些准则作为指导？首先，我认为如果可能，永远不允许"二选一"情况的出现。集体内"是"或"否"类型的问题就产生了"二选一"的情况，例如，"是在星期四早上执行吗？"这些问题通常在集体中发生，例如委员会和董事会，成员们被认为理应参与（而不仅仅是同意）。反对这种方式开展讨论的理由在于，如果给出这两种选择，你就无法充分利用情况的各种可能性，这意味着一种相当贫瘠的思考，一种精神资源的降低，是一种思考的麻痹和改造。来看一下学校辩论：解决、这样做或那样做。这立刻成为一个"是"或"否"的问题：我们做或不做。这对最佳的思考是致命的打击。通常每种情况都有两种以上的选择，我们的工作是仔细地评估整个局势，尽可能产生最多的选择。

一个"是"或"否"的问题本身就是一个预设的判断。让我举个例子。一个组织对是否参与保卫日的活动存有争议。很多人认为他们应该展示自己的爱国精神，一种愿意为国家奉献的精神。另一方面，一些人反对任何形式的军事演习，和平主义者们当然希望组织采取非合作的态度。这个问题在于：我们是否应当参与？这是一个"是"或"否"的问题。但是这里也许还有其他的选择：抗议的示威游行、敷衍的参与、报名登记或者也可能进行整合。这里有两类人：喜爱战争的人和那些说"别想再让我穿卡其布军服"的人，后者会在被迫穿卡其布军服之前尽一切努力制止战争。这个组织有可能因此同意通过组织一些反战游行来影响公众的看法，同时又参与保卫日的庆典，号召人们一旦战争发生时应该积极响应。

如果你回头看自己在任何委员会的经历，我想你会发现正是这种"赞成或反对"的态度导致了冲突，例如当你以做或不做的方式提出管理政策时，通常你会发现一场战争开始了。如果我们不把会议视为一种投票的主要手段，而是商议、讨论以及集合各种知识、判断和目标的方式时，那么它的原则应是：考量环境中的所有因素、指导你的会议或委员会使"是或否"的情况不会发生在讨论的初期，忽视那些一旦出现两种明显的抉择就要求投票的人。一些人似乎认为讨论仅仅是为了使问题明确化，一旦讨论结束就应立刻投票。这毫无道理。应该推迟选择直至有两种以上的方案出现。如果两种方案的提出还不成熟，那么就分解它们，加入其他因素，那么最后的综合方案可能与之前的方案有很大不同。

简而言之，除非避免这种"二选一"的情况出现，否则我们不可能得到全面的参与。假设我们的竞争者对某些商品进行降价，如果直接询问管理层是否应把价格降至竞争对手之下，这就产生了一个"二选一"的不利局面，代替了从管理层那里获取如何用其他方式应付局面的对策，而后者才是我们真正想要的，因为任何这类竞争都有它明显的缺陷。

确保参与的指导规则

我们自问，如果能够制定参与问题的指导规则，那么这主要指两个方面：每个人所做的贡献与这些贡献之间的合作。对合作而言，我们需要理解，而对理解而言，我们需要开放和明确的态度。在冲突的状况中，开放是必不可缺的，因为你不可能整合所有分歧，除非你知道分歧是什么。"把牌摊在桌上"已经成为服装行业的公平主席常用的一句口号。我认为这些领袖获得成功的部分原因，在于他们拒绝参与工会的政策制定，并且坚持把所有的事实摆在桌面上。

事实上，保密行为在很多方面遭到指责。很多人倡议所谓的开放式商务。罗德电器公司的约翰 A. 科尔先生在发表的关于全国协议书（National Agreement）的论文中这样写道："任何资本或劳工协会都无须害怕让其他机构知道它在会议中进行的交易性质……我们局部试验了让工会出席我们的商业会议的原则，效果非常令人满意。"

西博姆·朗特里先生⊖是约克郡可可沃克斯公司的经理，他每年为整个公司的代表做三次演讲，告诉他们公司的真实情况。在约克郡的时候，我很有幸参加了朗特里先生的一次报告。这是我听过的最好的演讲之一，而且在我来看，它对鼓励信心、激发努力、促进宝贵的沟通激励机制以及身为群体一分子的感悟，都具有强烈的影响。⊜

我说过理解由开放和明确两个因素构成。后者指的是必须发现什么是我们真正想要的，无论是自己的还是他人的，因为你很少能够从人们使用的普通用语中辨别真意。举个例子，我们会说一个男人"在喝酒"，当然这

⊖ 西博姆·朗特里（1871—1954），英国社会学家和慈善家，主要研究贫困与福利，本身也是一位改革派商人。——译者注

⊜ 我不认为商业中开放的优势已被很多人所认知，或者这些少数派至少会在理论上实践它。例如，把成本信息告诉工人也仅是建议而已。大多数雇主认为这是不可能的。

个男人不仅"在喝酒"，他也在：

1. 止渴

2. 社交

3. 借酒消愁

4. 刺激自己

5. 习惯行为

6. 挑战社会，声称他的个人权利

你可以看出称一个男人"在喝酒"是一种多么贫瘠的说法。他喝酒可能是出于以上的任何一个原因，或者两个以及多个原因的结合，或者全部的原因。我们无法理解自己以及他人的欲望，除非我们揭开常用的习语并找出它的真实含义，除非我们分解欲望并观察每一部分欲望相互之间的联系，这是因为一个整体的本质在于其部分之间的联系，正如我在前文中试图清晰阐述的。

我说过，参与的两大基石是理解和合作。合作的重中之重是它的执行应该从下至上，而非从上至下。我认为巴尔的摩与俄亥俄铁路计划的成功主要依赖于从基层开始的联合合作机制。认同与参与的本质区别之一在于，认同不是过程的组成部分，它起始于过程结束或过程之后。而参与不仅仅是过程的组成部分，它理应从过程之初就得以运用。我们需要好好地理解这句话的含义。事实上，这是一个常识，当两人之间的分歧扩大而不是在初期就消除它时，调解就变得相当困难——让你们的分歧成形就意味着一场战争的爆发。尽管我们都熟知这一点，但是我们没有明确意识到，如果在工作之初就相互沟通，那么我为工作所做的贡献能够更成功地与别人所做的贡献挂钩。

当前管理的光明一面是，在分歧成形以前，在问题严重以前，在会场变成战场以前，劳工和管理层通常在初始阶段就交换并整合分歧。当前很多的工厂内部出现了这样一个现象，即使没有职工代表的存在（事实上没有的工厂更多），企业会要求领班与员工、部门主管与员工之间，对出现的日常问题进行某种形式的讨论。有一些职工代表制度已经正式化或成为强制事项。很多领班在采用新方法之前与职工代表进行协商。因此他们能从员工的建议中获益，也可以预料反对意见从而避免群体抵制。另一方面，工人们明白了领班的难处，知道部门的难处，通常也知道运营整个工厂的难处。没有一个观察早期参与的人会对它的优势表示怀疑。

我们想要的，是从下至上并全线贯穿的合作。这是一种成功的组织工程。我们正试图创造能够将分权与优良的跨职能系统结合在一起的系统，这将使我所说的参与成为一个持续的过程。

我认为，英国工党要求所谓的"独立控制"是一个错误。铁路工人全国联盟与矿工联合会分别在 1917 年和 1918 年要求"联合控制"。这已成为英国工党的官方要求，但是一场接一场的演讲中，有迹象显示，他们想要的不是所谓的"联合控制"，因为我们一次又一次听到他们要求"独立"控制和"独立"权力。这就意味着，正如语言所表达的意思，工人应该根据作为工人的能力获得权力，在之后的管理过程中，这种权力应该与管理层的执行权力相互结合。在我看来，这种观点建立在完全不合理的组织原理之上。

早期的参与应与初步事实调查同时展开。拉斯基先生在他的最后一本书中谈到"独立调查"，并建议英国矿工联合会应该"独立"调查矿井的安全问题，并从"浩瀚且无与伦比的经验"中得出结论。我认同经验的运用，但是应在"联合"调查中体现，因为一旦独立报告完工，将工人的经验与管理者的经验整合就未免太迟。当我们面对两份完结的"独立"报告时，已经处于战争爆发的阶段或边缘⊖。

在美国，我们意识到这样的困难。在服装业的委员会会议上，联合调查被认为是重要的。伯顿先生⊜告诉我们联合调查已经成为职工代表制的一

⊖　参见《创造性经验》，"从我在最低工资委员会的经验来看，在调解分歧上，合作地收集证据比双方分别收集然后再整合证据更为有用，因为有趋势表明，当分开行动之后双方都顽固地坚持自己所搜集的证据。有一次，在生活预算费的计算中，员工带来了关于衣服的某组数据，雇主带来了另外一组，公众代表带来的数据又不同。之后组成一个由三人组成的小组委员会，从每个群体中抽调一个代表，共同收集数据。由于合作地收集了数据，在第一次的会议中，委员会通过了数据，以后的讨论也基于此之上"。

⊜　伯顿（E. R. Burton），《职工代表制》（*Employee Representation*），巴尔的摩：William and Wilkins 出版公司，1926，p191。

个典型程序。他说："联合事实调查在很大程度上，已经成为宾夕法尼亚铁路局职工代表制的重大成就。每个步骤都鼓励把对事实的认同作为讨论的基础……由管理层与代表机房和列车服务职工的总务主席共同起草的程序指出，在官方第一次听证之后，牵涉的材料都应注明'认可事实的联合声明'……之后宾夕法尼亚铁路局其他子公司在采用职工代表制时应遵循相同规定。"

我想我们已经看过很多例子，当业务状况恶化至管理层认为削减工资已是必要时，不是通过讨论或劝说获取员工的同意，而是通过对业务状况基本事实的联合调查。

不久之后，我相信，当以事实为基础的联合调查在公共政策中发挥明显的优势时，公众会坚持这一政策。假设工程师们相信"超级马力"对公共服务具有可取性，而且工程师也看到私营能源公司加入联合调查的优势，为什么不相信我们能够得到一份可以信任的报告呢？

什么不是参与

让我们来看些不是参与的例子。我所指的参与是我们现在定义的参与，它不是单纯的参加，而是功能的联系。它也不是斗争。很多人以为劳工斗争的关键是为斗争创建一个公平的平台，但是根据我们现在考虑的基本原则，这不是最具成果的人际关系管理方法。

再次以群体谈判为例，这是一种经常作为梳理资本和劳工之间正确关系的方法。尽管我认为这是必要的步骤，而事实上它的必要性比以往更盛，尽管我确信当雇主和员工达成协议时，没有通过工会以群体谈判的经济实力争取更大的利益将是一个巨大的错误，但是，群体谈判只是各方力量的平衡，是妥协的产物，我想今后我们会逐渐改正这种错误。事实上，我相信当今有相当部分的人认为职工代表制以及工会与管理层合作制的发展道路将超越群体谈判，并认为它们是基于功能联系的原理。

我们对此的明确承认，来源于工人能对管理做出建设性贡献这一事实的认可加深。威廉 H. 约翰斯顿先生是国际机械师协会的会长，他对他所称的工人的保护性和建设性功能做了区分：对于前者，他列举了工资率的谈判、工作制度和对防止员工不公平对待的保障制度；对于后者，他认为工会应该协助管理层的公共服务。

1926 年在美国发生了一件非常有趣的事情，美国劳工联合会主席格林先生在三场公开演讲中，邀请工会帮助解决管理问题。事实上，我们在很多方面可以看见员工态度的转变。几年前，联合会⊖认为他们的运动仅限于与服装行业厂商的斗争，但是观察其近年来的活动，包括成功创立了员工保险、向俄国的一家服装厂提供资金、成立当地银行。伯顿先生在他对职工代表制的研究中，举了很多有趣的例子，都是关于自联合会议的引进之后，与美国电话电报公司联盟的电话公司的员工们所做的贡献。

在巴尔的摩和俄亥俄计划中，工会被认为是铁路运营中的建设性因素。这项计划是持续的合作，而不仅是为了防止出现不公平现象或者员工们希望向管理层提要求，它认为工会和管理层应该合作，以提高铁路服务的质量、消除浪费、提高运营效率，同时改善工作环境、稳定就业，以及分享合作的利益。

在英国有很多职工向管理层做出建设性贡献的有趣例子。遗憾的是，像 G. D. H. 科尔这样出名的英国工党人物竟然会说："整个车间代表运动（shop steward movement）以及其他相关的运动是……机械形式（forms of machinery）……为（工人们）的怨气火上浇油。"我认为这不是对工会代表运动的公正评价，因为英国的工会代表有能力像公司的管理者一样为管理做出贡献，并且已经逐渐被赋予更多这样做的机会。

每当工人们被征求意见时，我认为应该让他们清楚地认识到，他们的目标不仅仅是行业和平、避免罢工，也不是预估工会的领导者，即设置一些内部机制使得工会联盟显得毫无必要，这也不仅是为了更迅速地平息微小的怨气，不仅是为了一片面包，或者使管理政策得到贯彻，或者甚至是

⊖ 此处特指美国服装工人联合会（Amalgamated Clothing Workers of America），成立于 1914 年，是美国历史上最有影响的产业工会之一。——译者注

为群体谈判建立更好的平台，当然也不是一种利他主义，而是为了获取那些与流程和运营细节打日常交道的人的全部知识和经验。一个员工曾经告诉我："董事长想在合理的商业基础上尽量满足我们的要求。"他认为自己是在赞扬他的董事长，但是当然，单纯的"满足"不应该是董事长的目标，而应该让所有工人都明确地知道这一点。企业的成功和进步在很大程度上依赖于它获取员工最大贡献的能力，无论是在办公室、工厂、商店或银行。

小结

总而言之，组织工程中有三个主要的问题：第一，如何教育和训练组织成员，使他们每一个人都能胜任工作；第二，如何赋予他们做出贡献的最大机会；第三，如何整合各种各样的贡献，即合作的问题，这是公认的企业组织症结所在。

对于以上几点，我引用了丹尼斯先生的话。针对第一点，他认为：

"我们应该分析我们的原料（男人和女人），探索他们深层的和非表面的特质，不仅充分发挥他们的功用，还应寻找使他们成为更有效服务单位的方法。"

针对第二点，他认为：

"全体职工的管理能力是社会财富的一个尚未开启的源泉。因为，基于发号施令，目前我们的组织已经被设置成无须或者压制管理可能性的组织，而这种可能性在大部分人身上都有一定的体现。"

针对第三点，他认为：

"作为一个工程项目，组织应计划通过排列其成员的影响力，使得他们的每一点能力都能充分发挥，并且结合到整个组织发展的主流方向中。"

第三点是整篇文章想要表达的观点。如果我们超越了简单的认同，那么我们也超越了简单的参与。我们的贡献毫无价值，除非它与其他相关的人所做的贡献有效地结合在一起。这是最佳的组织管理者最需要努力解决的问题。"整合的意愿"正如它所称的，还不足够。充满激情的整合性统一，不会自动在我们眼前展开。理想的目标并不能自动产生理想的手段。组织工程的成功依赖于它对功能相关的参与问题的处理。发挥所有人的能力并使他们融合在一起，就是我们的问题所在。

我们是否按照之前所述的基本原则来表达了我们的问题？我认为我们已经这样做了，因为可以看到这些原则的痕迹，我们所号召的是发挥所有人的能力；互惠的相互作用和整合，这是我们所讲的合作；商业进程的新兴，是组织工程的目标。

Follett on Management

第 14 章

调解与仲裁的心理特征[一]

[一] 本文发表于 1927 年 3 月。

按照习惯，我认为应该在一开始就界定"调解"一词的含义，因为对此存在着不同的理解。很多人认为它包含了职工代表制、联合委员会，其中一人把工厂杂志都包含在内，因为他认为杂志的目标是为了调解。然而，在我看来，这只是行业内部或者政府提供的一种机构，称为调解或调停机构。这种机构的目标是化解分歧，而很多人希望将来职工代表制和联合委员会能有更大的功用。事实上，在一些情况中它们已经做到了。

调解与仲裁的区别

关于调解与仲裁的不同之处，尽管在实践上通常难以区分，但在理论上，两者截然不同。仲裁原则上是对纠纷的判决，仲裁者可以是一个人或一个委员会，在听取双方的观点后做出判决，而调解是一种为了使双方达成协议的尝试。令人鼓舞的是，普遍认为通过调解解决劳资纠纷的效果比通过仲裁更令人满意。在很多情况下，只有当调解无效后，才诉诸仲裁。

大多数州都有调解或调解机构。在美国，通常解决劳资分歧的机构是劳工部的调解服务部门。1921 ~ 1925 年，有 2 000 个有关 250 万工人的案子递交到美国调解服务部门，87% 的案子得到解决。

1926 年 5 月，政府颁布了一项解决铁路局和其职工分歧的法案，其中首先采取了调解的措施，无效后才进行仲裁。其中这样写道：

"一旦一个组织或一群组织与其职工发生纠纷时，只有无法通过各方代表之间的会议、适当的调整委员会或调解达成协议时，按照上述的条例，经由纠纷各方的同意，才能将案件递交给由三人组成的仲裁委员会……"

我引用这段文字只是为了表示，只有当其他方法失效后才会运用仲裁手段。

在德国，1925 年颁布的仲裁条例似乎结合了仲裁和调解，但是只有调解失效后才使用仲裁。它的步骤如下。首先，政府委派的公平主席举行由双方参加的会议，尝试不经过官方委员会会议达成协议。这种方式达成的协议与通过直接协商达成的自愿协议并无二致。如果公平主席的努力无效，将由他负责组织一个仲裁委员会，由他做主席再加上双方各自的代表。这个委员会尽管被称为仲裁委员会，它仍是执行调解的机构，只有当第二回合的达成自愿协议的努力失败后，委员会才做出最后的判决。这个判决并非强制性，除非双方事先同意判决具有约束力。

同样在1923年，荷兰通过了一项针对劳资关系调解和仲裁的法案，同样规定仲裁是调解失效后的方法。法案规定，如果纠纷涉及人数超过50个工人时，政府在收到相关领域的市长的通知后，将委派一位调解官来调解各方的纠纷。这些纠纷各方或者工会也会向政府调解官上诉。如果政府调解官无法解决纠纷，他会建议纠纷各方向由他组成的调解委员会或仲裁委员会上诉。仲裁判决具有法律效力。这项法案在操作上获得了成功。政府调解官有效地解决了很多纠纷。

在英国，1896年颁布的调解法被1919年的工业法庭法取代。这个法案建立了常设州立仲裁法庭——一个半司法机构。它的程序是纯粹的仲裁，不具有任何调解功能。三位成员通常接受案子后，从双方那里收集证据并判决赔偿。

另一方面，工会不是仲裁委员会。其主席通常是三位独立成员之一，他被认为是一位调解者而非仲裁者。他们不应具有或不具有判决纠纷的态度。他们认为自己的任务是促使双方达成协议。去年夏天，劳工部长很亲切地允许我参加一个工会，在过程中，他们的努力很明显不仅是为了使双方都得到满意的结果，还为了使双方都做出自己的贡献。

国会法案还规定了其他调解机构，但是常用的我都已做过介绍。

调解超越仲裁的优势

通常调解被认为是优于仲裁的方法，因此很多行业或公司采用了调解的机制，现在让我们看一下为什么调解优于仲裁。首先，由于仲裁通常被认为是一种司法程序，由仲裁者判断正确的一方和错误的一方，反对判决的一方通常会等待时机、争夺权力来驳回另一方，争取在以后获得胜利。

长远来看，纠纷的外部解决是失败的。

然而，最常见的仲裁观点认为，仲裁判决不是一方赢或是另一方输。通常人们想当然地认为仲裁判决是一个妥协的处理。但是越来越多的人意识到妥协并非解决纠纷的最佳方案。一个英国人这样对我说，"仲裁的原则是割裂分歧，这让双方都觉得疑惑。这太容易了。他们不相信能够得到合理的判决"。在一本美国杂志中，我发表了相同的观点："仲裁并不公平，因为判决通常是妥协方案。"另一位美国作家认为仲裁并不公正，因为第三方没有在获取纠纷的全部证据的情况下，就采用了割裂分歧的方法。

但如果妥协是用于反对仲裁的理由，那么它也成为反对调解的理由。但是，仲裁的妥协和调解的妥协具有本质上的不同：一种是判决的妥协，另一种是内部调节的妥协，这是一种双方都认同并且有可能都做出贡献的妥协。但是每当我对这两者做出明显区分时，请记住，它们通常互有交融。很多所谓的仲裁者认为有比妥协更好的方法，而很多调解者从来不进行深层次的思考。

另一种对仲裁的强烈不满来自工会，认为它背离了协商原则并且剥夺了工人的议价权利。德国的新仲裁机构受到工会的严厉谴责，认为政府的干预削弱了工会的群体谈判能力。但是在我看来，仲裁经常或通常考虑了双方的实力。两年前宾夕法尼亚铁路局的一个案子明显地证明了这一点，在关于某类员工的工资问题上，仲裁判决认为，他们的力量强大到足以不通过仲裁委员而强迫提高工资。德国的一个纠纷有相似之处，判决和工会的强度相关，只是在这个案子中，工会的力量不大，所以判决对工人不利。一个工会代表谴责政府官员厚此薄彼的做法。他回答说："你们工会有能力提出比我的提议更高的工资吗？"

在加拿大颁布了调查和调解劳资纠纷法案的好几年后，一天我在读到一位大经理基于自己观点的有利证词时，好笑地看到他说："这项法案给我们时间思考劳动市场的状况，而且让我们知道，如果工人罢工时他们是否会获得胜利。这就是法案的美好之处。"

根据我对劳资纠纷的观察，我认为是否存在仲裁委员会或调解委员会，或是否存在解决纠纷的机构，当时经济实力的平衡状况对判决具有很大的影响。⊖但我又认为，并且一位成功的调解者认同了这一观点，即在雇主与职工之间的相互信任得到提高的行业中，双方通过使用经济实力来努力获得胜诉的情况已经下降。对解决纠纷的期望似乎永远都在上升——有些人希望"公平"，雷普利教授希望能遵循"逻辑"，我则认为应该整合双方的期望。

拉姆齐·莫尔是《威斯敏斯特周刊》的编辑，他说，"行业中摧毁的一切早在国际关系中被摧毁……系统的……力量的平衡"。同时，劳资纠纷的仲裁者们告诉我："归根结底，就是力量的平衡。"当然两种观点都是正确的。当前的经济实力的平衡是解决大多数劳资纠纷的主要因素。但是莫尔先生也是正确的，因为很多迹象显示这种转变正在发生。

反对仲裁的主要原因在于，尽管仲裁委员会听取了双方的证据，仲裁程序单一地拒绝双方交换观念的过程，而这种交换有可能调整或改变双方的立场。因此人们在这个问题上有错误的态度。由于赔偿不是判给一方就是判给另一方，或者即使期望妥协的判决，双方成员都在自己的立场上自圆其说。在整个过程中，他们都不抱有与对方有话好说的态度。而在以调解为目的的会议现场，随着会议的进程，事实上你可以观察到（你肯定已经多次这样做）每位与会者头脑的转变过程。你肯定能够观察到各种想法的互相交织。一个加拿大人看到《调查与调解法》的颁布和实施，他说："这项法案最明显的优点在于……它团结了各方……可以自由并坦率地讨论差异，消除分歧。"

我在英国有趣地听到一个人抱怨劳资法庭的种种不足，他认为法庭没有遵循正确的审判程序，因为"双方在劳资法庭上不做任何交流。"另一位工会主席告诉我："如果一方坚持每小时 6 便士，另一方坚持每小时 1 先令，那么判每小时 9 便士毫无意义。你得让所有人满意。"这是一种反对妥协的

⊖ 参见《创造性经验》，"当一个劳资纠纷的仲裁者告诉你第一要务是找到出席会议的双方都能接受的事，理智的做法是理解这句话的含义。它意味着整合在活动范围中发生，而不是在想法中发生。商人试图让合同受法院保护，但是并非合同的精妙措辞使之成为一份有效合同。除非它出自双方的本意，否则它将很快失效"。

观点，同时也承认各方必须亲自参与调整，因为没有现成的最理想方案。纯仲裁的唯一目的是走中间道路，而不是汇合双方的观点。与此相反，调解者或调停者尝试激励纠纷的双方，从而使他们能够自己得出结论。除非双方都得到满足，这场或明或暗的斗争将一直延续下去。我们重复地看到这样一种情况，如果协议不是出自双方的本意，那么它将很快失效。当然商人总是试图让他们的合同受到法院保护，然而我们知道并非合同的措辞精妙使之成为一份有效合同。

我已经解释了汇合双方的完全必要性。一个调解者可能承认这种必要性但是又受到双方拒绝谈判的挫败。这种情况下调停者应采用一些灵活手段。几年前，波士顿发生了一场罢工，双方的情绪高涨到拒绝面对面谈判。调解委员会一间旅馆里安排了三个相连的房间。生产商代表们与一位调解员一个房间，工人代表们与另一位调解员在另一个房间，当中的房间用于调解员之间的协商，他们跑来跑去做解释、消除误解。在会议结束之前协议就已达成，这当然归功于调解者的努力。我将再次重申，那就是，我们把协调者施展的影响力视为一种领导力。没有比这个案例更适合解释领导力的内涵，这个案例中调解者引导双方做出各自的决策，同时鼓励并且引导整个过程。

谈到仲裁和调解的不同，我使用了"纯仲裁"这个称谓。我这么做的目的是因为仲裁有很多不同的方法。这取决于主控者。罗彻斯特服装行业的威廉 M. 雷瑟森先生称自己是一位劳资关系法官，正如大多数服装行业的公平主席的地位。在皮毛行业，协商委员会（conference committee）甚至被称为工业仲裁法庭。该委员会的主席告诉我，服装行业的公平主席被视为法官的原因在于，服装行业主要由犹太人组成，而犹太人通常高度尊敬法官，法官被视为是高于国王的存在。他说："当然你记得这些，圣经的士师记中有记载。"可惜我已经忘了士师记的内容，不过这是一个有趣的观点。

然而，我认为这位主席和雷瑟森先生，或者说服装行业的大多数公平主席们，担当着法官、调解者和教育者的多重身份。他们努力调停各方以达成协议，一份在对双方以及整个情境有了延伸理解的基础上达成的协议。

同时，作为一位第一次世界大战时期船运局协调委员会的官方调协员，我认为雷普利教授的成功很大程度上基于他认识到仲裁与妥协存在缺陷的事实。当然，很多情况使他做出了妥协的判断，但是他一直尝试着整合双方的观点。事实上，在一个案件中，他这样陈述："我的最终判决取了中间道路，但是请注意（而且这是关键所在），这不是妥协，而是纯粹的逻辑。"

D. L. 胡平加纳先生在1926年4月发表在《哈佛商业评论》上的《仲裁》一文中这样写道："可靠证据表明，基于共同协商的合作式控制和联合关系越来越被视为最成功的方法，并在仲裁中占据越来越重要的位置……"

我认为我们也许可以这样说，最成功的仲裁者并不实施仲裁，而是有能力使冲突的双方面对面沟通，并帮助他们自己做出决策，获得更充分的理解，做出相互的修正和调整。

也许认可仲裁的原因之一在于，作为一种司法程序我们早已在法庭中对它相当熟悉，但是值得谨慎的是，我们不应太过遵循一种法院本身已经开始放弃的司法先例。目前的法律程序中，需要注意纯司法程序已经分割为两个方向。首先，存在一种让当事人自己与对方进行协调的趋势，类似于协调法庭。第二，存在一种不对个体宣读判决而是引导其行为使他找到更成功的生存方式的尝试。我们有缓刑制度、无期徒刑和少年法庭。这是一种有意识或无意识的认知，即人随着本身行为改变。

寻找解决纠纷之道，应该关注关联双方的未来最佳行为。这是大多数协调者认可的基本心理准则。一位服装行业的公平主席这样对我说："法庭关注什么已经发生，我们关注什么将要发生。"另一个人告诉我："仲裁看的是过去，调解看的是未来。"

如果看上去我反对将仲裁作为一种解决劳资纠纷的方法，请注意，在能够找到更优的运作方法之前，我仍对它抱有信心，正如我完全认同它在解决国际纠纷中所起的作用——直到我们找到更优的方法。

判断"正确"的重要性：进行整合

　　讨论解决分歧的方式时，我们经常不得不面对的一个问题，那也是很多人的期望，即人们不仅要知道判决的结果，还想知道对什么是"错误"以及什么是"正确"的判定。雷普利先生举了一个工会审问解雇员工的案例。他判定这个职工应该被重新雇用，停职期间的报酬不计，而且要把他转至另外一家商铺工作。但是这名男子激烈地反对判决，他说："我想要知道，我是对还是错？如果我是对的，我应该带薪复职；如果我是错的，那就解雇我。"

　　英国的工会秘书举了另一个类似的例子。一家工会就工资的提案越来越统一，只有几分钱的差距。工会的主席是一位苏格兰人，他听到秘书说："我不认为您需要担心，看上去双方能够解决问题。""但是，"这位苏格兰人说，"尽管他们可能在一个数字上统一，但这并不一定是一个正确的数字。你们英国人只关心妥协，我们关心的则是正确。除了达成协议，你们英国人什么都不关心。"告诉我这件事的秘书还说："苏格兰人就是这个脾气。他们为原则而战，而且从不放弃。苏格兰人宁愿为原则牺牲。"从一个英国人嘴里听到这些话让人感兴趣，而且我不能肯定这是赞美之言还是贬低之言。但是我会告诉这位苏格兰人，寻找正确正是我们的目标，但是我们必须考虑职工所认为的"正确"与雇主所认为的"正确"之间的差异。

　　一些作家也同样忽视寻找"正确"的困难之处，他们认为事实问题由仲裁判断，其他问题则由调解判断。这种观点在几年以前发表在《泰勒学会报告》的一篇文章中得到体现。作者写道："关于工作环境的问题，目前为止的经验显示了任何问题都可仲裁解决的趋势，即公正的第三方能够基于呈报的事实判断它。另一方面，工资问题依然未获得科学的支持，基本上它是一种调解而不是仲裁。"我不赞同这种解释事实的观点，因为事实关系仍为合法异议留有余地。

　　我认为，不管仲裁、调解、公平主席、调解者或劳资关系专家有何区别，最令人满意的解决分歧方式在于尽可能地进行整合。现在我举两个工资纠纷的整合例子，一个发生在英国，另一个发生在美国。

工会的职工要求每小时 1 先令 6 便士的工资，而雇主只答应支付每小时 1 先令，双方僵持不下。但是其中一个独立成员把员工们叫到外面（假设他们在讨论 21 岁的问题），他说："你们不认为应该满 25 岁后再申请 1 先令 6 便士吗？"他们同意了。（事实上，过程比这里所讲的更复杂，提案认为 21 ～ 25 岁的不同年龄间应有不同的工资率）。现在比起妥协来这更像是协商。1 先令 6 便士与 1 先令组成了"是或否"问题。只要陷于局中，就会一事无成。只有想出一个满足双方本质需求的方法，才能达成协议。

美国的例子是第一次世界大战期间国家调解委员会解决的纠纷之一。这个案例是关于轮船经营者承认轮船码头办事处雇员协会的权益，该协会隶属于国际码头工人协会。雇主抗议该协会直接代表他们，尤其通过人工搬运货物的监督，因此拒绝承认工会的行为。他们坚持群体谈判的权利。仲裁者认为雇主对有关高层工会管理者的认识是正确的，但是普通成员并不因此"代表"雇主。这项判决不是妥协，因为它满足了双方的要求。它支持雇主争取摆脱工会通过代表制控制他们的自由，同时保护工会大多数阶层的利益，那是他们所急需的。

我曾指出整合是消除分歧的最佳方式，这意味着仲裁者和协调者的关键素质是能够找到一种整合，这是一项困难的工作。也许无法进行更多整合的主要原因在于这需要仲裁者和协调者更多的思考。也许你还记得那位粗心大意的报社记者，他把布朗先生的工作读成"沉思"（meditation）。在"协调"（mediation）单词中多加了一个字母，反而使他接近了这项工作的本质。此外，除了寻求整合之外，协调者还要在过程中找到提出整合的适当的时机。有时候他能做得更好，引导各方自己寻找并建议整合。所有的协调者都告诉我们，最佳调解双方的方式是通过与双方的非正式小型会议。我曾在马萨诸塞州亲身旁听过最低工资委员会的案件。这在纳什与休曼的争论中非常有名。除非在解决分歧中多次使用单独与各方协商的主要方法，否则在最后的联合会议中不大可能成功地达成协议。

所有我私人接触过的调解者和工会代表，都告诉我他们的主要困难在于很难找到一种方案，既能让双方满意，同时又使委托者觉得工人代表为他们争取到了权益。一位在英国碰到的最优秀劳资关系顾问告诉我，他在这方面所做的工作要远胜于其他方面。这产生了很多问题。

我在"控制心理学"这个章节中解释协调者的工作，该章为其他三章的讨论打下基础。我想看看是否我们能够把控制在整合的统一体（integrative unities）的概念运用到我们所讨论的问题上。在与协调者的讨论中，我注意到，他们的目标正是建立工人与雇主需求的统一。

一位来自西部的协调者，我认为他是美国最优秀的协调者之一，告诉我他进行协调的方法。他说："假设 A、B、C 和 D 四个因素代表了工人的诉求。首先，我找到它们各自的权重。也许我发现 A 和 B 对工人的影响很大，而 C 和 D 则不那么受关注。然后我研究雇主针对 A、B、C 和 D 的诉求，也许我会发现 C 是他们志在必得的要求。在重复中，我发现雇主争夺最激烈的不是工人看重的最后一道防线。因此我能够按照不同于工人和雇主的方法结合 A、B、C 和 D。"这里所表达的意思，用我们的话来说，他成功地通过改变总体期望之间的要素关系来创造不同群体的总体期望，或者，通过显示真正的关系，通过显示不同模式或结构强调不同的价值观？但是这将引向下一个步骤，即雇主和职工的共同期望的改变，是一种新模式、新价值？这优于仲裁，因为仲裁在最严格的意义上，是价值之间的判断，它并不创造新价值。

另一位协调者阐述了在我看来意义相同的观点："双方走到了一起。在谈判中的某一刻产生了新的关系。我就是负责新生的助产士。"

九月份我在英国的时候，劳工部长告诉我造船行业发生了一件有趣的调解案子，并且他答应让我有机会知道更多的消息。现在我要简要地把整个案子说一下，因为这个案子阐述了一个重要观点，是我还未在文章中涉及的。

早在 1925 年，一份 5 艘大型摩托艇的合同给了一家德国公司。这对英国公司是一个巨大打击。因此他们主动地建议工会召开一个联合会议，讨论整个形势。在第一场会议中，雇主和工会同意展开关于行业定位尤其是迎接国际竞争能力的联合调查。他们把调查分为两部分：行业内的成本控制与行业外的成本控制。

他们在第一部分中首先考虑的因素包括时间、工资以及英国和外国的工作环境。他们发现一些大陆国家尽管通常每周工作48小时，但是个别情况下会延长到54小时。对比英国每周47小时的工作时间，他们对此的结论是尝试通过政府施加影响来缩短大陆国家的工作小时。他们可能希望通过国际劳工部颁布某些条例。关于工资他们没有得出任何确定的结论，只是做了比较。

他们在互换性和行业划分的问题上也得出了结论，正是这些重要的结论才使我觉得有必要叙述这个案例。划分的问题很明确。行业工会在行业中散布了一些分支机构，防范其他竞争对手的入侵。但是在造船中一种手艺可以做多种工作：木工和造船工人能做同样的部分工作，锅炉制造工和造船工人也能做相同的部分工作，工程师和水管工的部分工作也具有互换性。行业划分上总是存在很多问题。

委员会考虑了这个因素并做出以下三点结论：

第一，习惯上一个行业开始了一项工作，那就由该行业完成它。他们认为如果条件满足，其他有能力的行业也能接受这项工作。

第二，一些情况下一些工作可能不明显地归属于任何单独行业，但习惯上随情况成为一种或另一种行业的分内事。委员会认为当一项工作不明显地归属于任何行业时，任何竞争者都能从事该项工作。

第三，他们认为当任何行业出现工匠的明显短缺时，其他行业中有能力从事该项工作的技术人员可以从事该项工作。这里主要指的是木工和造船工人，因为木工行业有劳力短缺的现象，而造船工人当然有能力从事相同的工作。

第二部分的调查针对行业外成本。

首先，针对某些高于标准的收费，他们建议工会调查相关价格固定的机构。

其次是关于本地价格的问题。造船中心受到重大打击后穷人救济费用上升。穷人救济按区域收费，因此又打击了造船行业。

他们接下来调查了社会服务，包括健康保险、就业保险和新的养老金法。他们分别按照雇主、员工和政府的贡献报价，发现政府应比行业的花费更少。他们对此的结论是政府应比行业支付更高才显公平。

然后他们考察了生活成本，希望政府能够敦促粮食局降价。

他们考察了公共收费，认为引航费、码头费和海港费太过高昂，而且这些收费应该由地方机构执行。

最后，他们抗议根据贸易设施法终止援助的条例。根据这条法律，公司可以在政府的援助下取得低息贷款。政府意图终止该项援助，遭到他们的反对。

另外，解决分歧的持续协调机制也是焦点之一。他们与一些工会达成协议，与另一些则没有。

总体而言，这就是联合委员会报告的内容。事实上，他们意识到通过国外调查，德国公司并没有给合同一个经济价格，并且随后这家公司的财务困境证实了这个观点，但是英国公司没有争取到这些合同的事实仍然是雇主和员工联合起来降低成本的有力激励。

在联合委员会受理了报告之后，造船联盟和工会都要考察这份报告。造船联盟很快认同了这份报告。由于工会需要把报告传递给所有管理者，因此花了更多的时间。我在10月份离开英国时，工会有保留地接受了报告，并将进一步就某些问题举行由联盟和工会代表参加的会议。

对我而言，这个案例的有趣之处在于，在失去合同的情况下，双方更清楚地看到了他们的利益比他们所想的更为相似。当他们讨论行业之外的成本时，双方同时意识到他们同样受此影响。当他们讨论时间时，员工们看到一天的工作小时并非取决于雇主的自利或非自利，里面牵涉到更大的问题，除非签订国际协议，否则他们会为每周47小时的工作付出高昂代价。最重要的是，关于互换性和行业划分，员工们看到目前的协议增加了成本，只有从更理性的角度出发，否则这会是失去增加他们就业机会的合同的主要原因之一。失去大型订单的事实使双方走到了一起。

　　我认为这个案例与文章主题有关的教训在于，作为管理的仲裁者或协调者，有责任每日持续地向工人灌输所有一切得以运作的共同目标，而不应该在纠纷发生时才灌输。同时，我们必须牢记，没有一种对共同目标的陈述使人信服，除非这些表达的目标涵盖所有的优势，除非他们真诚地为达成目标而奋斗。欧洲人认为我们是有远见的民族，而这正给了我们一个证明的机会。一位近代的作家这样写道："先见之明是上帝给人类的最后礼物。"我们并不占有这个礼物，但是我们可以尝试在权宜之计之外建立商业政策，我们可以尝试由调解开启更广阔的商业关系概念。

第 15 章

工业心理医师^㊀

在行业中，心理医师一职无疑做出了重要的贡献。但是，我认为，若要更好地利用他们所做出的贡献，心理医师需要在某种程度上成为管理专家。我知道企业中的心理医师经常会说他对管理一窍不通，同时还表示他不想了解管理方面的知识，因为那跟他的工作毫无关系。但我认为不论是请心理医师去工厂的雇主，还是心理医师本人，都应该意识到，心理医师的成功有一部分依赖于他们对管理的了解。比如说心理医师的工作之一是调节人的情绪，如果他对需要他调节情绪的个体的情况一无所知，我们很难相信他会成功。如果他无视当前的组织结构和管理情况，他可能只是在自己假想的、从未发生的情况下调节他人的情绪，而不是在真实的情况下。

我们以领导力为例，来看"领导者是最复杂的"或者"领导者是父亲的替代者"之类弗洛伊德式的语言，相信心理医师对这些描述会有不同的理解。这些认知依赖于他们自己对领导力的理解。如果在我们的行业中，领导力不再包括"支配统帅"这种元素，那么心理医师必须知道这个元素已经不包括在内了。而且，弗洛伊德认为一个人发展他后来的各种关系时是以他的家庭为原型的，并不会去过多地考虑是否要根据随后产生的影响来进行调整。这个观点不仅仅和领导力相关，还可以把弗洛伊德公式套用在一个行业情况下。

我们被告知，下级有反抗意识是很"自然的"。但是这个观点忽略了这样一个事实，我们正在尽力创造一个和谐的商业组织，反抗或者不服从不应该是"自然的"。弗洛伊德又说"傲慢自大是领导者的天性"，"领导力很自然都是强势的"。但是究竟"自然的"表示了什么意思呢？它表示管理上的某些固定的方法，再加上人容易染上各种毛病的特质（从以前的情况看来，无论是整个种族还是单个人，都是容易产生不好的习性的）导致了当权者的自大和对当权者反抗。如果我们不希望自大和反抗的现象同时出现的话，就必须改变个人的习惯模式和我们的管理方法。某种程度上，我们应该用将来的方法来做原先的工作。我们在不同的组织中应使用不同的方法。如果一个人原来是老板，现在变成了工头，他当然还是想做老板。那组织中的管理策略中，就应该给工头创造其他不同的特质。

在组织中应培养不同的看法来匹配不同的工作，要完成这个目的，心理医师和管理者需要共同努力。心理医师必须知道一些优秀的管理方法，才能帮助我们建立起与这些方法相协调一致的看法。而且，除此之外，我们需要心理医师的知识来判断哪种管理风格会产生什么样的态度和看法。组织结构和员工态度有很密切的联系，它们是互利互惠的。如果我们一方面希望心理医师提供帮助，另一方面却把心理医师的工作和组织中的专家完全分离的话，这肯定是不能实现的。

再举一个例子来说明为什么心理医师必须了解在什么样的环境下，他能更好地帮助员工，什么样的环境下员工个人才能更好地适应。有作者说工人不应该有权利选举工头，因为工头应该有权威，工人才能对他持较慎重的态度，但是这又不能使工人对工头有比较信服的态度。我也认为工人不应该选举工头，不过我是基于其他的一些理由。做出任何评价时，你需要先看看当前的组织中"服从"表示什么样的意思，比较"慎重"的态度又表示什么意思。在良好的组织中，服从并不代表对个人独断专行的命令的完全服从——"做我所交代的事情"。并且，在一个工厂里，如果工人明白他们的工作内容，慎重的态度不是表示工人把他们的工头踢倒在地上，而是真实地评估工头做事的方法是否正确。

我们继续来另外一个例子。传统的观点认为，一个人对他的上司会抱有一种态度，对他的下属则有另外一种态度；总经理对董事会有一种态度，对他下面的人则有另外一种态度。我们不应该一边以很顺从的态度对待我们的领导，另一边却以很专横的态度对待我们的下级。我们应该对名义上的上下级都报以相同的态度，相互合作来解决问题。

我们也要好好考虑一下措辞，如果我们的语言不能很好地跟上事情的发展，这会妨碍我们对给定情况的思考。比如说，以前有个人对我抱怨下属和领导之间的"冲突"。但是，上个星期，他还鼓励他手下的员工之间的"冲突"。这当然可能只是单词的不同用法，或者表达了管理上不同方法，但是如果只是去了解他所谓的会发生冲突的趋势是毫无作用的，除非我们知道冲突的定义到底是什么。如果我们不知道"基于一个组织的观点来看"

是什么意思，那研究上司为什么对冲突毫无耐心是没有意义的。只有心理医师和求助者能够在发展的组织结构和管理中保持相一致的理解，心理医师的工作价值才会得到充分的体现。

　　我一直在强调这个观点，这是因为心理医师在分析个体时对个体内在矛盾比较感兴趣，可能忽视了外部因素的影响。最近，我听到关于幻想这个话题的一些说法，说如果一个人过于傲慢自大或者过于顺从别人，那么他的幻想可以用来研究一些童年对他产生影响的因素。持此观点的人花了足足一个钟头来滔滔不绝地强调这个观点，但决口不提这个故事的另一个方面。我们知道经理主管过于傲慢自大，有一部分的原因可能是原先所在工厂的工作情况造成的。同样的原因，如果我们发现低级的经理主管会对高级的经理主管比较服从。仅仅从研究他童年的情况来判断，是否是他的周遭环境缺乏独立性造成了他顺从的性格，是没有太大的意义的。也许他在家里是个暴君而在工作中变成了温顺的小绵羊，那是因为在工作中只有顺从才能保住他的饭碗。

　　而且，发表这种观点的人并没有把幻想和爱好联系起来，只是说一个人因为他童年时代是在暴虐的父亲的控制下度过的，所以形成了他顺从的性格，这是不充分的。或者只告诉一个人的特质形成的缘由，而不说明怎么才能获得他需要的特质，这也是不充分的。心理医师总是尝试去发现产生不好的品质的原因，但是他的工作并没有就此结束。心理医师表面上的工作是控制他人的情绪，但是对易患病的因素的研究不能单单靠控制。我们必须掌握一些培养行为模式的技能，这些行为模式能够更好地帮助人们适应环境。我们还必须记得另外一个要点。当我们研究一个人的行为方式的时候，我们会假设在下次遇到类似的情况时，他会做出同样的反应。大部分情况下，我们并没有考虑到后来产生的情况会使人的反应发生变化，我们也没有考虑到个人会因为持续面临类似的情况而调整自己的反应。

　　在对幻想的分析方面，请不要对我产生任何误解。我认为对个人幻想的分析是非常有价值的，是一种很好的研究和控制的方法。我只是敦促行业中的心理医师与两种人多多合作。一种人是那些懂得管理思想的人，这些管理思想涉及权威、服从和领导力等；另一种人是懂得组织行为的方法的人，他们试图传递某种想法，而这种想法是建立在该行业必将繁荣的共识之下的。在我们的大学里，有一群人包括心理医师、生物学家等，大家聚在一起进行某种相信能有利于行业发展的研究。这是很重要的一步，但是我们必须记住我们所发现的东西，比如说针对不同情况下的血压的研究，当然只有在不同情况下血压有了很大的变化才能引起我们注意。只有当我们研究的组织结构和工厂的运营有显著变化时，我们才能采取进一步的行动。

总结以上所述，心理医师一般同时承担两项调节情绪的任务：①个人之间的敌对情绪；②个人和环境之间的矛盾。他们知道这两样任务同样重要，这两个方面同时在发生变化并且任何时刻都在相互影响。心理医师并不经常考虑这两个整体之间的内在相互关系，它们持续地相互影响，这就要求心理医师在各自所关注的准确的知识方面应起到一定的作用。每个处理人与人之间问题的人，无论在什么环境中，都必须能够明白他所处理问题的实际含义。

我想说的第二点是，心理医师可以为行业提供双层的服务。如果我们能够在管理过程中找到一种合理的方法来处理人际关系（进而使我们的工作能做得更好），并且如果我们想要心理医师把人际关系方面的发展情况全面考虑在内的话，那我们的心理医师可以在思想上各方面的发展中更好地帮助我们。在这样一个交易频繁的时代，很多事情都跟管理学的相关知识有着千丝万缕的联系，我们相信很难有人会不需要进一步的学习和分析。

我们要关注一件在管理学中很重要的事。我们需要心理医师帮助我们分析提出建议的人和被建议者的关系。有个给我提出建议的心理医师说，建议提出人和被建议者的关系是可以相互转化的。如果你非要假设建议者的意见应该被完全接纳而不需要考虑到被建议者的观点，这当然也随便你。这种相互关系不可以转化的观点假定了建议者是上帝，在不正常的情况下这样是合理的。一个对于心理学做过一定研究的组织机构顾问会告诉我们，无论如何他到工厂后都会用到这种关系相互转变的技术。他会说，我所要做的第一件事就是使我自己成为他们的妈妈。

如果一个心理医师，在他决定使用关系相互转变技术之前，能够为我们分析出建议提出人和被建议者之间的关系，那我们就会追问他，他对于建议到底会有什么样的要求。那个人是在寻求同情还是可怜？或者他只是想炫耀一下？在向你咨询时，他实际上是想让你知道他解决问题的能力有多好？还是他只想逃避责任呢？当要求他们自己做出决策的时候，对某些人来说是否就面临着无法做出决策？或者是缺乏能将问题作为一个整体来处理的能力？寻求咨询的人会给出很多细节，建议提出人必须把这些细节进行整合，并且反馈给被建议者，或者像某些没有意识到自己真实情况的人获取信息，或者是在一些问题上形成某些倾向，来补充人的知识和经验？

这些都需要学习，但是这些学习必须通过那些懂得商务管理方面知识和有决策权的人来实现。

让我给出一个恰当的例子，来说明向心理医师咨询带来的益处。我们用一个词总结一下我们已经学到的或者将会学到的，这个词就是"劝说"。在商业中，我们不可能听到比这个更频繁出现的词了。销售人员要劝说他的客户，总经理要劝说股东会。劝说经常被当作一个很好的词来使用。但是它是和销售人员的经验相关，还是和我们从心理医师的沟通中明白的个人分裂道路会产生危险的道理相关？让我们来看看销售关系。销售人员看到购买者购买商品的理由，同时也看到他们不愿购买商品的理由。聪明的销售人员不会强迫顾客去抛掉那些不购买他们的产品的理由；他们也不会尝试不让顾客自己去判断是否要购买该商品，因为这样的话他们的顾客有可能会对自己的购买行为感到后悔。那样的话就不是一个优秀的销售人员了。除非他能够让他的顾客在脑海中理出购买和不够买的理由，他将来的销售行为才能成功。

在董事会里或者高层领导会议中我们也能看到类似的情况。如果你通过破坏你的同事们原先的观点的方式来说服他们同意你的观点，那很有可能在明天或者下个星期他们就会对自己的决定感到后悔。只有当你真正地在他们的脑海中建立清晰的分析，让他们明白自己的观点对的地方和你的观点中对的方面时，你才是真正说服了他们。他们已经认识到了所接受观点的优缺点。

在发出命令这件事上也是相同的道理，一个命令往往给人两方面的暗示，或者心理医师所称的两种不同路径，他想要服从或他不想服从。一个命令就是要连接起两种有分歧的态度。企业管理不应给人留下内部的矛盾纷争。然而，如果我们在试图使下属不产生反对情绪的过程中却经常这样做。使他们信服不是这样一个过程。心理医师所确信的定义是联系起这两种相反的态度，我们能够实现这一过程的优势，而不仅仅是劝说。

我在考虑劝说的过程和说服的过程之间的区别的到底在哪里。这种来自心理医师的帮助可能体现在我们每一次开始重新考虑管理过程中的各种阶段，再一次分析我们每天工作的过程是否合理。

最后，我们必须认识到在应用心理医师这一职能的行业中，发现心理问题的技术已经远远走在了校正心理问题的技术的前面。因此，需要格外注意，不要把校正心理问题的类型弄错了。举个例子，一个作者曾经提到，对资本主义的持续攻击中，大部分资本家对这种攻击采取的措施有两种，一种就是"过多赔偿"，从字面上看就是一种过于慈善的行为；另外一种方法就是"逃避机制"，这种方法有意忽略劳资关系。这个作者的这种观点没有深刻精确地分析资本家的态度。如果说他有考虑，那么他也只是提供了两种标签而已。就这样结束了分析，肯定不能使我们满意，这不是心理医师工作的结束，而应该是他的工作刚刚开始。

概括一下以上"简要"说明的评论，对于这样一个重要的话题来说，这些评论显然太简要了。心理医师给我们提供了一种技术来分辨出一个人不同层次的价值，同时也提供给我们一种方法来探知和评估在一个情景中不同事务之间的相关的重要性。如果忽略心理医师在行业控制中的作用，会使我们失去了一个有价值的、不可缺少、对行业有利的帮助力量。在我看来，要使这种帮助发挥最大的力量，有两个必要条件：第一，心理医师要掌握那些已经在近几年被管理人士不断充实的相关概念和知识；第二，要允许心理医师对这些商业相关的知识、想法提出自己的见解，雇用者也需要心理医师这么做。行业内组织结构的变化最好是在科学思想的指导下发生，这种指导是由不同的专家组成的，有的是在人类研究中有很深造诣的专家，比如说心理医师；有的是在组织行为关系上的专家，总的来说就是企业管理的专家。

Follett on Management

第四部分

论 个 体

第 16 章

群体中的个体[⊖]

⊖ 本文改编自《新国家》（伦敦：Longmans, Green 出版公司，1918 年）。

群体和新心理学

政治的一些方法一定基于对协作的理解，后者又是建立在获得新进展的社会心理学之上。政治逃脱不了以下趋势：科学方法、分析、效率工程。对民主的研究很大程度上是基于对制度的研究；人们在一起如何行事，它应该基于对此的研究。我们打交道的不是制度、机械的事物、抽象的概念或者"单个人"、任何其他的事物，而是人——普通的人。新心理学承认人是自身的中心和塑造者，这是其重要性所在。在人的世界中，所有制度都是潜伏的，并且必然要适应这个世界。未来的起点不是事物，而是人。

但是人们总要进行协作（in association），没有人可独自生活。我们进一步地要意识到协作就是群体的规律。很久以来，我们一直在试图理解个体与社会的关系；但我们才刚刚认识到没有"个体"就没有"社会"。因此，我们的努力有些误入歧途，我们的想法对政治益处不大，这一点并不奇怪。以往的心理学将个体作为单位，假设人们独立地思考、感受和判断。现在我们知道了不存在单独的自我，个体之间是相辅相成的，因此人们开始改革对心理学的研究。

同样，社会不是我们周围的人。我并不经常与社会产生联系，而是与具体的群体。事实上，我们何时考虑过社会？在董事会上、大学同事中、晚会上、足球队里、俱乐部、政党、工会、教堂里，我们是否并没有想到自己的角色？实际上，对每个人而言，社会是许多群体。既然人是经验的复合体，那么每个人身上都存在许多个自己，威廉·詹姆士让大家意识到这一点，类似于他所做的贡献，社会是许多群体，这一认识也让社会学迈出了新的一步。因此社会学作为群体的复合体包含了许多社会观点。我们对团结的渴望通过群体生活得到满足，无论是扩张的群体还是统一的群体，总之是群体实现了这一点。我们有时会说人在精神上依靠社会；在此所指的是他与群体之间的精神关系。个体与世界之间的联系通过群体进行；它们是塑造生活的有效因素。

因此社会心理学（social psychology）并非将以往的个体心理学

（individual psychology）应用于许多人。多年以前，我参加过一个关于社会心理学的讲座。讲座的内容都是关于神经系统与个体心理学的其他方面，最后，演讲者说到如果还有时间，他就把所讲内容应用到社会情形中！这让我想起了一个人的思维方式，当他想了解中国的形而上学时，他会先在百科全书中查询中国，然后是形而上学，最后把它们的释义放在一起。新心理学会考虑人们的遗传性、倾向、环境，然后把注意力放在这些的相互关联上。我们需要仔细进行实验性质的工作，从而找到让这些关联成立和有意义的条件。

一些作者认为个体的"社会思维"倾向是社会心理学的主题，但这一倾向仍属于个体心理学的领域。社会行动不是由个体发起应用到社会中。社会心理学也无法断定社会因素在多大程度上决定个体意识。社会心理学需要关注思想的交流。

早期的心理学基于对个体的研究；早期的社会学基于对社会的研究。但是既不存在"个体"，也不存在"社会"；只有群体和社会中的个体，后者是群体的单位。社会心理学的开始需要对以下进行研究：群体、群体内部的选择性过程、差异化的反应、相似性和差异性、对它们精神力量的统一。

新心理学的公认和发展将废除同上主义者（particularist）心理学的后续观点：被管理者的赞同、大多数规则、对外的领导、产业斗争、国家间的斗争，等等。在对群体的分析中，我们要理解群体思维和群体感受、共同意志和协同行动、自由的真正性质，联想到自己和他人的关系、人类本质上的统一、爱国主义的真正含义以及进步和生活的奥秘，后者的相互融合产生了真正的统一。

所有在思考的人都想要一种新状态。问题在于：这一状态会以何种形式出现？没有人能给出答案，直到我们研究过协作中的人们，找到协作的规律。这一点还没有完成，但是如果政治学没有建立在协作规律之上，后者出自对群体的研究，它很快就会被视为最拙劣的骗术，我们已经看到这一点。政治学拥有所谓的"形而上学"基础，职能政府论（syndicalism）对它的反应基于"反对权"、职能、协作方式的概念，其强调了协作方的目标，而非协作方与彼此之间的关系。新心理学走得更远，把这些看作一体，但是它们如何能被抽象地讨论？我们最开始不应研究协作中的人吗？嘈杂现实中的年轻人、实干的政客、宪法会议的成员、劳方领袖——他们都把自己的工作基于群体心理学的原理之上。

没有人能够给予我们民主，我们应该学习民主，这是研究群体心理学的基本原因。成为民主党人不是去决定人们协作的形式，而是学会如何与别人一起生活。劳工运动的受阻更多出自不知道如何共同生活的人们，而非对于公平的有意拒绝。职能政府论的问题在于它的成功取决于群体行动，而我们对于群体的规律几乎一无所知。

我在本书中使用群体，其意指相互渗透（interpenetration）规律下协作的人们，与此相反，人群的规律是建议和模仿。这也许是一个武断的定义，但我并不介意名称，我只想强调人们的相聚有两种不同的规律。社会心理学也许包括群体心理学（group psychology）和群众心理学（crowd psychology），但是群体心理学更重要。多年以来群众学派占据主导地位，它认为聚集在一起的人们接受建议和模仿的统治，在所有的交互作用（interplay）中，很少有人注意到我们身处一个群体而非人群中……目前，人们更多地利用人群的规律而非群体，意识到这一点时，我相信群体应该是前进中的社会心理学的基础。群体进程包括集体生活的奥秘，它是民主的关键，每个人都要学习这重要的一课，它也是我们对未来的政治、社会、国际生活的希望。

工作时的群体原理

我们进步的速度以及实现完全民主的速度取决于对以下情况的理解：人们拥有创造力，人们通过能力获得权力，以与他人协作形成整体、有活力的群体……

商界对群体原理的认可日益上升，在我看来这很有趣。以往对于合作与竞争的讨论并不有效，商业方法目前的发展展示了这一点。合作与竞争正在进行更大程度的合成。我们正在跨入集体生活的时代。激烈的竞争不再是一种潮流。世界现在需要的是合作的思想。商界不再被个人的智慧所引领，取而代之的是相互作用的智慧，它们无休止地彼此影响。大商人的思想活动完全不同于19世纪的人，后者管理着自己竞争中的企业。大企业之间当然也有竞争，但是它们之间的合作却占据越来越大的比例。波士顿的印刷业标价不会超过彼此，工会联合起来建立学徒学校，一些西部城市合作的信用体系努力消除坏账，百货商店管理者之间举行常规会议，波士顿和其他地方成立了新的雇用管理者协会，在进步商会的精神中，我们都看到了这一点。当大商店进行竞争提供最好的商品以及最优质的服务，共同协商使得竞争更加有效，此时竞争也就变成了合作！现在有三四十个协会建立在开放性价格之上。轮带交易会成立于1915年，它是"合作性竞争"的范例。它公开的目标有：皮革等级的标准化、提倡通过科学的调查使用轮带、统一的合同体系、统一的成本审计体系、日销售图表、月度统计报告、信息的收集和传发等，这些信息与原材料的成本和制造、分销的方法、成本有关。与以往鼓舞商界的精神相比，这些是多么不同啊！

因此，现代企业最需要能够联合（unite）的人，他们不仅没有摩擦，还能利用联合。现在成功的商人是训练有素的能够进行合作的人。对于能够进行集体思考和协同行动的人，世界和心理学家认为他们具有更大的价值，并且赋予他们在商界和政界更高的职位。委员会的秘书对一个问题进行调查，善于掌握细节、进行总结和展示它们，在这些方面他可能比其他成员都要聪明。但是委员会的主席必须具备另一种更高的能力——把这些结论与其他人的结论联合起来，使用这些材料从计划演变成行动。这使得个人得以进步，公开市场上的价格也更高。

以上已经给出了许多例子，但更重要的是把群体原理应用到资方与劳方的关系中。人们最终开始意识到产业组织应该建立在共同的想法之上。如果我们不想受资方利益的驱使，同样，我们也不想受劳方利益的驱使。资方与劳方的利益需要统一。

集体谈判只是充分应用群体原理的一个转折点。它承认联合，也承认资方与劳方之间利益的调整是可行的，但它仍只是"谈判"，是战斗双方的协调，建立在让步与妥协的基础上。现在我们知道伪心理学建立在让步与妥协的基础上。它们在实践中的无用很明显：通过让步"解决"的差异会以另一种形式再次出现。除了协同，没有什么能够真正解决差异。与"敌对利益"之间的妥协，工团主义者将其标榜为虚伪，这一点不足为奇。在某种程度上，所有的妥协都是虚假的，真正的协调只能通过对"敌对利益"的整合才能获得，只有当我们懂得解决问题的方法，这才能实现。工团主义者的错误在于把妥协当作唯一的方法；他们认为不同的利益就是"敌对的"，这是他们的根本失误。

"群体社会学家"们认为现在的社会由斗争的群体组成，理想的社会则由均衡的群体组成，属于该派的经济学家不仅认为妥协是不可避免和十分恰当的，而且将其看作人类协作的最重要事实。我认为冲突和妥协不仅不是真正的社会进程，而且甚至在目前，它也不是社会进程中最有意义的部分，尽管它通常占据最大的比例。观点的整合部分来自直接的相互贯穿，部分来自间接的相互贯穿，后者是群体之间成员重叠的结果。在我所在的群体中，观点的整合经常上演，这预示着未来的协作方法。

仲裁和调解委员会公平地对待成员，它的缺点在于总是倾向于妥协，即便斗争双方之间没有进行公开的谈判。我们做出的"让步"越多，可能得到的"和平"也越少，这一点很可能从各方身上看到。新西兰的强制仲裁没有取得预期的成功，因为资方和劳方之间没有取得统一。

贸易协定是群体谈判的最新发展，来自雇主和工人的代表参加理事会进行讨论，这些促生了统一，而这是我们在产业关系中一直没有实现的。在英格兰和美国，这些协定的历史是有效的研究。1910 年，贾斯蒂斯·布雷达斯针对纽约的服装业提出了一个方案，并将其提供给了产业法庭，后者由雇主和雇员组成，所有的争执都要呈递给它，这一举动使得纽约的服装贸易六年都没有罢工。在美国，这一事件广为流传。

国家劳工局的报告中有一个非常有趣的贸易协定，可以被研究许多年，它发生在铸炉者国家防御协会和铸铁者北美联盟之间。经历了 40 年灾难性的罢工之后，这一永久的"协商"工具（雇主和员工参与的）不仅为铸炉业带来了和平，而且使得问题的解决不是由当下强势的一方决定，而是通过对双方利益的协调。一个典型的例子是劣质铸件的支付问题：其并非通过优势方或妥协来立刻解决，而是在数月后找到解决之道，使得双方都能获得一定的益处。

数年以来，贸易协定包含了越来越多的事项：不只是工资和工时，还有许多店铺管理的问题、纪律等。此外，人们反复意识到通过联合会议获得的知识正是共同控制所需要的：工人应该知道生产和运输的成本、不同生产工艺的价值、市场状态、竞争品生产和营销的限制条件等；雇主应该了解劳工的真正状况和观点。

群体谈判的根本缺陷在于：尽管它提供了协调不平（grievance）的机制，尽管它正视劳方与资方之间观点的不一，并寻找方法解决，但它没有让劳方直接参与产业控制。在群体谈判中，工资和雇用条件通常由工人和雇主的谈判力量决定。任何形式的谈判和协商都不是产业和平和繁荣的关键；群体合约应该及时遵循个体合约的规则。一致是新状态下所有关系的关键词。长久以来，工会都在争取它们的"权利"，把资方与劳方之间的差异看作斗争，并且寻找有利的位置进行斗争：这一态度影响了他们整个的内部组织。他们和资方都应意识到这一态度需要摒弃。如果想在资方与劳方之间进行协调，我们要让他们形成一个群体：我们应该整合利益和动机、标准和公平。

社会进程取决于劳动人民，这种想法是错误的：有些人说他们应获得更多的物质财富，一切将会好起来；有些人认为他们应受到更多的"教育"，世界就可以获救。我们所需要的是资产阶级的"无私"，这种想法同样也是错误的。分红的提倡者并没有帮助我们。资方与劳方之间的斗争不能通过物质来解决。斗争的症结不是利润和工资，而是对于产业的共同控制。

近年存在这样的上升趋势：雇主倾向于让员工参加理事会。"咨询"委员会主要通过安全、健康、标准、工资等咨询工作，来让员工真正地参与管理。但是即使在这种合作的较低级形式中，我们也能发现两点：咨询委员会的代表通常选自员工，人们咨询它的全体成员，而非个体。咨询委员会（advisory boards）的缺陷并非像通常认为的那么多，因为管理权仍然掌控在它自己手中，公司的管理人员在咨询中无法参与进来。然而，可以用许多不同的方法。在一些商店中，咨询委员会与公司管理人员进行会谈。超出有些公司的预期，一些公司向委员会成员们提出了许多更为重要的问题（这些问题与雇用条件有关），大大超过其他公司所认为切实可行的程度。许多雇主甚至放弃了解雇的权利——由员工同事来决定。

通常，管理层掌握最终权力。然而，波士顿的 Wm. Filene Son's 公司却并非如此，在共同管理上它比任何其他工厂进行得都更为深入。如果存在任何规定影响该商店员工的纪律或工作条件，员工有权投票进行更改、发起、修正这些规定，即使受到管理层的禁止，这些投票也会立刻实施。而且，在董事会的 11 个成员中，有 4 名属于员工代表。

公司职员和工人按照委员会或理事会（车间委员会、纪律委员会、咨询理事会、董事会等）的要求行事，其优势等同于贸易协定的常规会议：雇主和员工在一起学会共同起作用，并且为共同控制做准备。车间委员会应受到鼓励，不仅因为它们消除不平，更因为管理者和工人在其中学会共同行动。产业民主是一个过程，也是一次成长。产业的共同控制也许可以通过法令得以奠定，但直到共同控制的过程为人们所熟知，它才能真正实现。车间委员会独立于管理层，自然，对于工人，这是一个很好的举措，因为它让他们自由地维护自身的利益并为之奋斗，但我认为这正是需要避免的地方。

劳方问题在于：资方与劳方之争是由斗争和征服还是由学会共同起作用来解决？许多劳方支持者认为资方与劳方的利益是"敌对的"，我经常碰到这一情况。我认为国家之间的斗争与资方和劳方之间的斗争将以同样的方式结束：让国家形成群体，让资方和劳方形成群体。随后我们将学会分辨真正的利益和表面的利益，更准确地说是长期利益和短期利益；我们也会摒弃"对抗"这一观念，它属于静态的世界，并且只能看到差异——即，后者使得整合成为可能。这并非劳方问题的理想观点。增加工资与降低生产成本曾被视为不可协调的矛盾——现在它们同时存在已经很常见了。如果人们认为它们的同时存在是一种幻想或者理想，并将之遗弃，那么我们今天也就看不到这一点了。然而，许多人现在这样来区分生产与分销：对于前者，资方与劳方的利益是一致的；后者则并非如此。当商界的重组成为现实，不再是一种乌托邦的想法，那么对于分销，我们也会看到资方与劳方之间利益的一致。

人都有一定的本能和需求，这是劳工问题的核心，对此的认识是目前产业问题中最有希望的标志，这一建设性力量将通过心理学方法应用到产业问题中，对其充分利用的标志是——工人日益在产业中进行控制。

第 17 章

社会中的个体[一]

[一] 本文改编自《新国家》（伦敦：Longmans, Green 出版公司，1918 年）。

社会进程的统一

共同观点和共同意愿在社会进程中共生，我们已经看到了这一点。并不是一方导致了另一方，而是双方相互包含。但是群体观点和群体意愿还没有出现；它们仍处于萌芽阶段。它们为自己提供动力；但是它们通过事物、工作、管理形成。对于社会生活中思想或行动的优先权，人们的热情已经逝去，这一概念废除了对此的讨论。不存在先后顺序。思想、意愿和行动的联合，以及社会进程是完美的统一，其中行动产生了更加清晰的意愿。

日常生活中，我们没有形成自己的思想、构建起自己的意愿以及实现它们，以上可以被观察到。实现的过程不仅同时进行，而且它的反应让我们塑造思想、给意愿以动力。我们需要消化社会经验，但在消化之前要先拥有它。我们应该学习和构建，并且通过构建再次学习；或者我们构建和学习，然后通过学习再次进行构建。

会议桌旁的我们不是空白的，而是由自身过去的经验组成。然后我们形成所谓的共同意愿，并应用于现实世界看其是否奏效。如果奏效，那么它就证明了自己；如果不奏效，那么我们需要让它"共同化"。随后我们进行反复的测试。在我们的工作中，在实现和调整自身的过程中，新的必要的调整再次产生。这就是共同意愿产生的过程。首先，它作为理想出现；其次，它在生活的物质层面构建起自己，因此以一种新形式出现，如此反复。这些都是构造。把一般福利提升到神的位置让它变得金光闪闪，使它成为在我们外缘的事物，带有自身的特性，尽管它是对于彼此新关系的新调整。共同意愿永远都达不到完美，但又一直在寻找。进步是朝着无限完美目标的永恒前进。

民主理想不会前进，除非我们持续在行动中体现它，行动将对理想起作用。思想和意愿进入现实世界是为了实现自己。这给了我们民主的原理和方法。在民主团体中，公民的行动逐渐产生共同意愿。对民主的测试是看这一点的完成程度。群体意愿通过自我实现和自我创造存在，并以一种更高级的、更协调的新形式出现，这是我们政治生活的应用思想。

因此，社会进程的统一（unity）对我们而言很清晰。我们现在有以下概念："权利"、目的、对目的的忠诚，这些不是特别的观点，而是伴随着进程而产生的。

权利

我们正在构建一个道德（ethics）体系，它有三个概念不同于以往，它们与权利、道德感和职责有关：

（1）我们不遵循权利，而是创造权利；

（2）不存在个人的道德感；

（3）我的职责不是针对"其他人"而是针对整体。

首先，我们不是仅仅遵循权利；我们还创造权利。人们总是认为理想是天生的，华丽而闪闪发光，我们只需要应用它。但事实是我们需要创造自己的理想。不产自现实生活的理想是没有价值的。有些人仔细地保管他们的理想，让它们远离尘埃和空气，按照字母顺序摆放，使得需要时能够立刻找到。但我们不能找出以往的理想来应对现在的需求。用于生活的理想需要来自生活本身。以往的理想可以帮助我们认真生活，从而产生现在的理想，这是它唯一有用的地方。但是我们并没有丢弃它们：我们把它融进了现在——我们对它们的使用正如制丝时使用茧子一样。在同样的情境下，个体需要重复同样的行为，这一点已经得到了传授。但是情境不会是一样的，个体也不会如此；这样一个概念对生活毫无用处。我们不能用停滞的理想完成过去的职责，因为职责每一刻都是新的。

此外，整体知识源自整体生活。这是进步的道德规范最应该教授的，不要只相信职责，还要信奉酝酿职责的生活。确实，"遵循我们的职责"常常意味着精神和道德萎缩。人们不能按照忌讳来生活；那意味着停滞。但当忌讳逐渐地消失，我们应该构建自己的道德生活。只依靠预先消化的食物，我们的道德感一定会"饿死"。我们要通过行动积极构建自己的道德世界；还要遵守已经存在的法律——这是针对不负责的人而设立的。如果我们遵循以往的标准，而没有将它们与现实世界相结合，我们就是在放弃自己的创造力。

因此，培养起来的权利意识成为我们的日常规则。如果命令没有建立在此基础上，那么它就没有凌驾于我们之上的权力。许多谬论认为管理者和被管理者是两个不同的主体，在我们拥有任何合理的社会基础之前，对于并非由我们创造的标准，遵循它也是一种谬误。当"应当"不是一项命令，那么它也不再是禁止而是自我表达。随着社会意识的形成，我们的意愿就包括了"应当"。我们的生活由持续的意愿组成，而非限制和禁止，我们应该积极地看到这一点，而非消极地。道德不是避免做某些事情——它是一种建设性的力量。

因此，在教育年轻人的时候，只把"职责"告诉他们是不够的；我们应该为他们创造一个充满目的的世界，他们会出自本能地对这些目的进行反应。自我表达、自我实现的渴望在协作的领域内是十分自然的。这是教育的奥秘：当生命之源是人们努力的一部分，年轻人将很难理解职责一词；我们想要的是荣耀，而非为了道德感让自己受折磨。我们愿意尽可能多地付出，而非像清教徒一样执行义务，后者是对世界的补偿。

因此，教育并非告诉孩子大量的事实，也不是让他们尽快地了解生活，甚至不是解释生活，而是自己去创造生活，这是最重要的。教育很大程度上应是训练孩子做出决策。训练的目的不是严格坚持呆板的权利（虽然道德、经济、政治中不存在呆板的权利），而是有能力在任何时候进行新的决策。最重要的就是应该知道每一刻都是新的。

我们要通过群体过程培养这种人，他们不会在习惯中麻木，他们的目光总是停留在现在的情境、现在的时间、现在的价值上，并能在现实世界中找到最能表达自己的方式。

对此进行总结：道德不是静止的；随着生活的前进，它也在前进。你不能把理想挂在钉子上，出现某些情况时就把 2 号拿下来，出现其他情况时又去拿 4 号。对于道德的测试不是严格遵守标准，而是我们对于生活的忠诚，后者构建了标准。对于道德的测试是看我们是否不是遵循而是创造理想，我们是否积极投入生活得到提高进而处变不惊。

我已经说过权利是群体的产物，来自人们之间无休止的互动，它并非个人的道德感，尽管人们经常这样使用它。正如我们不会执行别人或过去的理想，同样我们也不应执行无关自己的理想。社会理想通过相互关联的生活得以产生、发展和成型。个体自身不能决定对或错。我们不会有真正的道德判断，除非我们与他人一起生活。人们说："每个人只听从自己的道德感。"但我的道德感是什么？它还没有通过时代、国家和同事产生吗？自己创造道德感就和自己创造一门语言一样困难。

另一方面，人们又说："个体应该具备自行判断的权利；大多数人都应自行判断。"但是个体并非暂时进行自我判断；如果与他人合作进行共同判断，他会做得更好。个体道德感不会融入国家公德之中；个体道德感应成为国家公德的一部分。

我们想要的是一种相互关联的道德感（conscience），它与其他人的道德感、我们所处时代的思想环境、我们的上进心紧密相关。这一趋势已在法律、政治、国家关系中崭露头角，并成为我们日常生活的引导性倾向。

今天，对于社会进程的统一已经有了一个更为清晰的概念：

（1）我们不仅遵循而且创造"权力"；

（2）不存在个体的道德感；

（3）我的职责不是针对"其他人"而是针对整体。

我们不再区分自私和利他主义。为了自身利益而采取的行动也许是社会性的；为他人所采取的行动也许不是。大约二三十年以前，道德的"个人"体系受到广泛的声讨，自此，我们听到了大量关于"社会"道德的言论。现在所兴起的道德观完全不同于利他学派，它并非建立在分离人们的基础之上，而是尽其职责把个体整合起来，使其作为整体行动，产生整体观点，为了整体的理想而奋斗。这是一种整体观。

目的

社会进程是一种相互关联、成长中的事件，当权利随其出现时，目的（purpose）也产生了。进化的目标显然主要是使自己得到发展。进化是一个世界进程，其他力量为它制定了目标，这些观念是多么自相矛盾！进行创造的过程也创造了目的，这才是事实。目的包含于过程中，而非先于过程，这一点具备深远的意义。原因和结果的所有哲学需要重写。如果整体的进化是一项无止境的任务，如果我们有限的任务是不同范围和完整度的整体，那么因果关系的观点在我们的思想体系中将有一个完全不同的地位。

人们总是会问这一问题："战后欧洲国家有意的统一是为了什么？"这一问题意味着联盟是实现一定目的的唯一方法，尽管协作才是重点所在。伴随着协作，目的得以产生；随着它的前进，目的也在改变。没有人会说同盟的目的仍与 1914 年时一样，它甚至已经不同于 1917 年 4 月时的目的。随着联盟的形成，目的也稳定地成型。

当我们看到目的并非"事先存在"，而是包含在生命过程这一统一体中，目的论的观点将受到摒弃。人们自己产生目的并去实现。我们处在自我意识的拂晓，目的在若隐若现中。生命力为了表现而爆发——自我意识应对其进行指导。

忠诚

随着目的的进化，忠诚（loyalty）也开始萌芽。在群体形成的过程中，忠诚也苏醒了。组织群体的过程激发了它。我们不可能"愿意"忠诚。我们的任务不是找到唤醒忠诚的原因，而是充实地生活，忠诚也将随之产生。即使我们偶然找到原因，它也与我们无关。如果我们既没有产生一项群体意愿，也不是它的一部分，那么，对它的忠诚将是一种束缚。我们属于一个统一体，只是因为我们帮助了它的形成；忠诚和热爱也随之而来。忠诚意味着唯一，无论成功还是失败，活着还是死去，我们都同甘共苦。唯一的统一体由我们组成。（即使在两个人的关系中，我也不相信另一个人，我相信的是整体中的关系。忠诚指的是群体观念，而非群体人员。这一定改变了我们的爱国主义思想。）

因此，社会进程是无所不包、自我满足的过程。必需的动力由群体内的相互影响所产生，其本身也是活跃的促生力量。社会统一不是一个苍白的概念，而是一股积极的力量。它是双重过程——既用于促成统一，也来自统一。没有更好的例子说明向心力和离心力。统一中蕴藏的力量源源不断地出现在行动中。我们创造了共同意愿，感受到了精神力量，它们来自已经拥有的目的，也是为了继续探索目的。

个体

随着自我满足的社会进程产生了群体观念和群体意愿、权利和目的，个体也发现了自己的生命之源。关系相互作用的可见形式是社会和个体（individual）。人是社会进程的节点而非单位，他会形成力量解开自己、继续前行。用现在的话来讲，人既是社会因子也是社会产物。

人们谈论社会思想的时候，就像它是一个抽象的概念，只有个体是具体的。但两者都是实际存在的。更准确地说，两者之间的关系是唯一实际存在的，它产生了两者。对此的分离是人为的，正如把意识分为主观与客观。两者相互融合形成经验是唯一的现实。晚期的理智主义出于实践目的注重自我以及个体。

但是没有方式去分隔个体，他们彼此相互关联，用詹姆士的话说就是"汇合"，他认为人们之间的罅隙出自个体间的摩擦，我们身处彼此的边缘，它们重叠在一起，我们通过它们相交。这正如挪威的情况，日落和黎明的色彩混合在一起，今天和明天在分离或协作之际，一方不知道自己是属于逝去的昨天还是接下来的时间——这正像两者之间的关系：对另一星球的旁观者而言，我们的颜色也许是混合的。

关于个体和社会的事实已经得到表明，但是我们应该进一步地发展这些观点，因为这对我们将来更清晰地理解个体很重要。19 世纪的法律理论

（个体的权利、契约、"一个人能够独立完成他喜欢的东西"等）建立在独立个体的基础上。我们没有合理的法律学科，因此也没有社会或政治进步，直到人们充分认识到这一谬误。新观点必须建立在个体的正确概念上。因此我们要进一步地对个体进行定义。

个体是多种反应的统一。但是个体不对社会做出反应。相互影响一方面构成了社会，另一方面构成了个体：在这一持续而复杂的行动和反应中，个体和社会共同进化。或者，更准确地说，个体与社会的关联不是行动和反应，而是无限的互动，从而使得个体和社会得以形成。我们不能说个体是否起作用或被作用，因为这种表达意味着他是一个明确的、给定的、完成的实体，使其成为一个行动主体或者受到作用的主体。我们不能把个体放在一边，把社会放在另一边，而应理解两者之间的相互关联。个体在社会进程中产生，并在其中发展进步。不存在自发形成的人。我们作为个体所拥有的源自社会，是社会生活的地基。我们一直都在不停融入环境之中。

那么一个人的个性（individuality）由什么组成？由他与整体之间的关系组成，而非由他的分离（apartness）或差异性（difference）组成。

当然，人们想到个体时，易犯的错误是混淆躯体与真正的个体。人们认为躯体是分离的，分离属于精神上的或真正的个体。我们认为爱德华·菲茨杰拉德是一位隐遁者，他单独生活得以进步，很大程度上脱离了社会的影响。但是想象一下失去书籍后他的生活。他的天性无疑不能与人们自由融合，他实际上一直都在与他人的生活、与他人的思想进行密切的交流。

社会本身也会强加给人孤独，我们要记住这一点；与别人协作的方法并非总是可见的、有形的群体。开拓者的精神是一种创造的精神，即使它使人脱离群体，完成命令。另一方面，孤独的人也未必就是独自生活的人；即使一个人处在复杂的都市生活中，一直与别人生活在一起，但却很自闭或者独来独往，这样他也并未与别人进行真正的协作。

个性是协作的能力基础。个性决定了协作的深度和广度。我之所以成为个体，不是因为我不与他人接触，而是因为我是他人的一部分。邪恶不存在关联。力量的来源是主要的供给。你也许会折断一根树枝，并且希望它活下去。但没有关联就是死亡。

　　个性既非由一个人与别人的分离组成，也非由他与别人的差异组成，我已说过这一点。与第一个结论相比，第二个结论受到更多的挑战。这源自一些概念的混淆。别人能够发现我个性的差异，是因为它与其他的差异相关联。关联进行了创造。"在产生关联之前，你必须拥有进行关联的事物，从而使得差异更加自然"，这是错误的理智主义说法；首先存在差异，其次让它们进行协作，从而协作是次要的！唯一的事实和真相是人性，它是一种复杂的创造性活动。创造就是一切。只有通过这一活动，我们才能掌握它。从外界观察它，把它分解成不同的部分，进一步分解，这样做是在扼杀生命，用无生气的形象、无用的概念来满足我们的想象。我们应该以一种富有成效的方式与大家产生关联，这样我们会看到自己的个性越来越健壮，我们的差异越来越适合工作的需要。

　　当我们认为个性的本质是使自己与其他差异产生关联，我们应该记住差异并非是固定和给定的，它也包含在形成的过程中。这是经验教导我们的：社会需要差异，但并非要求其是绝对值，只要产生关联即可。差异在社会进程中产生，通过它进行协作。不能协作的差异就是偏离。偏离、反复无常使得我们边缘化，带来混乱；真正的自发性、原始性不属于混乱，而属于系统。分离需要得到协调；不相关产生不了任何东西，只能带来混乱。我对整体有一定价值，但其并非由我的独特性决定，而是由我进行关联的能力决定。螺母和螺孔能够完美地结合在一起，不是因为它们的差异，而是因为它们彼此适合，在一起的时候能够起到作用，后者是它们不能单独完成的。螺母和螺孔的重要性不是通过它们在一起得以提高，而是如果不在一起，它们将不具备任何意义。它们应有所差异，从而形成有效的关联，这一事实源自它们的工作。

　　另一个例子与专家有关。专家服务社会的才能不是由其专业知识所决定的，而是由他对本身专业与整体之间关系的判断所决定。因此，这意味着更多的关联，因为专业化的价值在于它成为某物的一部分。专家拥有的是宽泛而非狭窄的生活圈，因为他不可避免地与整体融合在一起。整体在以下两方面都奏效。专家不仅对整体做出贡献，而且他与整体的关联都体现在自己的工作中。

因此差异只是生命过程的一部分。对此的夸大导致了 19 世纪过多而自大的个人主义。在我们对统一的规律进行有效的罗列之后，20 世纪的人们应该努力去探索生命的多样性。

我们对个性的定义现在应该"找到自己在整体中的位置"："位置"产生了个体，"整体"形成了社会，通过两者的相连，通过宣称"找到自己在整体中的位置"，我们进行了有效的合成。我努力试图摆脱任何机械的体系，然而，找到没有约束的词仍然很困难。现在我害怕这种表达——我在整体中的位置。它严格的用法使得我就像是机器上的嵌齿。但是我的位置并非明确的空间和时间区分。如果一个人相信这种意义上的"位置"，那么他总能找到自己的"位置"。但是，位置是无限的关联，它在不停地改变，我们永远都捕捉不到它。它既非完全忠于一种理论的无政府主义，也非德国机器的严密度。了解自己的位置不是认识自己的处境，也不是打听自己是 3 号嵌齿还是 4 号，而是时刻保持与外界的接触，并且意识到这些接触。

个体寻找整体，同时又是整体，我们现在来看这一点。

首先，生物学认为个体永远不会结束，结束意味着死亡；人的实现不是通过累积，而是通过逐步地与他人产生关联，社会心理学开始认识到这一点。我们的前进是为了协作；我们的大部分甚至全部需求都出自这一动机。这一精神渴求完整性，它是社会进程的发动机；得到它的过程不是获得，而是越来越多的付出。成长的法则不是占有而是贡献。我们的贡献是什么，它不是为了让我们去发现。如果在释放潜能的同时又能学会协调各种差异，那么前者意味着社会组织的进步。个体希望全体的形成，但他们要的不是一个混乱的群体，而是有序的全体，我们称之为统一体。对于生命力的测试是看我们对生命进行合成的能力。

尽管我们声称个体永远不会结束，但是，个体是一个生命，这也是事实。个体本身也是社会，因为他的各项功能相关联，而且这些关联是无限的。整体没有分解为个体；个体就是整体。这是一种化身：整体孕育和滋养了我们。衡量生命的完整与充实的手段不是我做了多少事情，也不是我见了多少人，而是我在多大程度上表达了整体。统一让我意识到生命的存在，更多的统一让我感受到更多的生命——更多地体会到整体和自己，这也是原因所在。我对社会的价值不在于我是多么有价值的一部分。我在这个世界上之所以是独一无二的，不是因为我与别人不同，而是因为从某一角度来看，我也是一个整体。

个体与整体之间的关系是动态的而非静止的，这是近年来我们了解的最深刻的事实。参与的时候，我们提供的远多于单纯的参与，而是无限的复杂性以及相互关联的完整和有效，我们现在看到了这一点。我对社会做出力所能及的贡献，社会不仅包括这些，还包括更多的物质利益，它们满足了很多人。我的贡献能够满足一定需要，不是因为它能根据该需要进行划分，而是因为它与生活中的其他事件结合在一起，从而产生更多。因此，当我保留自己的贡献时，所抑制的不仅仅是自己那一部分；当我辜负某些人或某些事时，我所辜负的也不仅是那个人或那件事，而是使得整个世界都受到了影响。这一观点为个人责任添加了一份严肃感。

总结如下：个体既非出自分离，也非出自差异，而是要在整体中找到自己的位置。每一天我们会对自身思考很多次，我们会不止一次地想到自己的偏离，我们会间接地思考一些特质，它们把我们与他人联系起来：我们考虑自己与他人合作的工作，以及对自己的期望；工作结束时，我们一起玩耍的人以及我们所扮演的角色；我们要参加的委员会会议，以及我们去那儿做什么。每一次自我行动都表明分离的程度，后者有利于完全的协作。每一次自我主张都奠定了我与其他物和人的关系。同一行动确立了我的个性，赋予我在社会中的位置。因此个体通过社会形成，他的日常呼吸来自社会，生命也花费在社会中。当我们把社会看作自我阐明和自我统一的行动时，我们应该接受它的影响，让光亮照射到我们身上，不是来自外界，而是来自由我们组成的整体。整体时刻都应哺育、滋养和维护我们，这一点永远都是合理的，但是如果我们没有时刻都在创造它，那么它不可能做到这一点。这一完美的相互作用就是生活。谈到"个体的局限"是一种亵渎和自杀。整体的精神在每一部分都具体化。"因为我相信死亡、生命、中介、国家、权力、现在的事物、将来的事物、高度、深度、任何生物都不能把个体分离于社会。"

社会

精神力量的相互融合同时创造了个体和社会，因此，个体不是一个单位，而是力量（向心力和离心力）中心，从而使得社会不是单位群，而是一个复杂体，它辐射和汇聚、交叉和再交叉能量。我们已经看到了这一点。换句话说，我们正在把社会看作一个精神过程。

关于社会，以往的观念把它看作单位群，这是完全错误的。晚期的观念把它看作有机体，错误的程度稍降一些。这一概念必须替换它们。

以往的个人主义观念产生了许多政治谬论（17和18世纪的社会接触论，19世纪的多数理论等），它建立在以下观点的基础上：先培养存在的个体，再让他们聚集起来形成社会。但是社会的基础不是数量；而是精神力量。

社会有机论肤浅地认为人们必须仔细检查它，才能找到致命的缺陷。我们先来看一下它的优点。

最明显的是，有机整体具备自身的空间和时间特性，它由部分组成，部分具备有机整体的特性，但不能脱离有机整体而存在。有机体意味着统一，每个人都有自身的位置，彼此互相依赖。

接下来，部分的统一和相互关联（interrelating）是基本特征。它总是处于不稳定的均衡之中，转移、变化，从而时刻改变个体。但它又由个体本身产生和维持。没有外界的力量产生它。这一自我形成、不朽的生命的主要生活和所有生活都包括在过程之中。因此生物学家没有期望通过研究作为独立单位的细胞来了解生命体：有机联系联合了分离的过程，后者被看作是基本的事实。

当我们从外界审视社会时，这一相互关联让它呈现良好的状态。只有对其关系的变迁以及构成统一的复杂对应进行研究，我们才能理解社会。

相应的顺序（从属、凌驾、协调）有意的自我统一很好地描述了社会进程。詹姆士认为个体是自我统一的中心，我们在社会及其思想中发现了同一行动。相互关联以及统一的存在给予社会一定的权威和权力。

因此，有机体一词作为比喻是有价值的，但它没有严格的心理学准确性。

社会与有机体的自我相关存在着很大的不同：社会协作是一种精神联系，我们不能用生物词汇或任何物理词汇来表达它。如果我们可以，如果"功能联系"意味着心理和生理联系，那么"功能"和"有机"都可以被接受。但从此出发，它们意味着一个不同的世界。因为精神的自我协作建立在一种更密切和完全不同的方式上。它们没有时间和空间的局限。思想可以混合，然而在混合的过程中保持各自的特性。它们相互滋养，但仍保持自己本质和独特的方面。

尽管有机体的细胞只有一项功能，但个体也许具备多方面和多形式的功能：早上他进入一个群体，携带一项功能；晚上又进入另一群体，携带另一功能，因为任何时刻他的思想都可以自由地与一个新群体进行融合。

个体具备自我分离和自我加入的自由，这让我们摆脱了实现民主过程中潜在的危险，它潜伏在有机论中。没有人受到强迫充当跑腿或助手。每个人在任何一刻都能按照天性自由生长。一些人是中枢，另一些则是煤矿工和搬运工，一些社会学家在建立这样的等级时，他们的理论完全没有得到证明。民主让人们脱离这一专制的等级体系。人们按照内心的渴求，与现在的归属进行联系，通过这一关联获得能力，融入到归属之中，随着精神的伸展，这一活动持续下去。

此外，在社会中，每个个体都是一个整体，这对于有机体的各部分是不可能的。当每一部分是一个潜在的整体，当整体能够存在于每一成员中，我们随之拥有一个真正的社会，我们应该把它看作生命的涌现（突进、涌出、涌入）作为一种变化无常的能量，这种能量是流动的、弹性的、无穷的，它在寻找适合自己的形式。生命是一个无止境的过程，这一神圣的目标就是理想的社会。当我们自问在真正的民主中投票意味着什么，这些关于社会的概念显然排除了所有其他的理论。

第 18 章

计划社会中的个人主义[⊖]

人与人之间经济上的相互依赖关系是当今被广泛接受的一个事实。这种认识使得命令成为我们现在混乱的年代唯一可选的方式，即国家甚至国际范围内的集体计划。

国家集体计划的基本原理

一个国家中总是存在反对国家计划编制的人，我相信，他们的反对主要基于对"控制"一词的恐惧，他们恐惧个人权利被剥夺。然而今天，"控制"这个词已经被赋予了新的含义。如果国家经济控制的计划配置是基于这层新的含义的话，那么没有人需要害怕计划成为个人主义的敌人。

来看一下我们管理最好的一些产业中，我们看到了两点：①控制越来越多地意味着事实控制而不是人事控制；②中央控制越来越多地意味着控制之间的相互关系而不是一个叠加控制。

关于第一点，注意控制这个词经常被用来意指事实控制。以预算控制为例，这意味着在成本会计和单位预算的组织中，总裁和部门主管同时服从于一种非人为的控制。部门主管无须接受总裁的独裁命令，而是两人都需分析并解释成本会计和单位预算产生的信息。

还有我们不常听说的存货控制，一些工厂已经形成对原材料、在制品和产成品实行卡片记录的管理习惯，一些工厂是通过库存部门实施，而另外一些工厂通过专门委员会实施，但是我对此感兴趣只是因为"控制"一词的运用。以前，如果高级管理者拥有这些记录，我们认为这些记录将对他们的控制很有帮助。现在，我们听到"存货控制"的表述是因为我们认识到，被披露的事实本身就构成了控制。控制已经渐渐不再是老式的人为控制，控制等价于事实控制。

第二点是关于控制之间的相互关系。在管理最好的企业中，总经理的权力不是由上层的独裁权力机构赋予，而是在组织中不同职位权力的集合。

这两个原则——事实控制与集体控制，已经被作为企业管理的合理原则而广泛接受。我相信，它们应该成为国家计划的基础。但是，最近公布的国家计划手册中却反复地使用"强迫"与"强制"这两个词。我们当然不应服从于一个独裁的计划委员会。一些作者犯了一个致命的错误，他们把强制当作放任主义的反义词。这是错误的，放任主义的反义词应是协调。目前的当务之急是寻找最优的协调或调整方法。但是协调的过程不是一个外加过程，本质上它是一个自动控制的过程。没有人可以颁布调整我个人的命令，我只能在别人的帮助下进行自我调整。国家计划应该是一个各种利益的自我调整的方案。它应该是为自我协调的产业，以及一个产业中自我协调的企业而计划的。不仅如此，我认为它还应该包括每个工厂的工会合作管理机构，使工人在初期就参与企业管理。

我们有没有形成自我调节过程的一些原则，应用这些原则我们可以检验提议的所有国家计划方案，以检验它们是否威胁了个人自由？

四条组织的基本原则：

（1）协调应通过与负责人的直接联系；

（2）协调应在初期阶段进行；

（3）协调是情境中所有因素的相互关系；

（4）协调是一个持续的过程。

下面简单介绍一下这四个原则。在一些最佳管理的工厂中，我们已经看到了这些原则的应用。这些原则保障了第一次世界大战中盟军的部分合作。在不同的领域找到这些原则对我而言意义非凡。这意味着我们最优秀的思想家（他们既是思想家也是实践家）找到了使集体控制变成集体的自我控制的方法。

关于第一个原则，协调应通过与负责人的直接联系，我们发现在一些产业中，控制越来越多地由互相联系的部门主管执行，而不是通过总经理职权线的上下层级关系执行。

在国际关系中，阿瑟·索尔特爵士是这个领域最著名的思想家之一，他在著作《联合航运控制》（*Allied Shipping Control*）中提倡"直接联系"这种方法——我引用了他的表述。他认为国家和国家之间的协调不应该通过外交部，而是通过对有关事务行使权责的机构之间，即部门与部长之间的对话。

国家计划应该遵守这个原则，为行业负责人的直接联系提供保障。行业负责人于是形成他们自己的控制，从而保障了个体的自由。

我的第二个原则是协调应在初期阶段进行。这意味着直接联系必须从过程中的最初期阶段开始。我们来看看这个原则是怎样被运用在商业的相关政策中的。如果产品部门的主管带着已定论的政策与销售、财政以及人事部门的主管协商，而其他部门主管也各自带着自己已定论的政策，那么协议很难达成。当然，他们接着开始"弄权"，或者那是通常的趋势——一种可悲的强制形式。但是如果产品部门的主管（当他形成他的政策的之前）与问题相关的其他部门主管接触并进行讨论，那么更有可能达成成功的协调。换句话说，为了最大限度地获取工作的成功，你不能把决策形成和决策调整作为两个相互独立的过程——决策调整不能在单独的决策确定之后才开始进行。⊖

这里有一个也是来自国际领域的实例可以证实这个原则。《联合航运控制》一书令人信服地指出，制定一项真正的国际政策，首先自己形成国家政策然后把它作为定则与其他国家的政策对抗是行不通的，因为调整已定论的政策的唯一途径是谈判与妥协；如果你想要的是整合，那么，政策的整合必须在定论之前开始——在它们还是处于形成阶段的时候。

这条必不可少的原则似乎在国家计划中被大大地忽略了。而且，它显然是保障个体自由的一种方法。在巴尔的摩与俄亥俄计划的联合管理计划中，工会与管理层的调整自最底层的工会开始，这使员工们感觉到了他们不是被独裁控制的。对美国服装工人联合会（Amalgamated Clothing Workers of America）的历史研究也重申了这一观点。

第三个原则——协调作为一个情境中所有因素的互相联系，说明了这种协调过程的真正含义。想一想，在一家企业中两个部门的主管之间。如

⊖　参见《创造性经验》，"对政府而言，关键在于控制必须由受到控制的活动产生。因此在产业、合作的项目和政府中。控制必须尽可能地在过程早期开始，或者（用前文的语言表达为）我们应该'权力支配'（power-over）而非'权力平等'（power-with）。联合行动必须知道它的来源"。

果你认为 A 为 B、C 和 D 调整自己，说明你没有正确审视这个过程。A 为 B 进行调整的同时，他同时也为被 C 影响的 B、被 D 影响的 B 以及被 A 自己影响的 B 进行调整。同样，A 为 C 做出调整，这也是在为被 B 影响的 C、被 D 影响的 C 以及被 A 自己影响的 C 做出调整——循环往复。你可以通过数学的方法计算出这个流程。这是一种相互的关系，是部分与其他部分之间的相互渗透，同时，每一部分都被所有部分充分影响，那将是协调的目标，当然，这也是无法完全达到的目标。

但是我不想使这个原则听起来显得那么深奥或者古怪。我希望你认识到这个过程是你常见的、或者希望它更常见。在工厂中，你不仅在部门政策的相互关系中看到它，也会在很多细小的协调上看到它，例如一位人事经理、一位心理学家和一位领班在雇用、解雇或者升职的问题上达成一致。你不可能在读报纸的时候没有发现这是解决国际问题的必要过程。

此外，如果有人认为这条原则很难被接受，我确信从事实的角度而言，他已经接受了这条原则。任何事实都是通过它与一个情境中其他所有事实的相互关系来体现它的重要性。例如，你已经提高了销售量，你只有得知销售成本是否增加后才会高兴。如果销售成本上升了，那么你就不会高兴了。商业显示了这些原则的适用性。商业不仅仅是设计、工程、制造和销售部门的简单集合，而是它们的整体关系。这不是一个好的措辞，但是我努力表达一个整体应该包括情境中的所有因素，它是一个相关的整体而不是一个附加的整体。也就是说，我尝试着表达一项商业政策是企业的相关部分互相渗透的产物，而不是这些部分的简单罗列。

如果协调是一个相互渗透的过程，显然，它不能被外界机构强制执行。这就是我为什么严重怀疑目前很多人构想的中央计划是否会带给我们令人满意的协调的原因。我的意思并不是说国家计划委员会（National Planning Board）不应该承担协调工作，而是说它没有能力，因为协调在本质上是一个自我控制的过程。

一位经济学家最近写道："一个拥有公共权力、可靠的委员会有能力协调他们的活动。"这不仅不符合需要，也是不可能的。一位大公司的总裁

（他是一位实际并且成功的商人但不是理论学家）曾经告诉我：如果两个部门主管告诉我，部门 D 和部门 E 是相互协调的，结果我发现部门 D 和部门 E 还是和原来的一样，我就知道他们说了假话，两个部门之间并没有进行相互协调。协调意味着协调部分的变化[⊖]。与此相同，不同产业和经济组织的政策需要通过个体自愿承诺的改变去适应其他的组织，确切地说不是承诺，而是相互渗透的过程产生的自发调整——计划方案为这个过程的发生提供了机制，使其不会损害个人、群体和产业。

我们无法调和计划与个人主义，除非我们理解个人主义不是对集体的偏离，而是对集体的贡献。在我研究过的一些企业中，我被告知，一个部门主管应该遵守部门利益服从于整体利益的原则。但是当然他不需要这样做。整个组织需要他的部门观，但是必须确定这种部门观与其他商业观点不矛盾，并且不能抛弃这种部门观。正如我们经常听到的那样，人不应该把自己国家化，而应该国际化，所以我说，部门主管不应该把自身部门化，而应跨部门化。换句话说，部门政策应该是全局政策的一个组成部分。

如果这个原则被应用到一个国家计划的产业组织中，这些组织不应该被要求为了一个想象的"整体"的利益而放弃他们自己的观点，从一个飞行的观点，他们应该学会怎样协调他们的观点、他们不同的政策。因此我们给出了一个全面的个人主义的概念范围。

每天，我们越来越清楚地看到我们产业之间的联系是强制性的。任何一个产业的制度化总是与一些其他产业中做过的事情相关。钢铁产业稳定了价格，当经济萧条袭来的时候，钢铁产业仍然出现了严重的失业问题，当然为了这个产业的成功，它依赖于其他相关产业的成功。

直接联系、早期协调与自我调节这三项原则，在国家计划中的应用会带给我们对横向而非垂直的过程的控制——横向控制存在于一个国家的产业之间，例如一个产业中不同工厂之间的控制，或一个工厂中不同部门之

⊖ 协调在严格的意义上并不意味着部分的变化，但是现在这个词被当作相互关系（correlation）的同义词，这可能有点不准确。相互关系是一个表述更准确的词，因为它意味着部分之间的互相渗透，而协调仅指部分之间的和谐关系。

间的控制。我们能够找到后一种控制的很多例子。以新英格兰电话公司为例，我对这家公司的管理层做访问时，发现此公司的四个部门——网络、工程、车间和商业部门，在早期互相沟通。地区的网络经理会向车间部门主管线缆的人询问某个问题，如果是一个商业问题他会打电话给该地区的商业经理，如果是蓝图或者成本问题，他会打电话给工程部门让他们派人过来。他们自己相互之间处理问题。如果行不通，地区网络经理会向上呈报给网络部门主管，由他与车间或者商业部门主管沟通——这也是一种交叉联系。

我们在最近的研究中发现了同样的原理，它存在于美国电话电报公司不同部门之间的关系中。未来发展的计划源于对特定地点的需要，但是这种需求必须与其他地点的需求相协调，因此计划横向扩展到整个组织，最终覆盖了所有相关的部门。因此，计划是自我控制单位的管理的组成部分。

那么计划是一家公司不同单位之间的横向过程，也可以是同一单位中不同部门之间的横向过程。这是不同产业之间的目标，即一种由合作而来的自然、连续的协调。但这也不排除一个中央计划部门的职能，就像美国电话电报公司所有的那样。我们需要一个紧密联系的中央计划委员会，可以通过代表与各行业的计划委员会建立联系，它的工作应该与各个单独的委员会相关联，同时它也需要有自己的权力去发动单属于它的计划。

对上述组织的三项原则进行总结。在我们高度复杂的经济社会中很多种控制。将所有这些通过组织以形成中央控制。一个贯穿我们整个经济社会的协调过程就是控制。国家计划委员会应该强调相互联系的协调过程，但如果它打算取代这个过程，那么它违背了协调的本质。我确信，任何国家计划委员会自上而下的进程注定会失败。

第四个原则是将协调是一个持续的过程。

我认为，一个正确架构的计划委员会将会给个人或单个行业带来更大的自由。原因之一是协调机制是一个持续的过程而非只适用于特定场合。如果一个委员会的成立只是为考虑一个特殊问题，它自然只会考虑所要讨论的问题，为将来相同情况寻找广泛适用原则的动机则不太强烈。但是如果我们建立一个永久的计划委员会，它会把问题进行分类，当一个新问题发生时，它可以看出与某一类问题相似的一些方面，它会问"处理这类问题时我们有什么原则吗？"这正是我们最高法院正在做的事。总部在日内瓦的联合国有趣的一点是，组织对其工作所具有的永恒的特征的影响力。政治部秘书处的一位职员告诉我，他们处理每个问题的办法由两层：①及时处理问题；②找到原因，为将来的问题做准备。在联合国有一部分人员有意识地制定基于某种基础原则的决策，为将来遇到相似的问题时，能够把这些原则作为先例。

不管是对于企业、国家还是整个世界而言，为寻找关系原则而采用的持续机制是自由的本质。当我们都去遵从一种特定的原则时，这就趋于自由了，如果别人对我们的行为朝三暮四、捉摸不定，我们就被束缚了。后者类似于主仆关系，但是主仆关系存在于很多地方，并不只存在于那些武断运用强权的国家或者雇主运用它的权力之时，它存在于（主仆）两者之间。依靠集体力量去探索或者遵循某种特定的行为准则给个人以自由，为了这个目标而采取的持续的机制，在我们能够期望的唯一一种控制当中，是最基本的要素。

永久的计划委员会的另一个优点是：这种循环或者是螺旋的结构，在计划和现实以及现实和未来计划的转化之中，不会被破坏。我们经常容易犯一种错误，认为在我们进行一种既定的适应过程时，环境是静止的，但是事实并非这样。环境变化时，我们必须跟上变化的环境，但我们的这种行为同时又改变了环境。换句话说，适应变化的过程改变了我们将要去适应的变化。国家与国家之间金融和经济的互相适应的情况可以作为例证说明这点。

直到我们把控制看作一种持续的行为时，我们才会跳出自己能彻底解决问题的谬论。那种我们能做到彻底解决问题的想法就像我们思想中的一颗毒瘤一样。我们所需要的是处理问题的一些程序。当我们觉得自己已经解决了一个问题时，在解决问题的过程中，现有情境又催生了新的因素或者力量，然后，你不得不面对新的待处理的问题。当上述情况发生时，人们通常会觉得沮丧。但我不明白为什么，解决问题正是我们的强项和希望。我们不想要任何将我们限于桎梏之中的系统。

然而，为了使计划委员会发挥最佳效用，为了利用我们的经验从先例中获取优势，从而能够制定原则，我们必须学会如何对经验进行分类。我不认为已经研究出了任何令人完全满意的方法。我曾经出席一家大商场的部门主管的会议，听到其中一个主管针对他们正在讨论的一个案例说："我们在两三年前就经历过类似的问题了，有谁还记得我们怎么处理的？"在场没有人知道！我们经常谈论从经验中学习，但那是空谈，除非我们做到以下几点：①观察我们的经验；②记录我们的经验；③组织我们的经验，使各个部分相联系。彼此毫无关联的经验对我们来说毫无价值；从孤立的零星经验中我们无法做出明智的决策，除非我们找到部分之间的相互关系。

我已经给出了组织的四条法则。这些信息的基础建立在研究之上。国家计划委员会应该收集并发表不同行业的信息，比如原材料、生产能力、销售额、价格、新资本投入等。这种信息本身就是一种控制，因为如果信息是准确的，就会出现与信息行动一致的趋势。此外，我们甚至希望，每个产业像其他产业一样根据相同的信息制订计划，倾向于使自己的活动与自动生成的总计划相适应。

无知通常是盲目的。知识是自由的。集体研究应该成为所有计划的基础。因此，获取的知识会帮助释放和解脱，而不会影响经济的繁荣。

一个事实让我对未来产生了无限希望，那就是，近年来一些企业通过对所有过程和职能的研究，以及通过对销售、财务和生产的协调所取得的成就。我们相信，同样的方法运用到更大的范围中会取得同样的成功。

有组织的关系中的自由

我已经给出了4条组织原则，我想这4条原则应该能适用于集体计划。然而，不止是国家计划委员会被当作自由的敌人，还有很多人也认为和别人合作会减少他们的自由。这完全是对自由的错误理解，然而不幸的是，我们在很多地方看到这个谬论的踪迹。以美国的农场主为例，美国农业萧条的唯一解决之道是大规模的联合行动，而这与所谓的"独立的农场主"的想法有所冲突。尽管农业问题的缓和只能通过协调营销的途径来解决，包括高效贸易、运输、销售以及稳定价格，但是多数农场主没有认识到这一点，他们没有启动并维持协调营销的机制。由于不肯放弃所谓的"自由"，他们无法找到一条可以摆脱当前奴隶状态的道路——一条真正通向自由的道路。

害怕失去这种虚无的自由被反复证明是没有现实根据的。以加拿大国家铁路局为例，当工会与管理层合作机制被首次引进的时候，领班们害怕委员会的成立会削弱他们的自由，然而最终他们发现，他们真正意义上的自由被提高了。

最近我看到一种说法，当雇主承认工人分享管理的权利的时候，他们不得不放弃一部分自由。但是当雇主面对工人们的罢工、怠工、不满意以及不合作等劳资斗争的恶劣条件时，他们是没有"自由"的。只有当他们找到防止冲突发生的方法，找到使工人尽可能地为管理做出贡献的方法之后，雇主才能成为最自由的人。

此外，竞争者之间的合作为所有参与者获取更多的自由铺平了道路。商业上的成功已不再意味着打败对手。当竞争公司组织联合研究时，它们都获益于结果。当他们联合出席会议时，他们探讨共同问题的获益将远胜于"秘密"可能泄露的损失。简单地说，在当今的社会，我们越来越少地受到竞争对手的控制，因为我们逐步意识到与竞争对手合作带来的优势。

考虑另一个害怕失去自由的例子。很多产业工厂的领班害怕心理学家进入公司会削弱他们的自由，然而，正相反，在心理学家的帮助下，领班们能够更轻松地完成更多的目标。

此外，看看我们的年轻人。当他们开始人生的第一份工作时，也许会被这些他们完全不合适、不感兴趣的工作给困住，这时候，他们会感到自由吗？职业指导帮助解放了很多个人，职业分析与选拔以及晋升方法的改进也是如此。

20世纪给这个世界的一条真理之一，我相信，就是自由不是来自关系，而是贯穿于关系，贯穿于有组织的关系。当今社会，人们能感受到多少自由？几乎所有人都因为当前的经济萧条而被各种各样的形式所束缚，永久摆脱这些束缚的唯一出路就在于国内计划与国际计划。

我没有足够的时间去分析国际计划，但是当前整个世界都认识到了国家之间的相互依赖和经济活动的相互联系。以市场为例，争夺市场的国家不可能"自由"。当今我们需要的是一个基于全球市场的市场组织。针对于此，研究的必要性在于如何制定达到这个目的的每一个步骤，获取政府的支持，制定完善的法律，达成国际合约……所有一切都是必需的。我们很快知道，国家不可能单独地走一条竞争的、自我寻找的路并且能够获得自由。当今没有一个国家真正自由。只有通过国际合作的方式，我们才能获得自由。

在解释制订计划没有必要与自由、个人主义对立的时候，很显然我把"个人主义"视为一个褒义词，但是这个词也同样可以作为贬义词。所谓的个人主义倾向通常被认为是我们当今文明的悲哀，我们经常碰到"割喉个人主义"（cut-throat individualism）一词。国家计划当然和这种个人主义是对立的，后者只会寻求法律的倾斜与垄断的优势，这个词语意味着一个阶层相对于其他阶层的特殊保护。

但是有关个人主义的褒义方面，我认为似乎存在两种误解。一种是我在全文中多次提到的，即害怕对计划的任何讨论会侵害个人主义并决意与这种对自由的侵犯斗争到底。另一种误解也是基于我们的自由正受攻击的认识之上的，伴随着这种认识，我们一直也被教育要有一种"自我牺牲"的思想，一种对部分自由的自愿牺牲。显然，我希望这种牺牲是不必要的，也是不可取的。我们中的一些人希望这个社会在各种利益集团间达成合作，相信这是为了我们的自我利益的实现，是为了所有人的自我利益的实现。我们需要国际合作也是基于同样的原因，因为这符合每个国家的自我利益，因为只有这样每个国家才能繁荣昌盛。

本章的题目是"计划社会中的个人主义"。我希望大家赞同我这个观点：个人主义与集体控制的综合体就是集体的自我控制——我从阿瑟·索尔特爵士那里借用了这个词。《联合航运控制》里有这么一段话同样适用于一个国家内部的产业组织："因此新联合原则并没有推翻和取代国家组织……它从内部把国家结合在一起。联合的权力包含了国家权力本身……它使国家组织联合在一起从事国际事务，并且它们自己形成了处理事务的手段。"

同样地，一个国家计划委员会不应该成为一种新的政治力量，套用上述的引文，它应该是一个联系在一起的国家组织借以从事国家事务并且自己形成处理事务的手段。

随着最后一项原则的显示（互相渗透的权力而不是强制权力）后者是个人主义的敌人。如果在国家计划中采用这项原则，那么个人主义就有机会获得充分的发展。国家计划无须推翻个人创造，反而鼓励并发挥个人创造，并且通过与个人创造的有效结合，为个人创造的成功提供了可能。个人创造有可能相互抵消，或者无止境地战斗，或者（也是唯一成功的方法）通过过程结合，这不是妥协，而是整合。

计划的目标

有一个问题对个人主义的问题很有影响，可惜这个课题相对于本文的篇幅来说太大了，那就是计划的目标。该怎么说呢？生活的力量如此巨大，我们无法从增加或累加的列表中明白它，也不能从增加或联系我们的行为中理解它。水滴何其小，沙粒何其细，这是我们长久以来就有的哲学观。数出几粒砂，数出几滴水，计算出所有人的活动，所有的总和不等于生活。也许我们可以做自己的研究，把自己的行动做个列表，联系自己的活动……但这并不是我们的一切。也许我可以根据 A 或者 B 调整自己，但仍然还有很多很多需要调整。然而目标的演化，目标的统一——我们在文章结束时甚至还来不及展开它，每当我们碰到这个问题，我们可以找另一个词语代替"计划"，看起来很像是工程师的用语，仅仅表达了工程师的观点。写一篇很短的文章使作者很容易变得教条主义，也倾向使用当今流行的词汇和短语——"研究"几乎已经成为一个口语。我对此深感痛心，因此我在本文中试图强烈表达这样一个观点，即一个人的自由并不是与我们行为的相互协调必然冲突的，后者已经在当今社会中我们需要关注的任何事务中得到了体现。

大规模的计划，我认为是必要的。我已经对产业协调做了简要的描述，那些根据我自身的经验使我了解更深，当然工业计划、土地计划、财务计划（对投机、信贷、货币政策等计划的计划）需要联系起来。这些受其他因素影响的计划是必需的。与此同时它产生的很多问题也需要进一步研究。我确定，我们还未对每一个问题中的内部连锁的因素有足够的考虑。

举个例子，计划委员会通知我们哪里需要工人，哪里需要资本等有价值的信息，但是目前资本和工人都不会自动到位。如果没有高压手段这些能实现吗？一个很好的关于整合强制与自由的例子是营销协调，农场主有权利决定是否签订一个合同，但是一旦签订了合同，他就应执行合同，而外界也施压于他。这里有多种不同的想法，我担心很多人甚至很多国家，认为遵守承诺是一种强制。也许在一些情况下的确如此。我故意按照这种方式阐述问题，为了表示这些问题并不简单，它们极其复杂并且需要更深层的思考。而思考，我相信，正是当前最重要的事。

需要研究的问题

下面的一连串问题是我们迫切需要研究的。问题列表并不详尽，问题的描述有时会交叠，而且它们是无序的。事实上，如果把问题全部列出来就超出了本文的范畴。我之所以这么做，只是为了一个原因：因为只有一定程度上解决了这些问题，我们的国家计划才能贯彻。只有这样做，才不需担心个人主义会在计划社会中被剥夺。

（1）协作过程的研究：在结论明确之前，该如何在初期开始着手。

（2）关联政策的过程——在初期开始进行。

这问题包含很多方面：在什么阶段问题该被提交到中央计划委员会，如何判断它们在那个阶段需要被提交，等等。事实上，任何与会议程序相关的问题都与协商相关。

（3）如何按照下面两种方法安排流程：①信息从行业或者公共领域流向计划委员会；②委员会制定的政策流向行业或者公共领域。

（4）如何形成明智的国家观，包括支持、批评、建议、不建议，都有助于我们的团体生活，有助于政策、经济计划和国际合约。

（5）如何保证计划委员会制定的政策具有必要的合法性。是否关税、信贷管理等是基于合理的政策而不是一时的冲动？

（6）如何获取并且维持组织国家计划的柔性，以此激励所有行业中的尝试，并且获得令人满意的成果。

（7）如何把经验进行分类。我们基本上还没有开始处理这个重要的问题。

（8）控制与竞争的关系。

（9）计划职能与组织职能之间的关系。

（10）如何兼容集中控制与分权责任制，后者很受认同。

（11）如何划分计划委员会的定界问题：什么在它职责范围之内，什么在之外。

（12）如何确保计划的非单调性，单调性比起集权更容易引起一些人的反感。国家计划在下达时要能够与地方机构兼容。

（13）中央计划必须是所有独立单位的计划的联合。在一些中央计划中，似乎独立单位无权进行计划！

（14）如果首先出现了工厂的联盟，其次出现了产业的联盟，那么一个产业在组织独立的工厂时会出现什么样的改变？

我认为，在一个计划社会中，一个产业联盟以及一个产业中的个别工厂的联盟，在工厂之间存在职能的相互联系。

（15）是否有可能在没有经济议会或者国会的情况下，形成一些产业联盟？如果可能的话，我相信这是可能的，那么，产业联盟与议会和国会之间存在什么样的关系？

（16）专家和管理者之间是什么关系？这涉及咨询职能的真正含义，但是我从来没有看到让人满意的定义。

（17）如何在国家计划委员会中将专家原则与代表制原则结合起来？

最后一个问题是经济计划困难之处的很好示例。"中央专家委员会"是我们最近经常听到的词，尽管很好听，但是我们的产业并不认同受缚于"专家"。那么在中央委员会中派遣产业代表是否是一个更好的选择？但是这显然只是形式上的。

一些计划的研究者似乎并没有意识到，他们的中央计划委员会拥有强制产业的权利，产业由此反馈给委员会的压力将是巨大的。他们似乎忽视了我们熟知的产业玩弄政治的力量。

我认为这个问题是可以解决的，在国家计划委员会中能够令人满意地将专家原则与代表制原则结合起来，当然解决这个问题的尝试应该是计划社会研究中该领域的第一步。

（18）除了已经实施的，政府与管理部门应该如何做出哪些改变来制订更好的经济计划？

应该按照什么教条来指导我们做出改变呢？不是"规定"——19世纪的万能药，也不是"强制"，这些都不符合我在本文想讲述的。中央计划不应该是规定的拓展，它应该更与众不同。事实上，我不喜欢这个"中央计划"的通用说法，而更喜欢"集中计划"。至于"强制"，任何政策都不会被衷心贯彻，也就是说没有任何政策是彻底成功的，除非它是会议与合约的产物。我并不是指按照公众意愿形成的政策对不情愿的个人不具法律约束，我仅指出制订的计划应该尽可能地减少强制的因素。然而"全国范围的自愿性计划"与"自愿劳工协会的政府机构监管"都还不够，我们需要更多的补助。我不认为我们的思想还应停留在大规模的自愿协作的局限中（虽然那也许会是下一步骤），但是集中控制的最佳形式还未被发掘出来。现在多数人一致同意应该控制原材料的供给、劳动力的流动、资本的分配以及一些融资的工具。问题是该以何种组织形式管理。

那些为国家计划奉献了时间和思考的人正在做着这个世界上此时最需

要的服务，然而我认为，他们仅仅关注于应该做什么，而忽视了该如何做。这些思想家们被绝大多数人所尊重，因为他们把自己贡献给了最难的任务，那就是建造的任务。我找不到其他的词汇来描绘，只能以很久之前维尔斯的著作《新马基雅维利》的第一章的段落作为总结。"这是，"他说，"出于对统一人类努力以及结束困惑的古老吸引力……昨夜我燃烧自己进行写作的最后奉献者不是为了某一个人，而是为了每一个人身上对社会建设的激情。"

国家计划需要吸引任何人对社会建设的激情，每一个人的激情。

我们阐述了自己的权利。我们捍卫了自己的自由。我们最高的美德是服务与牺牲。现在我们对这些美德是否有不同的思考？新时代的精神被我们每个人牢牢把握着。现在生命对我们的吸引力就是每一个人身上的社会建设的激情。这是我全部身心所能响应的。这是一个伟大的肯定。牺牲有时看起来太过负面，停留于人的奉献。服务有时候强调了服务的事实而不是服务的价值。然而服务和自我牺牲都是高尚的情操，我们不能没有它们。让它们成为我们生命中伟大目标的侍女，我们希望通过对新世界的贡献，能够摆脱当前的混沌，从而通向由集中控制带来的个体自由的新时代。

Follett on Management

第五部分

论 未 来

第 19 章

为了具备职业要素，企业管理应该如何发展[⊖]

⊖ 本文发表于 1925 年 10 月 29 日，与本书第 5 章和第 20 章一起，再版于《企业管理是一门职业》（*Business Management as a Profession*），亨利 C. 梅特卡夫编，A. W. Shaw 公司（即现在的麦格劳 – 希尔出版公司），1927 年。福列特在本系列会议中写了一篇附加的文章，题目是 "对本讲定义的企业管理而言，何种类型的主要领导力是必需的"（*What Type of Central Administrative Leaderships Essential to Business Management as Defined in this Course*），这篇文章出现在 A. W. Shaw 公司出版的书中，但在此次收集中被省略了，因为同样的思想出现在本书的其他两篇论文中，即第 7 章和第 8 章。

对大多数人而言，"职业"一词意味着具备科学基础和服务动机。也就是说，一种职业建立在一项被证明的知识体系之上，这些知识要用于服务他人，而非仅仅达成自己的目的。我们要问自己这样两个问题：①企业管理在多大程度上建立在科学基础之上？②为了让企业管理更加科学，下一步应该如何去做？

企业管理拥有科学基础的当前标志

科学方法越来越多地运用于企业管理之中，我们可以从许多事情看到这一点。

"科学管理"的发展自然要首当其冲，经历过早期阶段后，科学管理已开始关注管理和运营的技巧。

其次，专门化或"职能化"管理存在上升的趋势。确实，职能化管理还没有走得很远。除了人们认识到不同的部门需要不同的知识和能力外，在一些情况下，我们看到它出现的唯一标志是为了专门的问题聘请一些专家。另一些情况下，更深入的措施被实施，计划部门得以成立；但是不同的工厂赋予计划部门的权力很不同——一些仅仅在被要求时才会负责新兴的问题，一些仅仅属于咨询性质。然而在大多数工厂，职能化管理仍在进展中，它们通过各种方式取得了一定的基础。也就是说，不同类型的问题需要不同的知识，这一事实得到了广泛的认可。

再次，任意赋予的权力正在逐渐减少，这说明科学方法日益受到重视。如果一个人拥有解决问题的丰富知识以及应用该知识的经验，他就会被赋予更多的权力，这是目前的趋势。例如，雇用工作现在基于一定原则和专门的知识之上。一项工作会聘请具备相关知识的人来承担，而非拥有一定地位的人。

从高层管理者的要求中，我们可以清楚地看到企业管理成为职业的进度。以一些公司为例，我们可以有趣地看到，一项又一项的职责是如何从总经理流向不同的专家，最近许多企业还新增了一项经济咨询的职位，由该职位负责职责的下放。我问过一位总经理如何看待自己的职位，他跟我说："我不能根据职责来定义自己的职位，因为我不能辨认哪些职责由别人负责会比自己承担更好。"关于该评论的趣事之一（有好几个）是他已经意识到就他所承担的一些职责而言，别人也许会处理得更好；与此同时他也是一位很能干的人。他看到一些特定的任务会要求专门的技能，人们需要被培训成掌握该技能的专家。

成功商人的论调确实有所改变。一名专横的人单纯依靠自己的力量，负责所有事情，这种情况已经消失了。它带来了一个好结果：现在执行力能够部分地被培养出来（注意，我说的只是"部分"）。奥立弗·谢尔登将执行力称之为"一种无形的能力"。我并不完全赞同。有些人说它"在人类控制之外"。有许多事情还没有得到控制，但我们希望它们并不在控制之外。执行力可以通过分析来培养，人们可以通过培训掌握此种能力，企业管理的希望即建立在此事实之上。当然，我并不是指所有人都可以达到这一点；并不是每个人都能成为医生或建筑师。我的意思是企业管理和其他职业一样，培训比天性更重要。我认识一个人，在 10 或 15 年前，他在做生意的过程中只依靠天性行事，没有取得过一次成功。人们过去认为经理的工作主要依靠"预感"，下属的工作主要是"服从"——两者都没有科学可循。如果一名管理者在工作时首先走的是"预感"的捷径，其次依靠机警或专横让别人接受他的"预感"，我想他很快会被一名具备多种技能的人所替代。

你们能否记起我们通常描述的一幅画面：一个人坐在转椅里，一名浑身发抖的下属走进来，说出自己的问题；椅子里的人噼里啪啦地做出决定。这个人消失之后，另一个人又走了进来。如此这般。转椅里的人高负荷运转自己的大脑，就自己的专业知识与下属进行沟通。如果有一个完美的规划就好了——好像有太多"如果"在挡道。所以我们转而采取科学研究的方法，这也是所有职业的方法。

但随着这些达成一致，对于管理者的另一个误解也产生了。许多作者认为他仅负责凝聚现代化大工厂的所有部门和职能。这些大规模、复杂的组织时刻都需要协调，经理必须负责协调。这是事实，但我认为协调不同于拼凑一幅画谜。稍后我会说到自己的看法；有些人认为管理者不仅是一名协调者，有些人认为管理决策不应仅仅建立在"预感"的基础上（尽管"预感"也很重要），他们都在考虑企业管理的科学基础，这是我们现在要说的。

现在人们需要不同类型的管理，这一现象的重要暗示在于：管理者会较少地宣称那些抽象的"权利"，去证明自己行为的正当性。一名雇主曾经说："我有权利这样对待员工。"或者，"在这件事情上我这样做是有原因的"。今天有很多人更倾向于说："如果我这样对待员工，他们会怎么表现？他们为什么这样表现？"我们需要更多的科学知识去理解人以及他们的"权利"——多于仅仅宣称自己的权利和合理性。

我们能够对生活施加很多有意的控制，这一点随处可见，目前商界也认为它意义重大，由此我们可以看出管理的新需求。例如，宿命论、企业循环现在被认为是可以研究的，而非完全超越人类理解力的奥秘。再者，以钢铁产业的失业为例。该行业有源源不断的产品。此外，你可以很好地计算出需求。公司和制造厂会在长期内存在。为什么钢铁产业最终没有稳定下来，看起来似乎找不到原因去解释这一点。当我们接手一个没有解决的问题，为了让它得以解决，我们会尽量将企业管理放在科学的基础上。约翰 R. 康芒斯博士对历史上的三个时期进行了描述，约翰·梅纳德·凯恩斯博士在最近的一次演讲中提到了这一点，并认为我们处在第三个时期的前夕。第一个时期的特征是物资匮乏，它结束于 15 世纪左右。接下来是物资充裕的时期，该时期的主导观念是放任政策。最后，我们迎来了稳定期，这也是我们正在进入的一个时期，在此期间，为了对一般性社会产品进行有意识的控制，进而调控经济，我们必须废弃放任政策。

现在，许多人不再将商业看作一项充斥着各种机会的游戏，或者一门投机事业，完全取决于上升或下降的市场行情，而将它看作可控的。当人们对相关方法的认识逐步上升时，商业的神秘性也在逐渐消失。

人们日益意识到应该为失败负责，这一点是以上的反映。如果一家企业失败了或者没有经营好，人们可以找到许多陈旧的托辞：银行家的严格期限、竞争者的肆无忌惮、工会令人憎恶的行为。我想现在人们不会过多使用这些借口来搪塞；大家倾向于发现经营企业过程中遇到的困难。人们会更加坦率地面对困难，更加迫切地去克服它们。你们也许知道小玛丽的故事，她是一个淘气的小女孩，她的妈妈让她去隔壁房间请求上帝的宽恕。当她回来时，妈妈问她："你做了我让你做的事情吗？"她回答道："是的，我做了；并且上帝跟我说，'小玛丽，宽恕我吧，我知道是许多其他的事情让你变得这么淘气'。"许多雇主都抱着这种心态，但这种人正在逐渐减少。

之前，管理层与工会曾在许多问题上产生争议，双方都认为这些争议是正常的，现在我们认为应该试图解决这些问题。增加工资而不提高价格，这个问题有时是可以解决的。思考代替斗争，这是一个显著的迹象，表明管理开始建立在科学的基础之上。在国际关系中——我提及这一词语，是为了让大家看到由此类推的关系，让大家看到我们在国际关系中所停留的原始的阶段。商人拥有机会，引导世界用思考代替斗争。商人也在思考。在最近的四五年中，我所探讨的问题是商人思想的活跃性。我曾经问过一位哲学教授："你意识到哲学家们应该留心自己的桂冠吗，因为商人们正在进行一些非常有价值的思考，也许会领先于你们？"他承认这一点确实存在，在我看来这是一次重大的妥协。

最后，产业的基本要素是管理，既非银行家也非股东。良好的管理才能吸引贷款、工人和顾客。此外，不论什么改变出现，不管该产业是由个体资本家、政府还是工人所持有，它们都需要得到管理。管理是企业中一项持久的职能。

许多情况推动我们走向全面的科学管理，总结如下：①有效的管理不得不取代自然资源的开发，后者终究有枯竭的一天；②日趋激烈的竞争；③劳动力的缺乏；④对人际道德更宽泛的关注；⑤商业是一项公共服务，它需要承担自身的有效运转，这一观点日益得到接受。以此作为第一部分的结尾。

让企业管理更加科学的下一步是什么

人们日益意识到企业管理越来越多地建立在科学基础之上，对此需要做些什么？首先，科学标准必须应用于企业管理的整个过程之中，现在它只应用于某一部分。企业管理包括：①就其技术性的一面而言，有所谓的生产和分销的知识；②就其人事方面而言，有如何公正而有效地与同事相处的知识。人们认为前者可以通过教授学会，而后者则是个人的天赋，有些人具备，有些人不具备。也就是说，企业管理的一部分建立在科学之上，另一部分则并非如此。

奥立弗·谢尔登说："宽泛地讲，管理主要关注两个要素——事情和人。前者易于接受科学的方法，后者则不然。"⊖他又说道，"涉及人的地方，科学原理也许只是废纸一张。"⊜如果我们相信这一点，我们也许就不应出现在这场人事管理局的会议上了。让我们审视该结论（人际关系不易于接受科学方法）扪心自问什么是科学方法。科学被定义为"通过系统观察、实验和推理获得的知识；被协调、统筹和系统化的知识"。难道我们不能在人际关系上通过系统观察、实验和推理积累起相关的知识吗？难道我们不能对这些知识进行协调、统筹和系统化吗？我认为我们可以做到。

谢尔登更进一步提到："成本、运输、运营也许存在一定的科学性，但合作没有。"我们之所以在此研究产业中的人际关系，是因为我们相信合作也存在科学性。我的意思是合作不仅是良好的意图、友好的感受，尽管我也坚持它需要建立在这些基础之上，但你不可能进行成功的合作，除非你找到合作的方法——通过一次又一次的实验，通过实验的对比，通过结果的聚集。合作是我们在其他东西之前所应学会的，这是我的恳求。当然，一些人也许更善于与人打交道，而其他人也许更善于与机器打交道，但每一种情况下都有一样多的东西去学习。

然而，在对人事工作的所有研究中，我们要记住不能将人和机器的问题完全区分开来。即使我们并没有经常看到这种分离，这一问题也要被提

⊖　奥利弗·谢尔登，《泰勒学会报告》，Vol. 8, No. 6, 12月, 1913, p211。
⊜　奥利弗·谢尔登，《管理的哲学》（伦敦：Sir Isaac Pitman & Sons, Ltd., 1923), p36。

及。回到谢尔登的那句话："成本、运输、运营也许存在一定的科学性，但合作没有。"在此以他所提到的运输为例。运输的机械部分并没有占到最大的比例，但它是一个很大的部分，也是一个显著的部分，我们已经对其进行了很好的操作，然而运输的主要部分与人有关。在相关的人员之间没有进行合理的工作安排，这是运输的主要困难，大家都知道这一点。

企业中人际关系的研究与运营技巧的研究被捆绑在一起，大家每天都可以看到这一点。你们知道对待工人的方式将影响产出。你们知道原材料的流程和机器的维修在一定程度上与人际关系有关。如果人事工作是后来添加到运营之中，而非贯穿始终，引进它将存在危机，我希望大家都能明白这一点。有这样一个人，他想了解中国的形而上学，于是在百科全书中先查找中国，然后查找形而上学，最后把它们拼到一起。如果仅仅添加人事工作，即使存在专门的人事部门（我相信也确实存在这样一个部门），即使它由一名受过培训的专家负责，我们也不会取得很大的成功。但在我看来，每一名经理人都应对人事工作进行一些研究，让它成为全面知识组成的一部分，后者是目前大家普遍认为商人有必要具备的。

我们应将科学方法运用于涉及人际关系的管理问题，如果这是让企业管理更加科学化的首要行动，那么另一行动就是我们应该对管理者的职位进行分析，让它在一定程度上对应于泰勒系统中对工人职位所进行的分析。我们需要摆脱传统、偏见、陈词滥调、臆测，发现管理职位的实际基础。例如，将调查和实验的科学方法应用于运营、对商品可能的需求等方面，我们都知道这一点对于消除浪费做出了什么贡献。我认为应该更进一步，管理浪费、行政浪费也应该进行一样的调查和实验。至于如何实施，我会在稍后提到。

形成构成基础的知识主体，这是企业管理应采取的第二步。我们已经将科学定义为有一定结构的准确的知识。也就是说，科学方法包括两个部分：①调查；②对调查获得的知识进行组织。调查以及持续调查的重要性受到商人越来越充分的重视；组织此类调查的结果需要一定的方法，但该方法没有获得同步的发展。尽管企业管理收集到越来越多的准确知识，尽管它得到更加敏锐的观察、更加广泛的实验，但在对相关知识的组织上，它的发展并不够。我们总结出许多的结论，设定了一定的原则，但我们还没有发现结论和原则之间的关系。

在工厂里，我们积累起一定的管理技巧，在此我只想提到一种组织它们的方式。我认为每一家工厂都应设置一名办公人员，他的职责之一是对管理经验进行分类和解释，前提是每名经理都要对此进行详细的记录。从这些经验的分类和解释中（这些经验本质上在不同的时间、不同的部门、不同的工厂都得到了频繁的重复）总结有用的结论。拥有经验和凭借经验获利是两个不同的问题，当我们注意到这一点时，这一程序的重要性就很显然了。经验也许带给我们错误的观念、偏见或者怀疑。

想要充分理解和利用经理的经验，我们现有的严重缺陷是：①没有对管理中的决策、新方法、实验进行系统的追踪；②没有设计出详细的记录体系。有些工厂的管理层看起来很迟钝，有些工厂的管理看起来有一些纰漏，保管不善的记录以及系统记录的缺乏要对此负一定责任。例如，我们没有对经理的决策进行追踪，并对结果进行比较（这是企业管理一道必要的程序，其完全建立在科学的基础之上），这部分属于记录的不足。如果一名经理想引进某种方法（不是应用于运营，而是管理本身），但他却不能在任何记录中发现该方法或类似的东西是否已被尝试过，以及结果如何，这是一个严重不足。如果一名经理面临某一问题，他应该能够发现：①其他经理是否遇到过类似的问题；②他们是在什么情况下遇到的；③结果是什么。正如我曾听到一个人对新方法提出建议，他说道："我相信我们部门已在几年前试过这种方法了，但我忘记我们是怎么评价它的了。"一个人对另一个人说出这样的话，这一点在我看来很不幸。

我听说珀西·霍顿引进系统记录足球经验后，哈佛足球队恢复了元气。此后，如果某人想到一个好主意，比如球队应该和耶鲁进行一场比赛，他要做的第一件事就是检查记录；他也许会发现该比赛在两年之前就已经举行过，并且失败了。他甚至能找到失败的原因。该记录系统（我相信耶鲁已经存在此类系统了）是霍顿先生对哈佛足球队的伟大贡献。因为它的存在，该队无论如何都不会犯同样的错误。

经理经验的记录需要一定的方法，它稍微不同于企业记录的其他方法。我认为我们需要及时关注经理的经验。记录和报告的系统应该让它们迅速被掌握，从而在实践中派上用场，而非掩盖在长篇大论以及系统性的不足之中。每名经理都要经过培训，从而掌握做记录和报告的方法。

但我们需要的不仅是记录。我们需要一种新的刊物，或者在现存的刊物中开辟一个新的部分；我们需要经过详审的报告概要，以及从国内其他地方和其他国家得到信息的方式；最重要的是，我们需要经理人会议，详细设计出一定的方法，把经过科学记录、分析和组织的信息进行比照。当不同工厂愿意共享它们的经验时，我们可以获得更广泛的数据，并在此基础之上建立企业政策。

哈佛大学的工商管理研究生院和企业研究所正在收集企业政策的案例，为分类和交叉索引开辟了道路。当然，哈佛只能掌握一小部分案例，但该项活动看起来很有价值和意义。

有一个近期成立的委员会，它包括了来自各个公司的代表，它设定的目标为"对比经验"，我对此也很感兴趣。我想知道他们对于经验的交换有多么坦率和充分；但正如它所表现的一样，对此的任何尝试都很有趣，并且反映了参与人的态度：通过共同工作，允许其他公司从员工处获得任何隐私，他们希望收获多于损失（旧的理念）。

此外，我们不仅应该对经验进行分析和对比，还应进行实验。我们应该做实验，观察实验，彼此就实验进行对比和讨论，看看我们最终能够得出什么结论。为了做到这一点，我们需要完全坦率地对待彼此。如果我们对待工作持有科学的态度，我们应该承认失败。我听说有一个人设计了一台制冰机，但它不能运转，他遇到了一位朋友，以下是他们之间的对话：

朋友："听说你的实验失败了，我很遗憾。"

此人："谁告诉你它失败了！"

朋友："什么，我听说你的制冰机不能运转。"

此人："这是事实，但作为一项实验来说，它也是一次很大的成功。从失败中，你学到的和从成功中学到的一样多。"

从这些实验和对经验的对比中，我认为可以产生一定的标准。但正如泰勒主义者认为事物不会终于"标准化"，我们应该记住的是，我们的目标不应是对管理方法和管理技巧进行静态的标准化。我们应该利用现存的所有实验，明确经验和对此的研究是同样持续下去的。

如果科学告诉我们调查和实验是它主要的两种方法，我们同时要知道没有事情小到不足以获得我们的重视。在经营过程中没有事情是不重要的。例如，我已经提到了记录留存。我知道有一家公司，它没有从记录中获得足够多的益处，因为它还没有设计出一套交叉索引的方法。然而有些人认为交叉索引并不重要。我知道有一个人，他总是对这样或那样的细节说道："这没什么大不了。"但每一件事情对科学家都是有所谓的。

接下来的事情在我看来也有一定的意义。我跟一个人说自己正在研究企业访谈的技巧，他觉得很可笑，说道："我猜大多数商人都知道如何进行访谈。"显然，他认为自己知道——但这个人的职位很低，并且一直没有得到提升。后来，我对一位高职位的知识分子说起同样的事情，顺便说一下，他是一名纽约人。当时我有一些犹豫，因为我想他也许会认为这不在他的关注范围之内，但他很感兴趣，还问到如果我的论文完成了，他是否可以看一下。

我已经讲过经验的分类、知识的组织，要想将企业管理置于科学基础之上，它们是必要前提之一。组织好的知识最初往往保留在少数人的手中。我们应该采取措施，让所有的管理人员得到它们。我们应该找一些机会，对经理进行培训，可采取的方式包括谈话、建议性阅读（包括关于管理的杂志）、引导下的小组讨论和会议、管理者同盟、领班同盟，诸如此类。许多高层管理者拥有组织好的关于管理方法的知识，它们应该传播到基层的经理手中。

有些情况下，高层管理者甚至没有把此作为其责任。他会对下属说：

"这是我希望你完成的事情；我不管你如何去做它，这取决于你。"确实，许多高层管理者对这种与下属打交道的方式引以为豪。但这一情况在逐渐改变。泰勒系统让工人获知职位的标准和工作方法；把工作的期望质量通过说明书或图表展示给他。为了管理，此类系统应该建立起来。我提过对管理职位的分析，发展此类系统也许会成为分析的一部分。确实，管理者和工人的职位都需要贯彻公认的标准和方法，越来越多的高层管理者现在看到了这一点。

当然，我们意识到大部分标准和方法需要人们的认可，而非强制地执行；我们应该指引它们，而非做出规定；与泰勒系统中详细的说明相比，它们需要更多的弹性——对培训经理的方法而言，这些都属于它的一部分。

随着企业组织的发展，我们也许需要为经理配备一名办公人员，领班中也需要一个人作为"方法指导者"，两者是对应的，前者的职责是判断某一管理方法是否得到了理解和遵循，类似地，后者的职责在于判断某一操作方法是否得到了理解和遵循。但如果经理没有足够的机会对这些方法做贡献，我将不会提倡这一点。一些人认为管理方法的发展存在一定风险，它会阻碍新意的产生，剥夺主动权。我认为正确的管理会带给经理们更多的机会，让他们更好地掌握主动权、产生新意，因为即使他们得到专家的帮助，仍需自己去发展和实践这些方法。此处的选择并不存在于新意和机械性系统之间，而是存在于随意、无目的的执行经理职责和科学决策的程序之间。

然而，当企业管理形成公认的方法时，对经理的培训也要包括它的应用技巧。管理技巧不能游离于经理技能之外；它应该被更加深入地掌握。管理工人和手工工人一样，需要对它们养成一定的习惯和态度。以手工工人为例，为了养成这些习惯和态度，以下三种情况必须具备：①关于新方法的详细信息；②采用这种新方法的动力；③实践机会，从而使其成为一种习惯。

一名商人跟我说最后一点尤其需要强调。他说他的公司比较衰弱；与提供实践的机会相比，他们进行了太多的说道。他说："我们给他们开了一次关于钢琴演奏的讲座，然后把他们放在演奏会的舞台上。今年冬天我们打算给领班提供实践的机会，让他们养成习惯。"

就培训经理而言，其他主题都不及它重要，但即使对其进行最肤浅的论述，也需要一整篇论文，我们在此无法对它进行更深的讨论。然而，作为以后将阐述问题的引子，如果你想为了更高的职位级别接受训练，要做的第一件事就是确定训练目的。是为了获得主导和操纵别人的能力吗？这应该很容易，大多数杂志都刊登了这样的广告，宣扬所谓"个性"的培养方式。但有组织的思考是企业成功的第一要素，对此我确信不疑。

以上论述对于企业管理这一职业的意义何在？它意味着人们必须认真地为此职业做好准备，如同其他职业一样。他们必须意识到自己作为职业人士所承担的重任，他们要创造性地参与社会的职能，我认为只有训练有素的人将来才能成功地掌管这一职能环节。

Follett on Management

第 20 章

为了成为一门职业，
企业管理应该如何发展[⊖]

⊖ 本文发表于 1925 年 11 月 5 日。

在之前的讲座中，我说过"职业"一词对大多数人而言，意味着科学的基础和服务的动机。因此，我们应该对服务的理念进行审视。我并不完全赞同该词目前的用法。首先，它被过度使用，以致人们产生厌烦情绪——"服务是我们的座右铭""微笑服务"等。此外，人们在使用这一词语去表达好的意图时，经常情绪化或者含混不清，甚至就像慈善团体，容纳了许多过失。"公共服务"并不总是真正的服务；公共服务并非完全的自我牺牲。"社会服务"通常意味着必须的工作，去弥补社会的不足，正如牛奶站一样。孩子的健康很重要；但我们期望有一天孩子的健康工作不再移交给多余的社会机构，如果社会成为我们所希望的样子，这些机构将是不必要的。你们可以看到，我没有像大多数人一样，把牛奶站称为社会机构，而是多余的社会机构；在我看来，这样的区分是有一定价值的。企业是一所真正的社会机构，它也应该是这样的。

服务的含义：职能

目前"服务"一词存在多种多样的用法，在这些纷繁的表面下，人们将服务解释为人类的利他主义、为他人所做的劳动、善待他人。我认为服务应该存在更深刻的含义。让我们历史性地看待这一问题。在社区早期的发展过程中，就建立在利他服务上的生意往来而言，其是否存在任何基础？一群人在一个新地方定居，他们首先要种植和播种，但他们也需要做其他事情。一个人去买杂货，并卖给邻居。他做这些是希望该社区有人能够为他修建商店和住宅并负责维修，另一些人为他做鞋，生病时有人照顾他，诸如此类。当我们说到"互惠服务"时，在我看来，我们已接近事实，并且描述了生活中的互换，这是互惠服务中最显著、最深刻的方面。如果一个人在生活中不参与互换，他肯定在智力或精神上有问题。

从这个角度来理解"服务"，我认为它是一个好词。它的内涵包括了自我牺牲、对其他目的而非个人私利的认可，这些使它成为个人生活和社会资产的高级动机。如果一个人将企业看作一项服务，他一定不会花费公共物品来提高私人利润。此外，"企业就是服务"会排除一个不好的观点。一个人白天赚钱，纯粹是为了自己，这个目的很自私，到了晚上，他会出现在学校董事会或市民委员会的会议上，以示对社区的服务，这是以前的一个观念。或者他把青年和中年时光花费在生意上，积累一定的财富，然后他把钱花在对社区有用的途径上，以示自己的服务——如果在此到来之前他还活着！我们现在的观念要健康得多，即工作本身就是对社区最大的服务。

然而，与"互惠服务"相比，有一个词更真切地描述企业在社会中的角色，你们已经看过这个词，当然，我指的就是"职能"。一名商人应该把工作当作社会的必要职能，同时要意识到其他人也在履行必要的职能，所有职能加在一起构筑了一个和谐、健康、有用的社会。"职能"是最好的描述，因为它不仅表明了你要负责服务自己的社区，而且对于任何需要服务的社区，你都应承担部分的责任。

有一段时间，产业作为职能的观念也开始出现。它在员工和雇主中间都崭露头脚。有人参加过拉福莱特⊖的会议，他告诉我火车头工程师之所以有如此大的影响，是因为他们将铁路看作一项职能型工具，并且引进了一项计划，其产生的不是说教，而是讨论。许多工会成员开始看到劳动者在产业中的利益并非体现在群体谈判中，而是源于维持一家有效的企业。这是一种对职能的理解，它给予服务一种现实而非传教的价值。

我们通常在使用"服务"一词的时候会有些犹豫，主要原因在于它已经被滥用。"效率"和"职能"两词也是如此，前者的滥用程度高于"服务"，后者则次于"服务"。效率、服务、职能这三个词我们都需要使用——但我们要加以区分。

随后，假设职业是社会的一项必要职能，不纯粹是为了个人私利，而且是对一门知识的应用，该门知识已经经过了证实和系统化，人们意识到它建立在科学和服务、互惠服务的双重基础之上——在考虑一门职业时，

⊖　罗伯特·拉福莱特（Robert La Follette, 1855—1925），曾作为进步党的总统候选人参加美国总统的竞选。他与妻子创立的《拉福莱特周刊》为妇女的参政权、种族平等和其他一些进步主义事业做出了重大贡献。——译者注

是否还有其他的相关含义？

一个人当然会热爱自己的工作。医生、律师、教师、化学家或者工程师通常很在意工作，并因此而选择了这一工作，自发地通过必要的培训，这通常是一个漫长而艰辛的过程。但是许多人选择进入商业领域，并非受到愿望的迫切驱使。

当工作良好完成时，对其的热爱也会带来满意感。工匠、艺术家以及职业人士都以它为目标，商人现在也越来越多地倾向于此。我很喜欢一种描述，即"诚实的"工作。谈及某一木匠或水管工人的时候，我们认为他们在诚实地工作。我们都应仔细观察自己的工作，严格判断其是否如外科医生的标准一样"诚实"，我认为这样做是有一定意义的。在近期的一本书中，作者谈到了商人对于服务的热诚，在一家大公司的员工离开办公室很久以后，你仍然可以看到经理办公室的灯在亮着。许多人都拿此开玩笑，但我认为如果许多加班不是为了服务，那么至少也是出于做好工作的热爱。在我看来，这是一个很好的目标，甚至不亚于服务，而后者有时则将我们限定到薄弱的道义出发点。生活的意义并不在此。这确实是一个高尚的词，但自我实现、对于工作的热爱、工匠和艺术家完成一件好作品时享受到的乐趣也很高尚。简短地说，在我看米，一些人的想象力由服务的理念所引发，另一些则由自我实现的高标准所引发；通常两者交织在一起；无论从服务的角度，还是从对工作本身的兴趣来看，与企业管理相比，没有职业对想象力提出更强烈的诉求。

团体组织对职业标准的发展和影响

在形成和坚持标准的时候，通过与协会联合，人们获得很大的帮助。每一门职业都有自己的协会。职业人士一定比商人拥有更高的准则，尽管我反对这一观点，但我确实认为其他职业领先于商业，因为它们的准则属于团体准则。因此，个人在观察上的误差也得以校正。此外，成员们知道如果不遵循团体的标准，他们将无法得到团体的尊重。商业也开始发展团体准则。各种各样的贸易协会出于此种目的成立，或者为了记录信用，或者为了获得偏向其所在行业的立法，我们可以看到它们促进了贸易实践，并且提升了贸易标准。管理者也有协会。这是使管理成为一门职业走出的一步。

职业协会致力于一个目标，该目标在所有其他目标之上。成员们聚集在一起，并不仅仅为了见到同一职业的其他人，也不是为了增加金钱上的所得，尽管这也许是目标之一。他们的联合是为了更好地履行职能，为了：

- 建立标准；

- 维持标准；

- 改进标准；

- 让成员的所为符合标准；

- 教育公众学会接受标准；

- 让公众远离那些没有达到标准或者任意不遵循标准的人；

- 保护协会里的各个成员。

职业需要人们承担共同责任，职业协会的目标可做如此总结。尽管大多数目标都各自为政，但我想更进一步地指出其中三个：维持标准、教育公众、发展职业标准。

现在就第一点进行讨论：维持标准，商业一定可以从其他职业中学到一些东西，理想状况下，其可归结为对职业而非对公司的忠诚。一名建筑师首先感到自己属于职业，其次才是为公司工作。他也许会换公司，但他会一直受职业标准的约束。当一个人公司的标准和职业的标准冲突时——你需要进行一次困难的整合，我认为这是一个很大的麻烦。一个人的职业修养要求他必须进行整合，这一点在职业中应该得到认识，这是我在此所强调的。如果企业管理是一门职业，具备公认的准则，经理和公司高层之间的分歧会更容易调整。我认识一个人，他最近离开了一家南方的公司，原因在于：他不能将自己的原则与公司做生意的方式进行调和。当他向公司提出问题时，他的理由被当作一个纯粹私人的问题来对待。如果他是一名医生，或者企业管理是一门职业，通过参照该职业公认的标准或方法，他也许可以阻止问题私人化。

因此，当提到职业成员对职业的忠诚度比公司更高时，我并不是指他们的忠诚是针对一群人，而非另一群；我想表明的是他们的忠诚是针对一系列原则、理想；也就是说，针对于已证实的知识以及由此产生的标准。那么，我们忠诚的是什么？是工作的精神。是存在于工作之中而又超越它们的东西。通过忠诚于工作，我们也在忠诚于超越工作的东西，在我看来，这是其精神所在。企业的精神并不在于它的机会性，有时人们会做出这样的假设。企业承受一定的风险，时刻提供机会，让大家呈现出深层次的特质，超越自己，我们可以将这些深层次的特质称之为理想、或者任何喜欢的称呼，但这些是大家都具备的。

承担起教育公众的责任，这是以上提到的第二点，通过坚持职业标准来教育公众，而非单纯给予他们想要的东西，这是职业的职责之一。固然，建筑师可以把炮塔和小玩意放在他所修建的房屋上，肖像画家可以把肖像画得比本人更漂亮，从而变得富裕，但当建筑师或肖像画家这样做的时候，他们已经违背了职业标准，也违背了行业所公认的传统。如果企业管理想成为一门职业，它也需要思考如何教育公众，而非仅仅给予他们想要的东西。一家连锁饭店的老板将企业看作公共服务，试图提供健康的食品，将其作为一项公共福利措施，他正在努力降低冰激凌里的细菌数量。有一天，一名顾客问道："冰激凌的味道为什么和以前不一样了？"女服务生回答道："我们正在努力降低细菌的数量。"顾客说道："还是给我以前的吧，我喜欢那样的。"

奥利弗·谢尔登说："管理将社区的公众意志作为重点。"对此我并不同意。社区的公众意志需要得到教育，从而接受一定的标准。为了让企业管理成为一门职业，我们需要意识到：有些事情高于社区的公众意志，我们要对此负责；对公众提供服务并不完全依赖于听从公众。

这将我们带到了第三点。职业人士的目标不仅是实践和应用，而是扩充职业的知识基础。一门职业不仅是一项传统，也是一项发展中的传统。如果人们仅仅达到职业的标准，那么他们将不会进步。裁判做出一项决策，不仅依赖于掌握的知识，而且也会成为先例。一名律师处理一个案例，建立和巩固起一定的原则。医生不仅治愈一个人，也会就这种疾病对职业有所贡献。在这一方面，商业落后于其他职业。我们曾多次听到"混过"一词——"我猜我们可以混过去"。人们克服一些情况，却没有对他们的企业做出进步性的指示，或者促使企业管理建立一项标准。

我认为所有的经理时刻都应记得有一件事情。在经理人协会上讨论需求，这并不是促进职业发展的唯一方式。下达命令、制定决策、会见委员会，在几乎每一件所从事的活动中，你都在对管理科学做出贡献。如果商人没有充分意识到自身的作用，企业管理将不能成为一门职业。所有职业都需要经过成员们的努力得到发展。如果世界某地的人创造出执行方法，你对此加以应用，你的工作量会变大；但它仅仅增加到两倍，因为世界上除了你没有别人会创造出企业管理的科学、艺术、职业性。这是开拓性的工作，也很困难，但人们对开拓性的工作总是报以勇气和热情。

我们认为职业标准通过团体协会得以形成和发展。在这些理想情况下，对一些事情，我们是否没有将其与职业充分联系，而是与商业联系得更加紧密？有一个词对我很有意义；我想知道它对你们是否也如此，这就是"风格"。无论一个人做什么，无论他是一名政治家还是艺术家，无论他是诗人还是网球运动员，我们都希望他的行动具有一些特别的东西，即所谓的"风格"。然而，风格很难定义。我看过各种各样对它的定义，比如让形式适应内容、估算实现目标的方式、克制、对于马虎和粗制滥造的抵制、行动时避免浪费。还有人把风格看作开阔的设计、完美的均衡，如果一名管理者的工作带有一定风格，那么它一定具备这些特性。

我曾在文学和艺术、游戏和政治才干中寻找风格。从这一角度观赏水球将很有趣。在我看过的所有水球比赛中，最好的选手通常拥有自己的风格：不浪费臂力、估算实现目标的方式以及均衡和设计。当一名好演员的表演带有自身的风格时，我们在他的表演中也能发现这些，包括克制、估算实现目标的方式、不浪费精力。一位心理学家正在观看舞台上一出表现苦恼的戏，如果该表演很出色，他会说他没有看到任何体力的浪费。然而，糟糕的表演存在浪费。而这些表演缺少许多东西，包括风格。

怀特海教授把实现和克制当作风格的两大元素，他说道：

"风格是对能力的加工和克制。拥有一定风格的管理者厌恶浪费，拥有一定风格的工程师有效利用原材料，拥有一定风格的艺术家喜爱优秀的作品。风格是思想的最终归宿。"

进一步，他又说道：

"凭借风格，目标得以实现，没有门派之争，也不会令人不快。凭借风格，你可以实现目标。凭借风格，行动的影响是不可计算的，远见是你最终所获得的。凭借风格，你的能力得以提升，因为你的思想不受其他事物的干扰，从而最有可能实现目标。现在，风格是专家所特有的权利。有谁听说过业余诗人和画家也具备风格？风格总是专家研究的产物，是专攻对文化的贡献。"

"专攻对文化的贡献"是一句有趣的话。根据这一定义，你不需要在白天致力于所谓低层次的商业，在晚上研究文化。如果你用自身的风格去管理企业，你就是在对世界的文化做出贡献。这使得企业管理很有趣，不是吗？你们在整个冬天上这门课，学习如何赋予管理工作一定的风格，也是如此。

我们现在来看最后一点，在我看来它是商业的主要职能，即真正的服务：更好地组织人际关系，为个人发展提供机会。最近我好几次都看到商业被定义为生产，或对有用物品的生产。但是人类的活动既应增加生活的有形价值，也应增加其无形价值，既要生产出可以看到和摸到的产品，也要致力于其他产品。不管怎样，"有用"指的是什么？没有许多产品，我们仍然可以生存。但它们的生产让人们参与了多种形式、相互交织的活动，从而创造了精神价值，这是它们的最大用处。在此不存在生产过剩。

假设医生告诉我们赤脚行走更健康,我们都会听从他们的建议。鞋厂会变成什么样子?当然,制造商会弄清楚他们有多少设备可以用来制作其他东西,转而生产这些物品。在这种情况下,他们会认为之前的工作是没有价值的吗?一位曾经是鞋子制造商的老人,会认为自己浪费了生命吗,只是因为他所生产的东西实际上是对社会有害的?如果他所生产的只是靴子和鞋这些产品,我想他会。但如果在这家工厂工作的人通过工作使自己得到发展,包括管理类和体力类工人在内,他就不用这样想了。我们高兴地看到,现在,许多工厂都将这种发展作为产业的目标之一。如果个人的发展包含了社会的进步,一些优秀总经理的目标将不仅是金钱上的获利;不仅是满足我们现有的原始要求,而是将人们提升到更高的需求层次上。如果律师的目标是公正,医生的目标是健康,建筑师的目标是美观,我敢肯定商业也有一个高尚的目标。生产过程和生产产品对社会福利而言都很重要,现在许多商人都意识到了这一点。从此出发,产业内的人事工作就是世界上最有趣的工作。

商业为精神价值的创造提供了如此多的机会,如果人类的发展必须经过紧密的人际交往,那么,与其他职业相比,商业为它提供了更多的机会。自从去年暑假以来,我看到过三次这样对假设的评述:职业是为了服务,而商业是为了金钱上的获利。如果许多商人都在利用机会创造精神价值,我们还应容忍这一假设存在吗?我看过这样的描述:"商人的贪婪"。我也看到过这种结论:商人对一项行动的判断是看其"是否增加收入"。但我认为这些区分是不正确的。我反对将我们区分为绵羊和山羊,而把山羊放在商业一边。职业人士和商人一样,都没有过多地考虑到金钱上的获利。但这是他们的责任。在我看来,我们的责任是恢复"商业"一词的声誉。我们被告知商业应该具备职业道德。为什么不是商业道德?为什么商业不能和其他职业一样对自己引以为傲?

当商人把利润保持在一定的水平上时,他们才具备准则心,这种想法是不公平的。我认识一些商人,他们愿意为维持标准做出牺牲。拿破仑把英格兰称为"店主意识的国家",这是他自己性格的写照。店务管理不具备他那样的辉煌和荣耀，不具备任何欺骗性的价值，而他的一生则建立在后者的基础之上。

　　一百年后，我们超越了拿破仑对店务管理的观点，取得了进步；然而，在刊登于《波士顿先驱报》的一篇访谈中，艺术家赛西莉亚说道："商人致力于在财富和显赫中取得成功；艺术家心中的成功则是产生一个灵感的满足感。"如果我是商人，我不会让商业背负这种污名。艺术家或职业人会采取行动解决问题，他们不会"混过去"，这是事实。他宁愿摸索着去笨拙地试图解决问题，也不愿堂而皇之地逃避。但商人为什么就没有一样的态度呢？赛西莉亚在访谈中提到："艺术家抓住自己的灵感，不让它跑掉，直到自己得到它的祝福，把它表达出来，正如天使祝福雅各布一样。"

　　说商人的理想低于艺术家或职业人士，我找不到任何理由解释这一点。确实，我们尽可能地做了每一件事情，促使企业管理成为一门职业，在努力的过程中，和所谓的职业一样，商人也对职业理想做出了很大的贡献，我想我们能感受到这一点。确实，我认为商人有机会在一个扩展的概念范畴下引导世界，它们包括"职业荣誉""职业操守"。后者我们多次听到过，它扩展后不仅仅意味着贸易中的公平交易。

　　企业管理取得了成为职业的一些要素，它正在摸索取得另外一些，我在本讲和之前的讲座中都试图展示这一点。"商业就是交易"这一传统观念开始消失，到目前为止，这是企业管理成为一门职业的最重要标志。过去，如果一个人在交易中做到最好，他被视为一名成功的商人。这既不要求高智商也不要求专门的训练。如果一个人认为自己的儿子不够聪明，不能胜任一门职业，他就会把孩子送往商业发展。现在我们认为企业管理需要高智商，也需要和其他"高深的"职业一样，通过完整的训练。

　　20 年甚至 10 年之前我们常常听到这样的话"大企业的首脑"，现在我们已经很少听到了，在我看来这很有意义。尽管所有的首脑都没有挂着骷髅旗，然而在 19 世纪无情和成功总是走到一起；海盗行为和商业通常是同义的。即使不是这样，大企业的首脑也是一个专横的人，他可以让别人的意志服从于自己。但这一点开始改变。人们认为成功取决于一些东西，它们不同于统治。商业就是交易，管理就是操纵，这两个观点长期以来一直共存，现在它们一起逐渐消失，这一点意义重大。

在企业管理中，随着专断权力的逐渐减少，同时权力更少与地位、而更多与实际能力相联系，管理人员有更多机会进行创造性的活动，从而对组织做出贡献。"组织"表明构建的远不止一个系统，请记住这一点。正如丹尼森先生所说："每一天我们都需要重组。"许多日常的管理职责对一个发展中的组织都有贡献，我想这是他的意思。

在目前有关企业发展的所有讨论中，组织是最常听到的一个词。在大多数工厂里，最大的缺陷就是组织。对组织工程师的需求是最大的。我们知道，有意识地组织是人类的一大精神任务，但当我们意识到组织也是企业的主要需求时，你们不认为这一点相当有趣吗？我们谈论一幅画的"布局"，这是艺术家组织素材的方式；一段音乐的旋律取决于音乐家组织灵感的方式；政治家将社会现实组织进立法和行政规定之中。政治家级别越高，在这一方面他就能展现出更大的权力。在一个人的一生中，这种想法也许很有趣：这些是我生活的组成。艺术家会如何安排它们，从而让生活这幅作品更有意义？他会让低层次的价值从属于高层次的价值吗？他怎样让每一样东西充分实现自己的价值？或者我们需要问自己工匠常有的疑问："如何让这个东西既美观又实用？"组织将普通的努力和高层次的努力区分开来。企业管理者能够参与人类最高层次的努力，没有人像他们一样拥有这么好的机会。

由于我几乎没有提到商业的利润动机，也许有人认为我在故意避开这个话题。我可以保证并非如此。我们都想要利润，并希望尽可能多地得到它。当其他事物不需要对它做出牺牲时，这一点确实成立。

当人们谈到要把利润动机替换为服务动机时，我总是想问：当情况确实很复杂时，简化动机的出发点何在？把我们目前的任一行动拿来，对其进行审视。它都可能有好几个动机。如果有人问你为什么这样做，你会从中挑一个动机呈现给公众，也许它是最能为你增光的，这一点是事实。但实际情况中，复杂性仍然存在。我们工作的动机包括：利润、服务、自身的发展、对于创造的热爱。确实，在任一时刻，大多数人并非直接或立即为它们中的一个而工作，而是以最好的方式完成手头上现有的工作，这也许是工程师的动机。但无论这些动机如何称谓（道德或服务动机、工程师的动机、工匠的动机、艺术家的创作欲望、金钱上的动机），不论它们是什么，我认为我们不应放弃任何一个，而应实现更多的动机。回到其他职业上：在这一问题上，我们能否从它们那里学到什么呢？它们并没有放弃金钱上的动机。也许有评论宣称它们已经放弃了，我不介意你们看到过多少次这样的评论。职业人员也希望得到更大的收入；但他们也有其他的动机，他们通常愿意牺牲一次好收入，从而为其他东西做出让步。在最深层次的愿望中，我们都希望生活变得富裕。我们可以简化和提升自己的愿望，也可以增加自己的愿望，但愿望的缩减无法引发个人或社会的进步。

附录　玛丽·帕克·福列特发表的论文和出版的著作

一、著作

- 《众议院发言人》（*The Speaker of the House of Representatives*）. 伦敦：Longmans, Green 出版公司，1896.
- 《新国家》（*The New State*）. 伦敦：Longmans, Green 出版公司，1918.
- 《创造性经验》（*Creative Experience*）. 伦敦：Longmans, Green 出版公司，1924.

二、关于政治及社会科学的文章、活页文选及论文

- 《Henry Clay 作为美国众议院的发言人》——1891 年发表于美国历史协会年度报告，1892 年由华盛顿的政府印务署（Goverment Printing Office）再版。
- 《夜间娱乐中心》——1912 年 2 月在美国游乐场及娱乐协会上发表的演说；1913 年 1 月发表于杂志《游乐场》（*Playground*）。
- 《夜间活动中心》——1913 年 1 月为波士顿公共学校系统夜间活动中心的领导者和管理者所作的一篇论文，1913 年由波士顿城市印务部再版。
- 《成人娱乐的目的》——1913 年 5 月在美国游乐场及娱乐协会上发表的演说；1913 年 10 月发表于杂志《游乐场》。
- 《社会中心与民主理想》——1913 年 12 月在波士顿福特大厅周日晚

间论坛上发表的演讲（未发表），此论坛每周都有讲座，由波士顿 Baptist Social Union 赞助。

• 《社团是一个过程》——1919 年 11 月发表《哲学评论》（*Philosophical Review*）。

• 《社团的本质》——1919 年 12 月呈递给美国哲学协会的一篇论文（未发表）。

注：除了以上的这些论文和文章之外，福列特还在波士顿女性自治协会上做了关于她的社团中心工作和"办公室"活动的进展的周期性报告，之后分别于 1910 年 3 月、1911 年 3 月、1912 年 5 月、1912 年 12 月、1913 年 5 月、1914 年 3 ~ 4 月、1915 年 5 月、1916 年 3 月、1917 年 5 月出版于协会的公告上。她在这个协会上的第一篇报告发表于《波士顿妇女自治协会的报道》（*An Accouct of the Women' Municipal League of Boston*，波士顿：Southgate 出版公司，1909 年）。

三、关于商业组织与管理的文章

（一）发表于美国

1. 由人事管理局赞助

• 《建设性冲突》；

• 《命令的下达》；

• 《企业是一个整合的统一体》；

• 《权力》。

发表在《企业管理的科学基础》（*Scientific Foundations of Business Administration*）上，亨利 C. 梅特卡夫编，巴尔的摩：Williams and Wilkins 出版公司，1925 年。

• 《为了成为一门职业，企业管理应该如何发展》；

• 《为了具备职业要素，企业管理应该如何发展》；

•《企业管理中职责的意义》；

•《职工代表制对重新塑造企业管理者公认类型的影响》；

•《对企业管理来说哪种类型的管理领导力是必须的》。

发表在《企业管理是一门职业》上，亨利 C. 梅特卡夫编，A. W. Shaw 出版公司（即现在的麦格劳 – 希尔出版公司），1927 年。

•《控制心理学》；

•《认同和参与的心理特征》；

•《调解与仲裁的心理特征》；

•《领导者与专家》。

发表于《企业管理的心理学基础》（*Psychological Foundations of Business Administration*）上，亨利 C. 梅特卡夫编，A. W. Shaw 出版公司（即现在的麦格劳 – 希尔出版公司），1927 年。

•《领导理论与实践的偏差》；

•《领导者与专家》（重印）。

发表在《企业领导》（*Business Leadership*）上，亨利 C. 梅特卡夫编，Pitman 出版公司，1931 年。

•《计划社会中的个人主义》。

1932 年在"经济与社会规划"会议上的一篇论文，之前未出版。

2. 由泰勒学会赞助（现称为高级管理协会）

•《最终职权的构想》。

1926 年 12 月发表在学会的报告上。

（二）发表于英国

1. 由国家工业心理协会赞助

•《企业管理中的控制基础》。

1927 年 1 月发表在协会的杂志上。

2. 在牛津大学的朗特里讲座会议上

•《在冲突利用、命令下达、交易关系、协作部门中的一些有效管理方法》，1926 年 10 月。

•《最终责任的构想》，1926 年 10 月；

•《领导力》，1928 年 10 月；

发表于会议的刊物上。

3. 1933 年 1 月为（伦敦大学）伦敦经济学院商业管理系做的报告"企业中的组织和协调问题"的系列讲座

•《企业下达的基础》；

•《职权的基础》；

•《企业领导》；

•《协调》；

•《组织的基本原理》。

发表在《自由和协作》（*Freedom and Coordination*）上，由 L. 厄威克编辑（伦敦，1949），标题为："命令的下达""职权的基础""领导力要素""协作""控制过程"。最后一篇命题演讲之前出现在《论管理科学》（*Paper on the Science of Administration*），由 L. 古利克和 L. 厄威克编辑，公共管理协会出版，纽约：哥伦比亚大学出版，1937 年。

四、其他文章

•《工业护士的领导机遇》，1928 年 3 月在美国工业护士协会第 12 次年会上发表。

•《工业心理医师》（发表的日期、地点未知，可能是 1928 年）。

•《师生关系》（发表的日期、地点未知，可能是 1928 年）。

管理人不可不读的经典

"华章经典·管理" 丛书

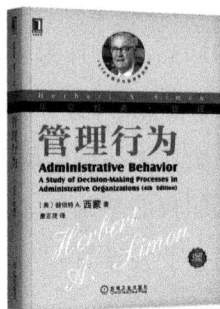

书 名	作 者	作者身份
科学管理原理	弗雷德里克·泰勒 Frederick Winslow Taylor	科学管理之父
马斯洛论管理	亚伯拉罕·马斯洛 Abraham H.Maslow	人本主义心理学之父
决策是如何产生的	詹姆斯 G.马奇 James G. March	组织决策研究领域最有贡献的学者
战略管理	H.伊戈尔·安索夫 H. Igor Ansoff	战略管理奠基人
组织与管理	切斯特·巴纳德 Chester Lbarnard	系统组织理论创始人
戴明的新经济观 (原书第2版)	W. 爱德华·戴明 W. Edwards Deming	质量管理之父
彼得原理	劳伦斯·彼得 Laurence J.Peter	现代层级组织学的奠基人
工业管理与一般管理	亨利·法约尔 Henri Fayol	现代经营管理之父
Z理论	威廉 大内 William G. Ouchi	Z理论创始人
转危为安	W.爱德华·戴明 William Edwards Deming	质量管理之父
管理行为	赫伯特 A. 西蒙 Herbert A.Simon	诺贝尔经济学奖得主
经理人员的职能	切斯特 I.巴纳德 Chester I.Barnard	系统组织理论创始人
组织	詹姆斯·马奇 James G. March	组织决策研究领域最有贡献的学者
论领导力	詹姆斯·马奇 James G. March	组织决策研究领域最有贡献的学者
福列特论管理	玛丽·帕克·福列特 Mary Parker Follett	管理理论之母